나는 왜 내 편이 아닌가

I Thought It Was Just Me
by Brené Brown

나는 왜 내 편이 아닌가

I Thought It Was Just Me

나를 괴롭히는
완벽주의 신화로부터
자유로워지는 법

브레네 브라운 지음 | 서현정 옮김

북하이브
BookHive

나는 왜 내 편이 아닌가

나를 괴롭히는 완벽주의 신화로부터 자유로워지는 법

초판 1쇄 발행 2012년 10월 10일
    2쇄 발행 2012년 10월 15일

저자 | 브레네 브라운
역자 | 서현정
발행처 | 북하이브
발행인 | 이길호
편집인 | 이은정
외서 기획 | 이유정 **마케팅** | 이태훈, 한아름 **재무** | 장무창, 강상원
북하이브는 (주)타임컨텐츠의 단행본 출판 브랜드입니다.
출판신고 등록번호 | 제322-2009-000050호 등록일자 2009년 3월 4일
주소 | 서울시 마포구 합정동 412-12 3층
주문전화 | 02-3144-1929 | **팩시밀리** 02-3144-1930
이메일 | timebookskr@gmail.com
카페 | http://cafe.naver.com/timebookscafe
트위터 | http://twitter.com/timebookskr
페이스북 | http://facebook.com/timebooks

ⓒ 2012 by Brené Brown
ISBN 978-89-286-1472-1 03320

새로운 출판환경에서는 양질의 기획과 원고만으로도 시장을 창출할 수 있습니다.
'북하이브'는 아이디어와 실력으로 무장한 필자와
기획자를 언제나 환영합니다. 2gotime@gmail.com

위대한 사람은 평론가가 아니다.

관중석에 앉아서 선수가 뭘 어찌했고

어떻게 하면 더 잘할 수 있었는지 지적하는 그들이 아니다.

영광은 먼지와 피와 땀으로 범벅이 된 채

경기장에 뛰고 있는 자의 몫이다.

최선의 경우라면 승리할 것이요, 최악의 경우라면 패배할 것이다.

그러나 패배하고 실패했다 해도, 그는 담대하고 위대하게 진 것이다.

테어도어 루스벨트 Theodore Roosevelt

"당신 안에선 누가 더 힘이 셉니까?

평론가입니까?

선수입니까?"

관망하고 질책하며 비난하는
내 안의 평론가, 수치심

그렇다. 당신이 이 책에서 무엇을 기대했는지 모르지만, 이 책은 당신, 나, 그리고 우리의 '수치심'에 대해 이야기할 것이다. '수치심'이라는 주제가 편할 리는 없다. 그러나 약속컨대, 당신이 조금의 인내심을 갖고 이 책을 읽어 내려간다면, 그 무엇도 주지 못했던 해방감을 맛볼 수 있을 것이다.

사람들에게 '수치심shame'에 대해 물어보면 대체로 두 가지 반응을 보인다. 어떤 사람은 "정확히 뭘 말하는 건지 모르겠는데, 어쨌든 별로 말하고 싶지 않아요."라고 하고, 또 어떤 사람은 "수치심이 무엇인지는 잘 알아요. 하지만 그것에 대해 이야기하고 싶지는 않네요."라고 말한다. 사람들은 왜 수치심에 대해 말하기를 꺼려하는 걸까? 나는 수치심에 대해 오랫동안 연구하면서 그 이유를 알게 되었다. 그것은 수치심이 워낙 강력한 감정이어서 그것에 대해 '말하는 것'만으로도 수치심을 느낄 수 있기 때문이다.

나는 지난 6년간 연령, 인종, 문화, 삶의 상황이 서로 다른 300명 이상의 사람들을 만나 인터뷰했다. 그 결과 수치심은 모든 사람이 겪을 수 있는 보편적인 감정이라는 것을 알게 되었다. 수치심이 끔찍한 고통을 겪은 사람에게만 찾아오는 불행이라고 생각하고 싶겠지만 실상은 그렇지가 않다. 수치심은 마음속 깊고 어두운 곳에 감춰진 감정이 아니라 얼굴, 몸매, 육아, 돈, 성생활, 나이, 종교 등 삶의 모든 면과 관련해 불쑥불쑥 나타나는 일상적인 경험이다. 수치심에 대해 절대적인 면역력을 갖는 것은 어느 누구라도 불가능하다. 하지만 수치심을 올바로 인식하고 그것에서 벗어나려는 긍정적인 노력을 통해 성장하는 삶을 사는 것은 누구나 가능하다.

오랜 연구와 인터뷰를 통해서, 흥미롭게도 수치심을 느끼지만 그걸 잘 극복해내는 사람들이 있다는 걸 발견할 수 있었다. 그들의 방법론을 일컬어 나는 '수치심 회복탄력성(shame resilience, 심리학 용어로 resilience는 심리적 상처나 역경을 삶의 자양분으로 삼는다는 개념으로 회복탄력성으로 번역된다.―옮긴이)'이라고 명명했다. 거기엔 크게 네 가지 요소가 포함된다. '수치심을 알아차리기', '수치심을 비판적으로 인식하기', '손 내밀기', 그리고 '수치심에 대해 말하기'.

이 책이 안내하는 대로 차근차근 실천에 옮기게 되면, 우리는 수치심이 만들어내는 부정적인 감정들, 즉 두려움fear, 비난blame, 단절감disconnection에서 벗어날 수 있다. 나아가 행복을 위해 꼭 필요한 삶의 감정인 용기courage, 자비compassion, 유대감connection을 가질 수 있다.

또한 이 책을 읽는 우리 모두는 '나만 그런 게 아니다'라는 강렬한 공감을 형성할 수 있을 것이다. 우리를 옥죄고 부자유스럽게 만들며 주눅 들게 하는 이 정체불명의 감정에 대해서 말이다. 그리고 곁에 있는 누군가에게 '당신만 그런 게 아니다'라는 말을 건네며 진정으로 관계를 열어 갈 수도 있을 것이다.

왜 나의 가장 큰 적은 나 자신일까?

수치심은 우리 일상의 곳곳에서 치명적인 영향력을 행사하고 있다. 다음 사례를 보면 수치심이 어떤 식으로 우리 삶을 속박하고 있는지 좀 더 잘 이해할 수 있을 것이다.

○ 거울을 보면서 그럭저럭 괜찮다는 생각이 들 때도 있긴 해요. 하지만 사실 전 뚱뚱하고 못생겼어요. 그래서 미칠 것 같아요. 숨도 못 쉴 정도예요. 속이 울렁거릴 정도로 저 자신이 끔찍하게 느껴져요. 아무도 날 못 보게 집구석에 숨고 싶은 마음뿐이에요.

○ 마흔이 넘은 나이에 학위를 따기 위해 대학에 입학했어요. 그런데 수업 내용을 못 알아들을 때가 많아요. 가만히 앉아서 바보처럼 고객만 끄덕이고 있는 거죠. 그럴 때면 여기는 내가 있어야 할 곳이 아니라는 생각이 들면서 뭔가 잘못되었다는 느낌이 들어요. 그런 느낌이 들면 뒷문으로 몰래 빠져나와서 다시는 돌아가지 말아야겠다는 생각을 해요.

○ 제 인생은 겉으로 보기에는 꽤 그럴듯해요. 근사한 남편에 멋진 집, 귀여운 아이들까지, 모든 걸 다 가진 것처럼 보이죠. 하지만 속을 들여다보면 전혀 그렇지 못해요. 남들 눈을 의식하지 않았다면 우리 부부는 아마 진작 이혼했을 거예요. 우리는 서로 말도 거의 안 해요. 아이 둘도 학교에서 말썽이 심하죠. 그래서 우리 부부는 아이들이 퇴학당하지 않도록 학교

에 엄청나게 기부를 하고 있어요. 이런 모든 상황을 참아내기가 점점 더 힘들어요. 어떤 땐 친구들이 저의 진짜 모습에 대해 눈치채고 있지 않을까 하는 생각이 들어요. 그럴 때면 정 말 미쳐버릴 것 같아요.

주변에서 흔히 볼 수 있는 사례다. 이처럼 수치심은 누구나 겪는 감정 이다. 이 사회는 남들과 끊임없이 비교되는 삶을 강요하고, 완벽해지지 않으면 안 된다는 강박을 갖게 한다. 또한 우리는 외모, 가족, 자녀처럼 스스로 선택하거나 통제하기 어려운 문제들 때문에 남들의 비난이나 조 롱을 받는 경우가 많다. 그런데 문제는 사회의 기대와 요구, 타인의 비난 과 조롱만이 아니다. 가장 뼈아픈 수치심을 느끼게 만드는 것은 바로 '우 리 자신'이다.

인정받고 가치 있는 존재가 되기 위한 힘든 여정은 끝이 없다. 우리는 모든 사람의 기대를 만족시키려 하고 남들이 나를 어떻게 볼지 끊임없이 신경 쓰느라 엄청나게 많은 시간과 에너지를 소모한다. 그러다가 결국 화를 내거나 분통을 터트리고 두려움에 빠지기도 한다. 그런 감정들이 나 자신을 향할 때 '나는 형편없는 사람이니까 남들이 나를 받아주지 않 는 것도 당연하다'는 생각이 밀려온다. 거꾸로 그 감정이 곪아터져서 밖 으로 튀어나올 때, 배우자나 자녀에게 별안간 소리를 지르거나 마음에도 없는 매몰찬 말을 던지기도 한다. 두 경우 모두, 그 감정이 밀려가고 난 후에는 소진된 느낌, 혼란스러운 느낌, 깊은 고독의 느낌 속에 남겨진다.

그러므로 표피적인 문제를 해결하려고 해서는 의미 있고 지속적인 변 화를 이끌어낼 수가 없다. 겉으로 드러난 문제를 깊이 파고 들어가 보면, 나의 외모를 혐오하고 타인에게 거부당하는 것을 두려워하고 위험을 감수하기를 포기하고 주변의 시선 때문에 나에 대해 떳떳이 말하지 못하는 이 모든 문제의 근원이 결국 '수치심'이라는 걸 알 수 있다.

수치심이 어떤 작용을 하는지 제대로 이해하지 못하면, 사람들은 표피적인 문제를 바로잡는 데에만 신경을 쓴다. 하지만 결국 문제는 해결되지 않는다. 수시로 내 머릿속을 파고드는 그 느낌, 즉 '나는 문제가 있어.'라는 생각으로부터 자유로워질 수 없다. 직장에서 늘 자기가 바보 같다고 느끼는 사람이 있다. 진짜 문제는 능력 부족이 아닐 경우가 많다. 오히려 '네가 잘나면 얼마나 잘났다고?' 하고 반문하며 꾸짖고 흉보는 '내면의 목소리'가 더 문제다. 수치심이 하는 일이 그런 일이다. 남의 눈에만 신경 쓰고, 남들이 원하는 기대를 채우는 데만 급급하게 된다. 그러는 사이, 나 자신의 판단과 생각은 실종되고 마는 것이다.

우리는 왜 수치심에 대해 말하기를 꺼려할까?

대다수 사람들은 수치심에 대해 언급하는 것조차 꺼린다. 2년 전, 나는 그와 관련된 극명한 경험을 했다. 케이스웨스턴리저브 대학교에서 강의를 하기 위해 클리블랜드 행 비행기에 타고 있었다. 창가 쪽에 먼저 앉아 있는데, 에너지가 충만해 보이는 여성이 내 옆자리에 털썩 가방을 내려놓았다. 방금 전까지 공항에서 다른 대기 승객들과 함께 요란하게 수다를 떨던 사람이었다. 복도를 가로막고 서서 족히 5분은 부산을 떨고 나서야, 그녀는 가방을 앞좌석 밑에 쑤셔 넣고는 자리에 앉아 내게로 고개를 돌리더니 자기소개를 했다. 그 후로도 한 1분 정도 날씨에 대해 얘기하다 문득 그녀가 물었다.

"클리블랜드에는 무슨 일로 가세요?"

마침 비행기가 이륙하던 참이라 나는 목소리를 조금 높여 대답했다.

"전 연구원이고, 지금은 케이스 대학교에서 강의를 하기 위해 가는 중이에요."

"어머 근사해라. 무슨 연구를 하시는데요?"

여자의 물음에 나는 비행기 엔진 소음에 내 목소리가 묻힐까봐 그녀 쪽으로 몸을 기울이고서 대답했다.

"전 여성과 수치심에 대해 연구해요."

그러자 여자는 눈이 휘둥그레지면서 신이 난 듯 환호성을 내질렀다.

"와아, 어머."

그러더니 그녀는 거의 내 쪽으로 몸을 붙이고 말을 이었다.

"여성과 수갑(chains, 수치심의 shame과 발음이 비슷하다.—옮긴이)이요! 정말 재미있겠는데요. 좀 더 자세히 이야기해보세요."

그제야 비행기 소리가 잦아들었다. 나는 미소를 지으며 이렇게 말했다.

"여성과 수갑이 아니고요, 여성과 수치심이요."

"네? 수치심이요?"

여자는 놀라고 또 실망한 목소리로 물었다.

"네, 전 수치심이 여성들의 삶에 어떤 영향을 미치는지 연구하고 있어요."

대화는 그것으로 끝이 났다. 여자는 내게서 시선을 돌리더니 좀 쉬어야겠다고 말했다. 그 뒤로 3시간 내내 우리는 서로 아무 말도 하지 않았다. 이따금 그녀가 나를 흘끗흘끗 쳐다보고 내 노트북 화면을 훔쳐보는 느낌이 들었다. 처음 한두 번은 고개를 돌려 미소를 지어 보였지만, 그럴 때마다 그녀는 얼른 자는 시늉을 했다. 심지어 한 번은 코를 고는 시늉까지 했는데, 그러는 내내 발가락을 꼼지락거려서 자는 척하는 것뿐이라는 게 훤히 보였다.

휴스턴으로 돌아와 '폭력'에 대해 연구하는 동료와 저녁식사를 하다, '인기 없는 주제를 연구하는 사람들의 고충' 얘기가 나왔다. 나는 비행기에서 생긴 일에 대해 들려주었다. '여자와 수치심'보다는 '여자와 수갑' 쪽이 훨씬 더 재미있겠다며 한바탕 웃음을 터뜨리고 나서, 내 동료는 '폭력'이라는 주제에 대해서는 사람들이 하도 관심이 많아서 오히려 자기가 자는 척하는 경우가 더 많다고 털어놓았다.

나는 순진하게 물었다.

"정말 이해가 안 가요. 둘 다 심각한 유행병이긴 마찬가진데. 그럼, 사람들은 폭력보다 수치심이 더 나쁜 거라고 여긴단 말인가요?"

내 물음에 동료는 잠깐 생각하더니 대답했다.

"물론 둘 다 아주 심각한 유행병이에요. 하지만 수치심은 '침묵의 유행병silent epidemic'이라는 게 다르죠. 폭력에 대해서는 잘 알고 거리낌 없이 얘기하죠. 하지만 수치심에 대해선 안 그래요. 두려워할 뿐 아니라 불편해하죠. 사람들은 자라면서 그 주제를 입에 올려선 안 된다고 배웠어요. 그래서 폭력만큼이나 위험하지만 아예 존재하지 않는 것처럼 외면하는 거죠."

그 동료의 말에 전적으로 수긍할 수 있었다. 사람들은 수치심이라는 유행병에 대해 침묵한다. 수치심이 우리의 삶, 가족, 공동체와 사회에 어떤 영향을 미치는지 무지할 뿐 아니라, 알고자 하는 의지도 부족하다. 드러내놓고 말하지 못하고 침묵하는 사이, 수치심은 일상과 사회 전반에 몰래 파고들어 서서히 우리 삶을 파괴해 나간다.

한때 수치심이라는 주제는 사회과학자들의 오해와 무시를 받았다. 다행스러운 것은 최근 수치심을 제대로 연구하고 다루는 연구가들과 전문의들이 늘고 있다는 점이다. 수치심과 관련된 문제는 광범위하다. 우울증, 불안장애, 중독, 섭식장애, 왕따, 자살, 성폭력, 가정폭력을 포함한 모든 형태의 폭력 등 여러 정신건강과 사회건강 이슈들이 여기에 해당된다.

수치심은 현대사회의
소리 없는 유행병이다

종교, 정치, 문화 전반에 걸쳐, 토론과 대화의 자리를 욕설과 인신공격이 대신하고 있다. TV에서는 생존경쟁, 중상모략, 왕따, 공개적인 망신이 버젓이 등장한다. 그리고 그런 프로그램들이 큰 인기를 끈다. 폭력이라는 유행병이 그렇듯, 수치심도 대중오락의 소재가 되고 있다. 어떤 이는 육아, 교육, 훈육을 위해 수치심을 효과적으로 활용한다.

수치심이 다른 여러 요인들과 어떤 관계가 있으며 어떻게 해결해야 하는지 관심을 기울이지 않는 사이, 우리 각자는 개인의 문제 혹은 자존감 부족의 결과라고만 여기고 그 수렁과 같은 감정의 늪에서 홀로 허우적대고 있다.

여기, 수전, 카일라, 테레사, 손드라를 만나보려고 한다. 연구 초기에 이들을 인터뷰 했었는데, 다행히도 그들은 우리의 솔루션 전략을 실천에 옮겼고, 그로부터 몇 년 후 다시 그들을 인터뷰할 기회를 얻을 수 있었다. 그들이 들려준 이야기는 '용기', '공감', '유대'를 만들어내는 실천이 얼마나 힘든 것인지, 하지만 얼마나 큰 위력을 발휘하는지 잘 보여준다.

· · ·

수전을 처음 만났을 때, 그녀 나이는 20대 후반이었다. 결혼 3년차로 막 첫돌이 지난 딸을 둔 수전은 물리치료사라는 자기 일을 무척 좋아했지만 아기 때문에 1년 동안 일을 쉬었다. 가정 형편이 쪼들리자 수전은 시간제로라도 다시 일을 하기로 결심했다. 나와 인터뷰를 하면서 수전은 자신에게 딱 맞는 일자리를 찾은 날의 이야기를 들려주었다. 정말 신나는 날이었다. 딱 맞는 시간제 물리치료사 일자리를 구했을 뿐만 아니라, 교회에서 운영하는 어린이집에 자리가 생겨 딸아이를 맡길 수 있다는 연락도 받았기 때문이었다. 기쁜 소식을 전하기 위해 수전은 서둘러 언니에게 전화를 했다. 그런데 언니는 축하를 해주는 대신 이렇게 말했다. "아이를 기를 생각도 없으면서 애초에 낳기는 왜 낳았는지 모르겠구나." 그때 수전은 '주먹으로 배를 한 대 맞은 기분'이었다고 했다.

"숨도 제대로 쉴 수가 없었어요. 너무 충격이 컸어요. 그 말을 들었을 때 머릿속에 '난 나쁜 엄마야!'라는 외침이 울려 퍼졌어요. 그날 저녁 내내 그 일을 해야 되나 말아야 되나 고민했죠."

카일라는 40대 중반으로 성공한 광고인이었다. 동부 해안 대도시에서 독신으로 살던 카일라는 그즈음 아버지가 알츠하이머 진단을 받아서 일과 간병을 병행하느라 애를 먹고 있었다. 가장 힘든 건 상사 낸시를 상대하는 일이었다고 카일라는 털어놓았다. 카일라의 표현대로라면 낸시는 '사적 고민을 절대 털어놓고 싶지 않은 사람'이다. 무슨 뜻이냐고 반문하자, 카일라는 낸시가 사생활에 대해 알면 알수록 더 심한 인신공격을 퍼붓는 기술자라고 했다. 2년 전 어머니가 돌아가시고 카일라는 심한 우울증에 시달렸다. 그걸 낸시에게 알렸을 때 낸시는 다른 동료들 앞에서 그 일을 떠벌렸다. 카일라는 두려웠지만 아버지를 요양시설에 모시기 전까지는 회사 일에 소홀해질 수도 있어서, 어쩔 수 없이 낸시에게 아버지 상태를 설명했다.

얼마 후, 직원회의에서 카일라는 당혹스러운 일을 겪었다. 낸시가 진행 중이던 프로젝트에서 카일라를 제외하겠다고 발표한 것이다. 낸시는 다른 직원들한테 "다들 카일라가 어떤 사람인지 잘 알 거예요. 항상 별것도 아닌 일에 호들갑을 떨잖아요."라고 말했다. 카일라는 그 순간 말 그대로 '얼어붙었다'라고 했다.

"전 꼼짝도 할 수 없었어요. 나 자신이 너무 초라해서 발가벗겨진 느낌이었다고 할까요? 낸시의 말이 맞는 건가요? 제가 그런 사람인가요? 낸시를 믿고 처지를 털어놓은 나 자신이 정말 바보같이 느껴졌어요."

처음 만났을 때 테레사는 35세로, 막 걸음마를 뗀 아이에서 초등 고학년까지 세 명의 아이를 둔 엄마였다. 테레사의 경험은 채 5분도 안 되는 짧은 일이었지만, 기억 속에는 가장 괴로운 일로 남아 있다고 했다. 테레사는 거울 앞에서 자기 몸에 대한 혐오감이 밀려온 그날을 떠올렸다. "맞는 옷이 하나도 없었어요. 청바지를 다 입어봤지만 하나도 안 맞았죠." 테레사는 허벅지 안쪽 살을 움켜쥐거나 브래지어 밖으로 삐져나온 살을 꼬집으면서 계속 '끔찍해. 난 정말 끔찍하게 생겼어.' 하고 중얼거렸다고 했다. 설상가상, 아이들은 TV를 큰소리로 켜놓고 전화벨이 울리는데도 계속 싸워대고 있었다. 테레사는 아이들을 향해 버럭 소리를 질렀다.

"빌어먹을 전화 좀 냉큼 안 받을래! 저 소리 안 들려! 젠장!" 결국 테레사는 두 손에 얼굴을 묻고 흐느껴 울었다. 고개를 들어보니 막내가 몇 걸음 앞에 서 있었다. 아들은 겁에 질린 목소리로 말했다. "엄마가 슬퍼서 나도 슬퍼." 그런 막내를 보고 있자니 테레사에게 수치심과 자책감이 물밀 듯 밀려왔다.

테레사는 그날 일을 절대 잊지 못할 것이라고 하면서 이렇게 설명했다. "모든 게 짜증나고 신물이 날 때가 있어요. 내 몸, 내 아이들, 우리 집, 내 인생 전부 다. 머릿속에는 이상적인 완벽한 인생의 그림이 있는데 현실은 무엇 하나 완벽한 게 없어요. 마음대로 되는 게 없어요. 아이들한테 화풀이를 하고 나면, 나 자신이 너무 수치스럽게 느껴져요."

50대 중반의 고등학교 교사 손드라는 화가 나면서도 슬픈 듯한 표정으로 이렇게 말했다. "전 시동생과 정치에 대해 토론하기를 좋아했어요. 벌써 몇 년을요. 그런데 어느 날 저녁 일요일 가족모임 후에, 집으로 가던 차 안에서 남편이 그러는 거예요. '내 동생하고 말다툼 벌이는 게 지긋지긋하다'고. 처음부터 싫었대요. 그이는 '도널드는 똑똑한 애야. 대학원까지 나온 애라고. 그러니까 제발 그 애한테 따지고 들지 마.'라고 했어요.

그러고는 저한테 제대로 배우지도 않아놓고 멍청한 소리만 한다면서, 그럴 때마다 자기까지 얼굴이 화끈거린다고 하는 거예요. 그다음부터 시댁 식구들하고는 말도 안 섞게 되었어요."

· · ·

　수전, 카일라, 테레사, 손드라 모두 단순히 자긍심이 부족해서 힘들어하는 걸까? 아니다. 수치심과 자긍심은 완전히 다른 문제다. 수치심은 '느끼는' 것이고, 자긍심은 '생각하는' 것이다. 자긍심은 자신의 파워, 능력, 한계에 대해 어떻게 '생각하느냐'에 기초한다. 자신에 대해 어떻게 생각하느냐의 문제인 것이다. 반면에 수치심은 감정이다. 특정한 경험을 했을 때 어떤 '느낌'이 드느냐의 문제인 것이다. 수치심을 느끼면 큰 그림, 즉 전체적인 상황을 생각할 여력이 없어진다. 자신의 능력과 한계에 대해 제대로 생각할 수가 없다. 그저 외롭고, 발가벗겨진 것 같은 기분이 들고, 자신이 한없이 잘못된 것 같은 느낌만 들 뿐이다.

　내 친구이자 동료인 매리언 맨킨Marian Mankin은 수치심과 자긍심의 차이를 이렇게 설명했다. "자긍심에 대해 생각할 때는 내가 되고 싶은 모습, 내 출신 배경, 내가 살아온 과거, 그리고 내가 성취한 모든 것들과의 관계 속에서 나 자신에 대해 생각하게 된다. 반면에 수치심을 느낄 때는 현실 속의 나에 대한 모든 이성적인 생각은 다 잊어버리고, 그저 나 자신이 한없이 초라하고 작게만 느껴진다. 다른 것은 아무것도 보이지도 생각나지도 않고 그저 좁고 외로운 공간에 갇혀버린다."

앞에서 본 사례들이 자긍심 문제가 아니라면, 운 나쁘게 주위의 '나쁜 사람들' 때문에 생긴 문제일까? 수전의 언니가 못됐기 때문일까? 카일라는 단순히 무신경한 말 몇 마디에 희생된 것일까? 테레사는 완벽주의 때문에 괴로워하는 것일까? 손드라의 경우는 단지 남편이 문제인 걸까? 이 모든 질문에 대한 답은 '아니다'이다. 이 네 가지 사례는 수치심이 우리를 공격하는 '무기'로 사용된다는 걸 보여주고 있을 뿐이다.

우리 사회는 '당신은 자녀를 위해 진정 필요한 걸 해주지 못한다', '이기적이고 무신경한 결정을 한다'는 따위의 말로 끊임없이 부모들을 공격한다. 카일라의 경험은 많은 직장에서 횡행하는 수치심 문화를 잘 보여주는 사례다. 우리는 일과 사생활의 조화를 이뤄 둘 다 성공하기를 바란다. 카일라의 상사가 던진 독한 말은 바로 그런 문화의 부산물이다. 우리는 항상 '일이 곧 그 사람을 말하는 것은 아니다.'라는 말을 믿고 싶어 하지만, 상사, 동료, 대중매체는 '당신이 하는 일, 이뤄낸 성과, 벌어들이는 액수가 곧 당신이다.'라고 우리에게 끊임없이 최면을 걸고 있다.

테레사의 경우에는 수치심이 완벽주의에서 비롯된 것임을 먼저 이해해야 한다. 외모든 일이든 육아든 건강이나 가족이든, 그 어떤 문제에 관해서도 완벽주의를 추구하는 그 자체는 사실 별로 괴로운 일이 아니다. 그러나 그 불가능한 목표를 이루는 데 실패했을 때 밀려드는 수치심이 우리를 괴롭고 고통스럽게 한다. 손드라의 사례는 수치심이 우리 입을 막는 강력한 무기로 작용한다는 것을 잘 보여주고 있다. 수치심보다 더 확실하게 우리 입을 막는 것도 없다.

수치심은 무신경한 말 몇 마디나 자긍심 그 이상의 문제다. 수치심은 누구나 겪는 일반적인 경험으로서 점점 더 분열과 파괴를 초래하는 문화의 한 요소가 되고 있다. 우리는 누구나 '능력이 부족하다', '가진 것이 부족하다', '충분히 사랑받지 못한다'는 느낌 때문에 괴로워할 때가 있다. 그리고 그런 부족한 느낌을 극복하는 가장 효과적인 방법은 자신의 경험을 남들과 함께 나누는 것이다. 물론 우리가 속한 문화에서 그것은 상당한 용기를 필요로 하는 일이긴 하지만 말이다.

끊임없이
수치심을 가르치는 문화

'용기'는 심장, 즉 마음의 문제다. 영어로 용기를 의미하는 courage의 어근인 'cor'는 라틴어로 '심장'을 뜻한다. 원래 용기는 '진심에서 우러나 자기 생각을 말한다'는 의미다. 그러나 시간이 흐르면서 그 의미는 변했고, 현재는 주로 영웅적이고 용감한 행동과 관련되어 사용된다. 그러나 나는 진정한 용기란 '내가 누구인지에 대해, 그리고 내가 경험한 것이 무엇인지에 대해, 그것이 좋든 나쁘든 솔직하고 당당하게 말하기 위해 필요한 내면의 힘과 진실함'을 아우르는 의미라고 생각한다. '진심에서 우러나 자기 생각을 말하는 것'이야말로 '평범한 용기ordinary courage'라고 생각한다.

'평범한 용기'. 이 말이 어디에 처음 등장했는지는 확실히 모르지만, 내가 이 말을 처음 접한 것은 사회학자 애니 로저스Annie Rogers가 여성과 소녀들에 관해 쓴 한 연구 논문에서였다. 그는 논문에서 '자신의 이야기를 하는 것이 얼마나 중요한가'를 역설하는 개념으로 '평범한 용기'를 언급했다. 요즘처럼 두려움, 비난, 단절로 가득한 수치심 문화 속에서 평범한 용기를 발휘한다는 것은 여간 어려운 일이 아니다. 그렇지만 이 책에서 소개할 전략들을 실천에 옮긴다면, 이 평범한 용기와 힘을 되찾을 수 있다. 우리 문화를 바꿔나가는 것도 시작할 수 있을 것이다.

문화가 수치심에 어떤 영향을 미치는지 알기 위해서는 먼저, 처음으로 타인에게 사랑받고 함께 어울리고 그들을 기쁘게 해주기 위해 뭘 해야 하는지 배우기 시작한, 어린 시절로 돌아가 볼 필요가 있다. 수치심은 많은 경우, 이 모든 걸 배우는 수단으로 작용한다.

때로는 공공연히, 그리고 때로는 은밀하게. 수치심의 경험은 대개 소외되고 무시당하고 놀림 당한 기억으로 간직된다. 그 결과 그 느낌은 '두려운 것'으로 남아 있다. 그리고 그 느낌을 피하려면 내 행동, 생각, 감정을 바꿔야 한다고 배운다. 그 모든 과정에서 우리는 변화했고, 그 결과 지금의 모습이 되었다.

문화는 우리에게 수치심을 가르친다. 누가 인기가 있고 누가 인기가 없는지 알려준다. 나면서부터 완벽한 몸매를 갈구하는 사람은 없다. 나면서부터 자기 얘기 꺼내기를 두려워하는 사람도 없다. 나면서부터 나이 먹는 걸 두려워하는 사람도 없다. 한 손에는 명품을 들고 한 손에는 등이 휘어질 것 같은 카드빚을 안고 태어나는 사람도 없다. 수치심은 우리 '밖'에서 오는 것이다. 바로 우리가 속한 사회의 문화 말이다. 나면서부터 우리 안에 있는 것은 오직 소속감을 느끼고 관계를 맺고 싶어 하는 지극히 인간적인 욕구뿐이다.

우리는 누구나 유대감을 원한다. 우리 유전자에는 '유대감에 대한 갈망'이 새겨져 있다. 아기일 때는 생존을 위해 유대감을 필요로 한다. 자라서는 유대감이 정서적, 육체적, 영적, 지적 성장을 의미한다. 인간이라면 누구나 인정받고 소속감을 느끼고 있는 그대로의 모습으로 가치 있는 존재가 되기를 바라기 때문에, 유대감은 모든 사람에게 절대적으로 필요하다. 그러나 수치심은 그토록 중요한 타인과의 유대감을 뒤흔들어놓는다. 그래서 나는 종종 수치심을 '단절에 대한 두려움', 즉 '나에게 있는 결점 때문에 사랑받고 소속될 가치가 없다고 느끼는 두려움'이라고 정의한다.

수치심은 우리가 내 얘길 꺼내지 못하게 하고 타인의 얘기도 듣지 못하게 방해한다. 단절에 대한 두려움 때문에, 입을 닫고 나의 비밀을 속으로만 간직하게 되는 것이다. 누군가가 수치스러운 일을 털어놓을 때에도, 내가 불편해질까봐 그 상대를 비난한다. 타인의 수치스러운 경험을 듣는 것만으로도 내가 수치심을 경험한 것처럼 고통을 느낄 수 있기 때문이다.

수치심을 극복하는 데 용기가 필요하듯, 자비 역시 매우 중요한 요소다. 자비를 실천에 옮기면 타인의 수치심에 귀를 기울일 수 있다. 자비의 가장 강력한 도구인 '공감empathy'은 타인에게 진정성 있게 배려하는 반응을 보일 수 있는 감정적 기술이다. 공감은 타인의 입장이 되어볼 수 있는 능력, 즉 타인이 경험한 것을 이해하고 숙고할 수 있는 능력을 말한다. 누군가에게 나의 힘든 경험을 털어놓았을 때, 그가 나를 탓하거나 비난하지 않고 자기 일처럼 귀 기울여준다면 그것이 바로 '공감'이다. 공감능력을 기르면 배우자, 연인, 동료, 가족, 자녀와의 관계를 좀 더 풍요롭게 만들 수 있다.

공감의 전제조건이 바로 자비다. 타인의 고통을 들을 의지가 있어야만 타인에게 공감할 수 있다. 자비를 마치 성자나 할 수 있는 대단하고 엄청난 선행이라고 생각하는 사람들도 있는데, 그것은 잘못된 생각이다. 자비는 두려움, 불완전함, 상실감, 수치심 등 우리를 인간이게 만드는 고통들을 기꺼이 받아들일 수 있는 사람이라면 누구나 가질 수 있다. 수치심을 비롯한 자신의 고통을 기꺼이 포용할 수 있을 때라야, 타인에게도 자비의 태도로 반응할 수 있다. 그러므로 자비는 선행이 아니라 의무다. 행해도 그만 안 해도 그만인 것이 아니라, 반드시 행해야 하는 것이다. 그렇다면 당신은 수치심에 고통스러워하는 누군가의 곁에 함께 있으면서, 그의 이야기에 귀를 기울이며 고통을 함께 나눌 준비가 되어 있는가?

수치심은 다루기 힘든 주제인 만큼, 이 책에 등장하는 사례들 역시 모두 고통스러운 것들이다. 하지만 나는 그렇기에 바로 이 책에 담긴 이야기가 우리에게 희망과 발전적인 미래를 선물해주리라 확신한다. 우리는 누구나 수치심에서 벗어날 수 있다. 수치심이 만들어낸 고통을 용기, 자비, 유대로 바꿔놓을 수 있다. 그리고 곁에 있는 다른 사람도 그렇게 할 수 있도록 도울 수 있다.

물론 쉽지만은 않은 일이다. 이 책은 '따라 하기만 하면 2주 만에 정복할 수 있다'고 말하지 않는다. 더군다나 수치심처럼 복잡한 심리적 문제에 대한 답을 그리 쉽게 얻기는 힘들다.

'진정한 자유는 타인을 자유롭게 할 때 얻을 수 있다.'라는 말이 있다. 그런 점에서 나는 이 책을 통해 우리 모두 각자의 스토리를 공유하면서 '당신만 그런 게 아니다.'라는 말을 간절히 듣고 싶어 하는 누군가와 깊은 유대를 맺기를 바란다. 그것을 통해서 우리는 서로의 차이를 뛰어넘고 수치심으로부터 빠져나올 수 있게 될 것이다.

1장

‘마음의 수렁, 관계의 비수’,
나를 갉아먹는 감정 이해하기

"어떤 계기로 수치심에 대해 연구하게 되었나요?"

그런 질문을 받을 때마다, 나는 내게 영감을 준 한 문장을 소개한다.

'수치심을 불러일으키거나 무시하는 것으로 한 사람의 행동을 바꿀 수는 없다!'

그 말을 들은 건 내 나이 20대 때의 일이었는데, 당시 나는 아동요양시설에서 일하고 있었다. 어느 날 직원회의에서 아동을 대상으로 한 치료법을 총괄하는 임상학과 과장이 '아이들이 더 나은 선택을 할 수 있도록 돕는 법'에 대해 발표하게 되었다. 그때 그가 이런 말을 했다.

"여러분이 아이들을 도와주고 싶어 하는 마음은 잘 압니다만, 한 가지 명심해야 할 것이 있습니다. 그것은 수치심을 불러일으키거나 무시하는 것으로 사람의 행동을 바꿀 수는 없다는 사실입니다."

이어서 그는 의도가 어찌되었든 사랑을 베풀지 않겠다고 겁을 주거나,

남들 앞에서 모욕을 주거나 무시하는 것으로는 긍정적인 변화를 불러일으킬 수 없다는 설명을 계속했다. 그 이야기에 나는 깊은 감명을 받았다. 그로부터 몇 주 동안 다른 생각은 할 수가 없었다. 그런데 그의 말을 아무리 깊이 생각해봐도 도무지 이해가 가지 않았다. 완전히 이해가 되지는 않았지만, 나는 그 말이 진실이라는 것을 느낄 수 있었다. 또한 '수치심을 이해하는 것'이 매우 중요한 일이라는 것 역시 확실히 알 수 있었다. 운명이었을까? 결국 나는 이후 10년간 수치심에 대해 연구를 하게 되었다.

요양시설을 그만둔 나는 대학원에 진학해 7년에 걸쳐 사회복지학 석사와 박사 과정을 이수했다. 그 과정에서도 '수치심을 불러일으키거나 무시하는 것으로 사람의 행동을 바꿀 수는 없다.'라는 명제가 연구의 가장 큰 원동력이 되어주었다. 나는 우리가 수치심을 어떻게, 그리고 왜 이용하는지 알고 싶었다. 그리고 수치심을 이용해 상대를 변화시키려는 의도가 어떤 결과를 불러일으키는지도 알고 싶었다. 그렇다고 대놓고 수치심을 연구한다고 떠들고 다니지는 않았다. 그저 조용히 사람들의 이야기를 듣고, 나를 자극한 명제에 대해 새롭게 알게 된 정보 하나하나를 실험했다. 그 과정에서 나는 다음과 같은 것을 배우게 되었다.

○ 사람을 변화시키거나 행동을 변화시키는 수단으로 수치심이나 모욕감을 이용할 수 있는가? ⋯ '그렇다'이기도 하고 '아니다'이기도 하다. 시도는 해볼 수 있다. 겉으로 드러난 과민성을 정확히 조준하기만 한다면 즉각적인 행동 변화를 가능하게 하는 것도 사실이다.

○ 그 변화가 오래가는가? ⋯ 아니다.

○ 그 변화가 고통스러운가? ⋯→ 그렇다. 매우 고통스럽다.

○ 그것이 해를 끼칠 수도 있는가? ⋯→ 그렇다. 수치심을 이용한 사람과 그걸 당한 사람 모두에게 상처를 남길 가능성이 있다.

○ 수치심이 사람을 변화시키는 방법으로 자주 사용되는가? ⋯→ 그렇다. 매일 매 순간.

　뿐만 아니라 많은 사람들이 다른 사람을 변화시키고 자신을 방어하기 위한 수단으로 수치심을 이용하고 있다는 것도 알게 되었다. 개인만이 아니라 가족이나 사회공동체도 마찬가지다. 그 결과 지금 우리 사회는 수치심이 우리의 정신과 영혼에 얼마나 큰 위해를 입히는지 깨닫지 못하고 있다.

　또한 우리 사회는 수치심이 개인의 고통을 넘어 사회문화적 이슈들과도 연관된다는 걸 알지 못한다. 수치심이 침묵의 유행병이기 때문이다. 우리는 분명히 수치심을 느끼고 심지어는 평생 끌어안고 살아가면서도, 그것에 대해 '이야기'하지는 않는다. 최근 들어 두려움이나 분노 같은 감정에 대해서 논의하는 것은 비교적 확대되어가고 있지만, 여전히 수치심에 대해서는 언급 자체를 금기시한다.

　문제는 수치심의 정체를 파헤쳐 그로 인해 고통 받고 있는 사람들을 도와주어야 할 전문가들조차 수치심이라는 주제를 입에 올리기 싫어한다는 점이다. 미국 전역을 돌며 관련 전문가들을 대상으로 수치심 관련 워크숍을 개최했을 때, 거기 참석했던 대다수의 전문가들은 그 주제 자체를 낯설어했다. 나아가서 이제껏 참석했던 워크숍 중 가장 힘들었다는 의견이 대부분이었다.

수치심은 누구나 겪는 보편적인 감정이며, 심리상담가나 정신과 의사 같은 전문가도 예외가 아니다. 다른 감정적 문제에서처럼 전문가와 내담자를 '우리와 그들'로 분류할 수가 없는 것이다. 따라서 전문가로서 도움을 주기 위해서는 스스로 먼저 자신의 수치심에 대해 이야기하고, 그것이 자기 삶에 어떤 영향을 미치는지 살펴보아야 한다. 그렇지 않고서는 고통을 호소하며 찾아오는 내담자들에게 아무런 도움도 줄 수가 없다.

수치심은 그 어떤 극심한 분노, 두려움, 슬픔, 불안보다 훨씬 더 중요한 감정적 경험이다. 전문가들의 침묵은 그래서 더욱 큰 문제다. 정신건강과 사회건강을 다루는 집단에서조차 수치심에 대해 이야기하지 않거나 사람들이 안심하고 도움을 구할 수 있는 공간을 마련해주지 않는다면, 대체 누가 어디서 어떻게 수치심에 대해 입을 열 수 있을까? 전문가들마저 수치심이라는 문제를 외면한다면 일반 사람들은 어떻게 그 불편한 느낌 내지 경험에 맞설 수 있겠는가?

나를 괴롭히는 이 수치심이라는 감정의 정체는 무엇인가?

이렇게까지 수치심에 대해 쉬쉬하는 것은 수치심이 가진 힘이 너무도 막강하기 때문이다. 수치심은 우리 모두가 느끼는 공통적인 감정이지만, 막상 남들이 이해하도록 설명하려면 적당한 표현을 찾기가 여간 힘든 게 아니다. 적당한 표현을 찾아내고 나면, 이번에는 그 이야기를 '들어줄' 사람을 찾기가 쉽지 않다. 수치심을 경험하는 것도 고통스럽지만 남의 수치심 경험을 듣는 것 역시 매우 고통스럽기 때문이다.

나는 수치심을 이해하는 첫 단계로 서로의 경험을 공유하는 데 필요한 '공통어휘'가 필요하다고 결론지었고, '수치심에 대해 정의 내리기'를 첫 목표로 정했다. 연구 참가자들에게 수치심에 대해 정의를 내려달라고 부탁하자, 그들은 각자의 이야기를 들려주었다.

○ 수치심은 가슴 깊은 곳에 숨어 있는 지옥처럼 깜깜하고 고통스러운 감정이다. 수치스러운 일에 대해서는 말을 해서도 안 되고 그 일이 얼마나 괴로운지도 언급해서는 안 된다. 그랬다가는 남들한테 나의 '숨기고 싶은 끔찍한 비밀'을 들켜버릴 테니까.

○ 수치심은 거부당한다는 것을 의미한다.

○ 수치심은 아웃사이더가 된 느낌, 어디에도 속하지 못한다는 느낌이다.

○ 수치심은 자신을 미워하고 남들이 왜 자신을 싫어하는지도 잘 아는 상태를 말한다.

○ 수치심은 자기혐오다.

○ 수치심은 일종의 감옥이다. 그리고 내게 뭔가 문제가 있기 때문에 감옥에 갇히는 것이 당연하다고 느끼는 상태다.

○ 수치심은 남들한테 보여주고 싶지 않은 결점을 들켰을 때 느끼는 것이다. 그런 결점을 들키느니 차라리 죽어버리는 게 낫다.

이 얘기만으로도 사람들이 수치심을 입에 올리는 게 얼마나 힘들고 괴로운 일인지 충분히 짐작할 수 있다. 수치심이 어떤 느낌이냐고 물었을 때, 엄청난 충격, 지독하다, 탈진하게 만든다, 극심한 고통, 살을 에는 것 같다, 내가 작고 초라하게 느껴진다, 더럽혀진 느낌이다, 말도 못하게 외롭다, 거부당한 느낌이다, 최악의 느낌이다 등의 표현이 나왔다.

나는 종종 수치심을 전신격투기에 비유하기도 한다. 마치 온몸을 흠씬 얻어맞은 듯한 느낌을 남기기 때문이다. 수치심은 감정뿐 아니라 몸에도 고통스러운 경험을 남긴다. 수치심을 직접 경험하거나 다른 사람의 수치스러운 경험을 들을 때, 속이 울렁거리고 뒤틀리거나 머리가 아픈 것과 같은 반응이 우리 몸에도 나타난다. 감정적으로 주체하기 힘든 상태가 되는 동시에 몸에도 그 힘든 느낌이 전달되는 것이다.

너무도 다양하지만 그렇다고 해서 서로 관련이 없지도 않은 무수히 많은 정의들을 듣고 나서, 나는 그간의 인터뷰를 통해 전해들은 감정과 의미를 통칭하는 간단한 정의가 필요하다고 생각했다. 그래서 다음과 같은 개념을 도출했다.

수치심이란 나에게 결점이 있어서 사랑이나 소속감을
누릴 가치가 없다고 생각할 때 느끼는 극심한 고통을 뜻한다.

힘겹게 입을 열어 고백한 이들의 이야기는 이 정의를 마음으로, 그리고 현실로 해석해준다.

○ 내가 뚱뚱하다는 걸 못마땅하게 여기는 엄마 때문에 수치심을 느낀다. 오랜만에 만났을 때조차 엄마는 "어머나, 너 아직도 그렇게 뚱뚱하니!"라고 인사를 하고, 헤어질 때는 "실망하지 마, 빠질 거야."라는 말을 덧붙인다. 그렇게 오랫동안 들들 볶았으면 이제 포기할 때도 된 것 같은데 엄마는 도무지 포기할 기미가 보이지 않는다.

ㅇ 섹스를 싫어하는 것은 아니다. 즐기는 정도는 아니지만 그렇다고 싫어하는 것도 아니다. 아이가 셋이나 있다 보니 섹스를 할 필요성을 그다지 느끼지 못하겠다. 앞으로 평생 섹스를 하지 않아도 괜찮다고 생각하는데, 그런 생각이 정상이 아니라는 걸 잘 알기 때문에 그런 나 자신이 수치스럽다. 내가 엄청나게 잘못된 것 같은 느낌이다. 부부가 평균 주 3회 섹스를 한다는 따위의 기사를 보면 짜증이 난다. 더 큰 문제는 남편은 나와 달리 자주 섹스를 원한다는 점이다.

ㅇ 내가 고등학생일 때 엄마가 자살을 했다. 그날부터 나에게는 '엄마가 자살한 아이'라는 꼬리표가 붙어 다녔다. 그것은 내 인생 최악의 사건이었다. 엄마가 차라리 암이나 다른 병으로 돌아가셨다면 사람들은 오히려 나를 불쌍하게 여겼을 것이다. 하지만 자살은 문제가 다르다. 우리 엄마가 자살을 할 정도로 이상한 여자였으니, 그 딸인 나 역시 이상한 여자일 거라고 사람들은 생각하는 것 같다. 친구 부모님들조차 나와 우리 아빠를 가까이하기 꺼리는 것 같았다. 그런 사실이 나는 수치스럽다.

ㅇ 수치심은 내가 혐오스럽고 역겨워질 때 드는 느낌인데, 내 몸이 끔찍하게 싫을 때가 바로 그때다. 사람들은 자기 몸의 결점에 대해 '나만 그런 것'이라고 생각하고 들키지 않으려고 전전긍긍한다. 다른 사람은 다 정상인데 혼자만 이상하다고 생각하는 것이다. 하지만 그럴수록 더욱 수치스러운 감정이 든다는 것을 왜 모르는지 모르겠다.

ㅇ 5년 전 직장을 그만두고 주택담보 대출을 받아 내 사업을 시작했다. 하지만 온라인 쇼핑몰 사업은 2년 만에 문을 닫아야 했다. 너무도 절망적이었다. 들리는 이야기는 온통 꿈을 이루기 위해 모든 것을 포기하고 나서서 성공하고 행복을 찾은 사람들 이야기뿐이었다. 그런데 나는 빚더미에 올라앉은 채 전혀 마음에 안 드는 새 직장에 다녀야 했다. 꿈을 이루지 못한 나 자신이 인생의 패배자가 된 것 같아서 너무 수치스러웠다.

ㅇ 나는 불임이라는 사실 때문에 수치스럽다. 혼자라는 느낌이 들기 때문이다. 이 세상 그 누구도 내 아픔을 이해하지 못할 것 같다. 특히 내 주위에 아이 있는 사람들은 더 그럴 것 같다. 마치 내가 어디가 잘못되었거나 예전에 저지른 잘못 때문에 벌을 받는 거라는 느낌이 든다. 그리고 혹시 내가 엄마 자격이 없어서 하늘이 일부러 내게 아이를 안 주는 것은 아닌

가 하는 생각까지 들기도 한다.

　이들이 어떤 고통을 겪을지는 충분히 짐작이 가능하다. 우리 사회는
수치심, 비난, 배척을 조장하면서 동시에 사랑과 소속감을 대단히 중요하
게 여긴다. 이런 상황에서 사랑과 소속감을 느끼는 것은 매우 어렵다. 하
지만 역설적으로 그것만이 수치심에서 우리를 벗어나게 해주는 힘이기
도 하다.

　이 책에 등장하는 사연들 일부는 읽는 것 자체도 결코 쉽지만은 않을
것이다. 친구나 가족이 수치스러운 이야기를 털어놓았을 때, 익명의 누군
가의 수치스러운 경험을 책에서 읽을 때, 우리는 흔히 둘 중 하나의 반응
을 보인다. 첫째, 마치 내가 겪기라도 한 것처럼 고통스럽고 둘째, 동시에
이상하게도 마음이 놓인다. '고통'이 느껴지는 건 숨기고 싶던 나의 문제
를 떠올리게 만들기 때문이고, '안도'가 느껴지는 건 그럼에도 불구하고
나만 그런 게 아니라는 걸 깨닫게 되기 때문이다.
　수치심이 파워를 갖는 이유는 '나만 그런 일을 겪는다'고 생각하게 만
들기 때문이다. 나만 그렇다는 건 '남과 나는 다르다'는 뜻이다. 수치스러
운 경험을 남들도 똑같이 겪는다는 것을 알게 되면 마음이 놓인다. '남들
도 나와 비슷하다'는 걸 알게 되기 때문이다. 하지만 그 경험이 나와 너무
나 똑같을 때는, 내가 겪은 수치심이 되살아나 오히려 더 고통스러울 수
도 있다.
　내가 경험해보지 못한 수치스러운 이야기를 들을 때는 그 반응이 사뭇
달라진다. 첫 번째 반응은 상대와 나 사이에 거리를 두는 것이다. '우리

엄마는 절대 안 그래.'라든가 '섹스를 싫어하다니 이해가 안 되네.' 등의 반응을 보이는 것이다. 거리를 두면, 상대를 비난하거나 비판하고 그들과 나 사이에 선을 긋게 된다. 그리고 바로 이런 반응이 수치심이라는 유행병에 부채질을 한다.

어머니가 자살한 앨리슨과 인터뷰를 하면서, 나는 앨리슨의 이웃, 선생님, 심지어 친구들이 보인 반응에 깜짝 놀랐다. 어머니가 자살한 후 몇 달 간, 앨리슨은 어디를 가든 사람들이 수군대는 소리를 들었다. 사람들은 의도적으로 그녀를 피하거나, 노골적으로 어머니의 자살을 언급하는 질문공세를 퍼부었다. 앨리슨도 처음에는 그런 일이 부당하다고 생각했다. 어머니가 자살한 게 자기 잘못도 아니고, 어머니가 정신질환에 걸렸다고 해서 자기도 같은 병에 걸리는 건 아니라고 생각했기 때문이다. 그런데 계속 수군대는 소리를 듣고 따돌림이 계속되자 앨리슨 스스로, '자살한 어머니의 딸은 결함이 있는 사람'이라는 생각을 하기 시작했다. 그 때부터 수치심이 고개를 들었고, 외톨이가 된 느낌이 들었다고 했다.

앨리슨과의 인터뷰를 2주일 정도 곱씹어보았다. 그러면서 나는 그녀에게 무한한 자비심이 느껴졌고 또 공감도 할 수 있었다. 동시에 그녀를 함부로 대한 주변 사람들의 무심함 때문에 화가 나고 그들을 비난하고 비판하게 되었다. 그런데 이러한 일련의 반응에 대해 며칠 간 더 곰곰이 생각하던 나는 몇 가지 불편한 진실을 깨닫게 되었다.

첫째, 수치심을 제대로 이해하기 위해서는 앨리슨 본인의 경험만이 아니라 주변 사람들의 반응에 대해서도 이해해야 한다는 것. 무심한 주변 사람들을 무작정 비난만 한다고 해서 될 일이 아니다. 이웃들과 친구들이 그저 무심하고 잔인하다고 비난하는 것 역시 파괴적인 반응일 뿐이다.

둘째, 이 문제에 좀 더 천착해서 만약 내가 앨리슨의 이웃이나 친구였다면 어떻게 반응했을지 솔직히 생각해보아야 한다.

퇴근길에 이웃집 앞에 서 있는 구급차와 경찰차를 봤다면, 당장 다른 이웃에 전화를 걸어 무슨 일인지 물었을 것이다. 그 앞을 기웃대며 남의 일에 참견하는 사람이 아니라는 걸 과시하려고 전화를 건 것인데, 이 경우는 더 안 좋은 반응이다. 남의 집을 기웃거렸든, 전화로 수다를 떨었든, 결국 나는 그 집에서 일어난 사건에 대해 말을 옮기며 억측하는 대열에 낀 것이기 때문이다. "어쩐지 그 집에 뭔가 문제가 있는 것 같더라." 혹은 "말이 나왔으니 말인데, 나도 본 적 있어. 전에 그 집 여자가 말이야……." 하는 식으로 시작되는 이야기를 듣기도 하고, 앨리슨의 아버지가 정신적으로 문제가 있을지 모른다는 억측을 하거나 앨리슨이 그 일로 심각한 정신적 후유증을 겪게 될 것이라고 멋대로 상상할지도 모른다. 결국 나 역시 내가 혐오하고 이해할 수 없었던 사람들과 똑같이 될 수도 있는 것이다.

대체 왜 그런 일이 벌어지는 것일까? 나 역시 앨리슨의 선생님이나 이웃, 친구들처럼 고약하고 못된 사람이기 때문일까? 아니다. 다만, 나 역시 인간이고 그런 상황이 되면 누구나 자기 안에 감춰진 두려움, 걱정, 슬픔, 수치심이 수면 위로 떠오르기 때문이다. 그래서 그런 주체할 수 없는 감정에서 벗어날 방법을 찾게 되는데, 그 방법이 험담하기나 따돌림처럼 남에게 상처를 주는 파괴적인 것일 때가 많다.

수치심을 제대로 이해하기 위해서는 수치심을 경험할 때 어떤 느낌인지 아는 것만으로는 부족하다. 언제, 왜 남들에게 수치심을 불러일으키는지 알아야 하고, 수치심 회복탄력성을 기르려면 어떻게 해야 하는지, 그리고 남에게 수치심을 안겨주지 않기 위해 어떤 의도적인 노력이 필요한 지도 알아야 한다.

이 책에 소개되는 사연들 모두를 당신이 똑같이 경험하지는 않았겠지만, 아마 대부분 남의 일 같지 않아 마음이 편치만은 않을 것이다. 수치심 회복탄력성을 가지려면, 자신의 수치심을 이해하는 동시에 타인의 수치심에 공감하고 유대를 맺는 능력도 키워야 한다. 타인에게 공감할 수 있어야만 비로소 수치심에 관해 우리가 어떤 공통분모를 갖고 있는지 제대로 이해할 수 있기 때문이다.

수치심은 다른 유사한 감정들과 어떻게 다른가?

수치심이 벌이는 간교한 술책에 현혹되지 않으려면 어떻게 해야 할까? 나의 진짜 모습을 되찾고, 다른 사람들과도 의미 있는 관계를 형성하려면 어떻게 해야 할까? 수치심이라는 감정을 이해하는 것만으로, 또 그것이 다른 경험과 어떤 연관이 있는지 이해하는 것만으로도 엄청난 파워와 자유를 얻을 수 있다. 그 이유는 과연 무엇일까?

이 모두 대단히 복잡한 질문들이다. 그러므로 그에 답하기 전에 먼저, 수치심의 기본부터 알아볼 필요가 있다. 수치심은 죄책감guilt, 모욕감Humiliation, 당혹감embarrassment과 어떻게 다르며, 왜 다른 감정들과 달리 우리 삶에 치명적인 영향을 미치는지에 대해 말이다.

수치심에 대해 정확히 정의내리기 어려운 이유 중 하나로, 어휘의 문제를 꼽을 수 있다. 당혹감, 죄책감, 모욕감은 수치심과 별 구분 없이 사용되는 용어들이다. 휴지를 신발에 붙이고 화장실에서 나오다 별 생각 없이 '이게 무슨 망신이야!'라고 중얼거리기도 하고, 실수로 스케치북 대신 책상에 낙서를 한 아이에게 "수치스러운 줄 알아!" 하고 야단을 치기도 한다.

정신건강을 연구하는 이들은 당혹감, 죄책감, 모욕감, 수치심의 관계에 대해 종종 흥미로운 토론을 벌이기도 한다. 이 네 감정이 서로 연관되어 있고 동일한 핵심 감정을 의미한다고 보는 학자도 일부 있지만, 대다수의 학자들은 이 네 감정이 서로 명확히 구별되는 별개의 감정이라고 본다.

당혹감embarrassment은 이 네 감정 중 가장 약하다. 사람들은 '당혹스러운 상황'을 죄책감이나 수치심보다 덜 심각하게 묘사한다. '당혹감'은 잠깐 스치고 지나가는 것, 창피하고 우스꽝스럽긴 하지만 걸음이 엉켜 넘어지거나 무언가를 쏟는 등 누구라도 맞닥뜨릴 수 있는 지극히 정상적인 일과 관련되어 있다. 얼마나 심각한 상황이었냐에 관계없이, 그게 누구에게나 벌어지는 일이며 곧 잊힐 것임을 안다. 일부러 하고 싶지는 않지만, 설령 그런 일이 벌어진다고 해도 나만 그런 게 아니라는 것을 너무도 잘 알고 있다.

죄책감guilt은 수치심과 가장 흔히 혼동되는 감정이다. 그리고 이 둘을 혼동함으로써, 단순한 어휘의 문제를 떠나 훨씬 심각한 문제를 야기하기도 한다. 타인의 행동, 자신의 행동을 변화시킬 때 수치심을 이용하기 쉬운데 그러는 이유는 수치심과 죄책감이 어떻게 다른지 깊이 생각하지 않아서이기도 하다. 죄책감은 변화의 긍정적인 계기가 될 가능성이 높지만, 수치심은 더 나쁜 행동이나 정신적 마비를 초래하는 경우가 대부분이다. 이유가 무엇일까?

죄책감과 수치심은 둘 다 자기평가의 감정이다. 그렇지만 공통점은 그뿐이다. 죄책감은 '나는 나쁜 행동을 했다'이고, 수치심은 '나는 나쁘다'이다. 죄책감이 '행동'에 국한된 것이라면, 수치심은 '존재'로까지 확대된다. 시험을 보면서 부정행위를 했다. 죄책감을 느끼고 속으로 '다시는 그러지 말아야지.' 하고 생각한다. 그렇다면 이는 죄책감이다. 반면 부정행위를 한 것에 대해 수치심을 느끼면, '나는 거짓말쟁이고 사기꾼이야. 난 바보 같고 나쁜 사람이야.'라고 생각하게 된다.

죄책감은 자신의 윤리관, 가치관, 믿음에 반하는 행동을 했을 때 생기는 감정이다. 내가 한 행동이 내가 되고자 하는 모습에 부합하지 않을 때, 우리는 죄책감을 느낀다. 반면 수치심은 내가 한 행동보다 나 자신이 어떤 사람인가에 초점을 맞춘다. 나는 나쁜 사람, 사기꾼, 쓸모없는 사람이라는 생각을 자꾸 하게 되면, 정말로 그 생각을 믿게 된다. 문제는 '나는 나쁜 사람'이라는 생각을 계속하게 되면 스스로에게 찍은 그 낙인을 기정사실로 받아들이고 자포자기하게 되고, 죄책감을 느낀 경우보다 더 나쁜 짓을 많이 하게 된다는 것이다.

다른 학자들과 마찬가지로 나 역시 수치심이 파괴적인 행동의 근본 원인으로 발전할 가능성이 훨씬 크다는 결론에 도달했다. 사랑받고 싶어 하고 인정받고 싶어 하는 것은 인간의 본능적인 욕구다. 그런데 수치심을 경험하면 단절감이 엄습해오면서 인정받고 사랑받기 위해 더욱 필사적으로 몸부림치게 된다. 수치심을 느끼거나 수치심을 겪을까봐 두려워질 때 우리는 자기 파괴적인 행동을 하고, 남을 공격하거나 남에게 모욕을 주거나 도움을 필요로 하는 사람을 보고도 가만히 침묵할 가능성이 높아진다.

반면에 자신이 한 일을 스스로 용서하고, 남에게 저지른 잘못에 대해 용서를 구하거나, 잘못한 행동을 바꾸는 것 등은 대부분 죄책감이 동기가 되었을 때 일어난다. '내가 잘못을 저질렀다'고 깨닫는 것과 '나는 나쁜 사람이다.'라고 믿는 것은 엄청나게 다르다. 누군가에게 수치심을 불러일으킴으로써, '미안하다, 잘못했다'는 용서를 구하게 만들 수는 있다. 그러나 그 말이 진심일 가능성은 거의 없다.

흥미로운 것은 동일한 경험이 누군가에게는 당혹감이나 죄책감을 불러일으키는 것으로 끝나는데, 누군가에게는 수치심을 불러일으키기도 한다는 사실이다. 바로 그 이유 때문에 무엇이 상대에게 수치심을 느끼게 할지 함부로 추측하지 말아야 한다.

위해가 없고 누구라도 저지를 수 있는 실수, 즉 상대의 생일을 잊어버리는 경우를 예로 들어보자. 나 역시 중요한 사람의 생일을 종종 잊곤 한다. 그게 가족이나 친한 친구라면 매우 민망하고 당혹스럽다. 그럴 때는 뒤늦게라도 전화를 걸어 미안함을 전한다. 당혹감을 넘어 수치심까지 느낀 적도 있다. 딸을 낳은 뒤, 육아와 일을 병행하면서 한동안 나는 '내가 너무 부족하다'는 생각에 빠져 있었다. 교수로서도 어설프고 엄마로서도 어설프고 아내나 친구, 언니, 딸로서도 어설프고, 그 무엇도 제대로 하는 게 없는 것 같았다. 그 때는 누군가의 생일을 잊는 것 같은 단순한 실수에도 '난 정말 바보야, 도대체 제대로 하는 일이 하나도 없어.' 하는 생각과 함께 수치심이 밀려들곤 했다.

이제 딸아이는 일곱 살이 되었고, 최근 나는 둘째 아들을 낳고 몇 달 만에 다시 직장으로 복귀했다. 지금도 남들 생일을 잊지 않으려고 애를 쓰고 있고 나 자신이 한없이 부족하고 어설프다는 생각이 밀려올 때가 종종 있지만, 수치심이 아닌 죄책감에만 머무르려고 애쓰고 있다. 생일을 기억하는 건 중요한 일이긴 하지만, 일과 육아를 병행하려면 융통성도 필요하다. 대신 계획을 철저히 세우려고 노력한다. 하지만 이제는 생일축하 카드를 늦게 보내는 일이 생겨도 별로 당황하지 않는다. 이처럼 우리는 똑같은 상황에 당혹감, 죄책감, 수치심의 다양한 층위의 감정을 느낀다. 내가 어떤 상황에 처해 있느냐에 따라 감정이 달라질 수 있는 것이다.

수치심과 혼동을 일으키는 또 다른 말이 바로 '모욕감Humiliation'이다. 정신의학자인 도널드 클라인Donald Klein 교수는 수치심과 모욕감의 차이에 대해 이렇게 적고 있다.

"사람들은 수치심을 느끼는 것에 대해 당연하다고 여긴다. 하지만 모욕감을 느끼는 것에 대해서는 당연하다고 생각하지 않는다." 내 연구의 참가자들이 말한 수치심의 정의들을 다시 살펴보면, 일관되게 나오는 단어를 발견할 수 있다. 바로 '당연하다'는 표현이다. 그중 한 사람은 이렇게 정의했다. "수치심은 일종의 감옥이다. 자신에게 뭔가 문제가 있기 때문에 감옥에 갇히는 것이 당연하다고 느끼는 상태다."

양육과 교육에서 수치심이 어떻게 사용되는지 연구하면서, 나는 수치심과 모욕감의 차이를 발견했다. 교사가 반 아이들 앞에서 한 아이의 성적을 언급하면서 그 아이를 '바보'라고 부른다면 그 아이는 수치심이나 모욕감을 느낄 것이다. 이때 만약 그 아이가 나서서 "나를 바보라고 부르다니 부당하다."라고 주장하면서 자기는 그런 대접을 받을 까닭이 없다고 항변한다면, 그 아이는 수치심 대신 모욕감을 느낄 것이다. 반면, '바보'라는 말을 당연한 사실로 받아들이고 자기는 놀림 받아 마땅하다고 생각한다면, 그 아이는 수치심을 느끼게 될 것이다.

나는 다음 두 가지 이유 때문에 수치심이 모욕감보다 더 파괴적이라고 생각한다.

첫째, 학교에서 '바보'라고 낙인찍히는 것도 나쁘지만, 그 아이 스스로 자기가 바보라고 믿는 것은 더 해롭다. 스스로가 바보라고 믿고 수치심을 느낀 아이는 평생 그 수치스러운 경험을 안고 살아가게 될 가능성이 높다.

둘째, 같은 상황에서 모욕감을 느낀 아이는 집으로 돌아와 자기가 겪은 일을 부모나 다른 이들에게 솔직히 말할 가능성이 더 높다. 아이가 자신의 경험과 감정을 털어놓으면, 아이를 위로해주거나 그 일에 대해 담당자와 상담할 기회를 얻을 수도 있다. 반면 수치심을 느낀 아이는 자기의 경험과 감정을 숨기게 되고, 심지어 아예 부모와의 대화를 기피하는 지경에 이르기도 한다.

계속해서 모욕감을 느끼다보면 수치심으로 이어지는 경우도 있다. 교사나 부모처럼 아이가 존경하고 좋아하는 사람이 계속해서 아이를 '바보'라고 부른다면, 결국 아이도 그 말을 믿게 될 가능성이 매우 높다. 누구나 모욕적인 경험에서 수치심을 느끼기 쉽다. 특히 우리를 무시하는 상대가 내가 소중히 여기는 대상이거나 직장 상사나 의사, 성직자처럼 우월한 위치에 있는 사람일 때는 더욱 그렇다.

당혹감, 죄책감, 수치심, 모욕감을 구별하는 것은, 우리가 왜 수치심을 느끼고 수치심이 우리에게 어떤 영향을 미치는지 제대로 파악하기 위한 시작이다. 수치심을 성공적으로 이겨내고 싶다면, 우리가 왜 수치심을 느끼며 그 수치심이 우리의 행동, 생각, 느낌 등 인생 전반에 어떤 영향을 미치는지 반드시 알아야만 한다.

온갖 사회적 기대로 얽혀 있는 수치심 거미줄

수치심 연구에 몰두하는 몇 년간 가장 대답하기 어려웠던 질문 중 하나가 바로 이것이었다.

'수많은 사람들이 경험한 각기 다른 수치심들 사이에 어떤 연관성이 있는가?'

내 연구에 참여한 이들은 인종, 민족, 연령, 성적 취향, 종교, 육체와 정신건강 상태, 가정 내 지위와 역할 등이 천차만별이었다. 내담자들은 백인 41%, 흑인 26%, 라틴계 25%, 아시아계 8%로 구성돼 있었고, 연령대도 18세부터 82세까지 다양해서 평균 연령은 약 40세였다.

인터뷰 답변서들을 읽고 참가자들의 사연을 분석하면서, 나는 공통점을 찾아보려고 애썼다. 분명 어떤 사람들에게는 수치심을 유발하지만 다른 사람들에게는 아무런 영향도 미치지 않는 것도 있었다. 누군가에게는 끔찍한 경험이지만 다른 누군가에게는 그저 조금 속이 상한 정도에 그친 것도 있었다. 그렇지만 인터뷰 답변서들을 읽고 수백 명의 경험담을 읽다

보니, 그들 모두가 경험한 수치심에 '공통분모'가 분명 존재하기는 했다.

내가 찾아낸 것은 바로 이들 대부분은 '거미줄처럼 겹겹이 얽힌 서로 모순되고 이해관계가 상충하는 여러 사회와 집단의 기대들'로 인해 수치심을 겪고 있다는 것이었다. 사회와 집단의 기대들이란 대개 다음과 같은 것들이다.

○ 나는 ～가 되어야 한다(who should be).
○ 나는 ～를 해야 한다(what should be).
○ 나는 ～게 해야 한다(how should be).

기대의 거미줄에 포획된 사람들은 두려움, 비난, 단절감이라는 감정에 공격당하게 된다. 이 세 가지 감정은 하나씩 따로 경험해도 감당하기 힘든 것들이다. 그러니 이 모두가 뒤엉킨 수치심이라는 감정이 그토록 강력하고 복잡하고 극복하기 어려운 것은 당연한 일이다.

이러한 '수치심 거미줄shame web'을 형성하고 있는 기대들은 개인의 특성에 따라 달라진다. 어머니, 직원, 배우자, 형제자매, 모임 구성원 등 각자 맡은 역할에 따라 달라지기도 한다. 그런데 그 거미줄에서 가장 문제가 되는, 즉 수치심을 부채질하는 기대들은 바로 '성gender'에 바탕을 둔 기대들이 대부분이다. 여성들은 여성이기 때문에 그런 수치심들을 겪는다. 그것은 우리 문화가 여성에게 거는 기대들에 기초하고 있다. 남성에게 수치심을 불러일으키는 기대들 역시 '남자는 어떻게 행동해야 하고, 어떻게 생겨야 하는가' 등 우리 문화가 갖고 있는 남성상에 근거를 두고 있다.

그렇게 성gender에 따라 달라지는 기대들은 보다 큰 사회 속에서 만들

수치심 거미줄

나는 ~를 해야 한다(what should be)

나는 ~게 해야 한다(how should be)

나는 ~가 되어야 한다(who should be)

잡지
영화
동료
교육자
마케팅
미디어
광고
종교 단체
나 자신
기사
공동체 구성원
가족
사교 모임
배우자/연인
책
광고
친구
멘토
의료 전문가
음악
TV

두려움
비난
단절감

어지는 것이기는 하지만 우리가 구체적으로 속해 있는 공동체 속으로 자연스럽게 스며들고 있다. 여성에게는 사회적으로 쏟아지는 외모에 대한 일반적인 기대들이 있다. 어려 보여야 하고 아름다워야 하고 섹시해야 한다는 등등이 바로 그것이다.

　정신건강의 경우는 어떨까? 통상 사회적으로 어느 정도의 '비정상 crazy'은 용인된다. 그렇지만 특정 공동체에서는 가족 모두가 심리치료사에게 상담 받는 것이 아무렇지 않게 받아들여지는가 하면, 다른 공동체에서는 정신건강 문제를 입에 올리는 것조차 수치스러운 일로 받아들이기도 한다.

여기서 말하는 사회 공동체는 단지 지리적 구분만을 의미하지 않는다. 우리들은 인종, 민족, 사회계층, 모임, 이념, 종교, 정치적 성향 등 지리적 조건 외에 훨씬 더 광범위한 조건에 따라 여러 사회와 공동체에 중첩돼 속하게 된다.

앞으로도 뒤로도,
옴짝달싹 못하게 하는 이중 잣대

수치심은 두려움과 밀접한 관련이 있다. 인간에게 있어 타인과의 유대감은 기본적인 욕망이다. 수치심은 바로 이 유대가 깨지는 '단절에 대한 두려움'과 관련이 있다. 수치심을 경험할 때, 우리는 놀림 당하거나 초라해지거나 문제가 있는 사람으로 보일지 모른다는 두려움에 빠지게 된다. 타인과의 유대를 위험에 빠뜨릴 수 있는 좋지 못한 모습을 들킬지도 모른다는 생각 때문에 두려워지는 것이다.

수치심에 발목 잡힌 듯한 느낌은 그 두려움을 더욱 부채질 한다. 수치심의 포획망에 걸려들었다는 두려움은 수치심 거미줄이 요구하는 기대에 충족할 방법이 현실적으로 터무니없이 부족하다는 사실과 관련이 있다. 어마어마하게 많은 기대에 비해, 그중 상당수가 실현할 수 없는 것들이다. 기대를 충족시키기 위해 취할 수 있는 방법 역시 극히 한정되어 있다.

수치심 거미줄이 무엇인지 그 실체를 알아보기 위해, 한 가지 일반적인 예를 살펴보자. 그것은 바로 '외모'다. 광고의 과장된 이미지, 그로 인한 식이장애가 안겨주는 심각성을 잘 알지만, 외모와 관련된 사회문제들은 좀처럼 개선될 기미를 보이지 않는다. 심지어 나와 인터뷰한 여성 중 약 90%가 외모와 체중 문제 때문에 수치심을 느낀다고 대답했다.

수치심 거미줄에 나와 있듯, 그 핵심에는 배우자, 가족, 친구, 그리고 무엇보다 '나 자신'이 자리하고 있다. 우리는 가장 가까운 사람들과의 단절을 가장 두려워한다. 그래서 나 자신의 기대 혹은 가장 가까운 사람들의 기대와 관련될 때 수치심은 더욱 강력한 힘을 발휘한다. 거미줄의 바깥쪽으로는 심지어 우리를 도우려 하는 전문가들(의사, 심리치료사 등), 공동체 구성원, 사교 모임, 교육자, 동료, 종교 단체들이 에워싸면서, 우리에게 여러 기대를 퍼붓는다.

현실적으로 불가능한 기대인 '외모'를 반드시 도달해야 할 목표라고 강조하는 가정에서 자랐다면 스스로에게도 그 불가능한 기대치를 요구할 것이고, 그런 상황은 있는 그대로의 자신을 인정하고 만족하기를 바라는 연인이나 배우자를 만나더라도 쉽게 달라지지 않는다. 어떤 경우엔 배우자나 연인은 외모에 대한 큰 기대치를 가진데 비해, 친구들은 오히려 외모에 신경 쓰는 걸 고깝게 생각할 수도 있다. 이렇듯 주변의 기대가 서로 상충하는 경우는 많다. 결국 사랑과 소속감을 갈망하는 우리는 이런 상반된 기대를 모두 충족시키려 애쓰다가 결국엔 실패하고 수치심에 사로잡히게 된다. 예견된 실패였는데도 말이다.

수치심 거미줄의 중간쯤에서는 전문가, 동료, 공동체 구성원들이 버티고 서 있고, 그 너머에는 더 광범위하고 은밀한 '구조적 문제'들이 자리하고 있다. 일례로 미국 과체중 여성들은 다른 여성에 비해 급여도 낮고(연 6,700달러) 빈곤율도 높다(약 10%).

수치심 거미줄의 가장자리엔 대중매체가 있다. 수치심의 문화는 TV, 광고, 기업 마케팅 등을 통해 강화되는 경향이 있다. 영화, 음악, 신문과 잡지에 수치심을 부추기는 내용들이 담겨 있다. 어디에서나 흔히 볼 수 있는 패션잡지에서 칭송하는 '아름다운 모습'을 보자. 얼굴은 창백하고 몸은 비쩍 말랐지만 가슴과 엉덩이는 풍만하다. 하지만 이런 모습은 자연 상태에서는 거의 존재하지 않는다. 이런 몸매는 '주문 제작'을 통해 만들어지는 경우가 대부분이다.

아무리 피하려고 애써도 대중매체의 영향에서 벗어나기란 사실상 불가능한 일이다. 내가 제일 좋아하는 학자이자 작가 중 한 사람인 진 킬번 Jean Kilbourne은 아주 작고 사소한 것을 포함한 대중매체의 암시를 찾아내고 분석하는 전문가다. 그의 저서 《사랑은 살 수 없다: 광고가 우리의 생각과 느낌에 미치는 영향 Can't Buy My Love : How Advertising Changes the Way We Think and Feel》을 보면, 미국인이 하루 평균 접하는 광고는 3,000편이 넘고, 평생 3년이라는 시간을 TV 광고를 보는 데 소요한다고 한다. 현대사회에서 대중매체의 영향을 벗어나 산다는 것은 공기 오염을 피하기 위해 숨을 쉬지 않는 것만큼이나 실현 불가능한 일이다.

킬번은 여성지 표지의 문제점도 지적했는데, '10일 안에 6킬로그램 빼기'나 '여름을 위한 건강하게 살빼기' 같은 광고문구들을 내세우면서도 정작 그 주위에는 뚱뚱한 여성이 열심히 러닝머신 위에서 운동하는 모습 대신, 보기만 해도 살이 찔 것 같은 초콜릿 케이크 같은 사진들이 자리 잡고 있다고 한다. 살을 빼면서도 '이달의 디저트'는 먹어야 한다는 뜻이다. 잡지 뒷면에는 어김없이 비쩍 마른 모델이 흡연을 하는 모습이 담긴 담배 광고가 실려 있어, 흡연과 날씬한 몸매 사이에 상관관계가 있다는 암시를 하고 있다.

우리를 둘러싸고 있는 무수히 많은 기대들은 서로 충돌하고 경쟁하면서 빠르게 축적된다. 그리고 그렇게 뒤엉킨 기대들이 수치심 거미줄을 이루며 우리를 압박한다. 하지만 그런 기대를 충족시킬 수 있는 현실적인 방법이란 그리 많지가 않다. 게다가 우리가 택할 수 있는 방법 대부분은 '이중구속(double bind : 두 가지 모순된 메시지를 모토로 삼는 것. 즉 아무것도 할 수 없는 정신 상태를 나타낸다.—옮긴이)'뿐이다. 작가 마릴린 프라이 Marilyn Frye는 '이중구속'을 이렇게 정의했다. "선택할 수 있는 방법이 극히 제한되어 있을 뿐만 아니라 그나마 가능한 방법을 택한다 해도 우리를 불이익, 비난, 박탈감에 노출되게 하는 것들뿐인 상황."

선택할 수 있는 방법은 제한돼 있고, 각각의 선택은 다른 기대를 달성하는 데 방해가 된다. 결국 우리는 차악과 최악 사이에서 선택을 해야 하는 것이다.

○ 날씬해야 한다. 하지만 몸무게에 집착해서는 안 된다.

○ 완벽해야 한다. 하지만 외모 때문에 호들갑을 떨어서도 안 되고, 가족, 일에 소홀해도 안 된다. 완벽한 외모는 아무도 모르게 조용히 만들어내야 한다, 아무도 당신이 그걸 위해 애썼다는 걸 알아선 안 된다.

○ 있는 그대로의 자신을 소중히 하라. 자신감 넘치는 여성이 제일 섹시하다. 단, 당신이 이미 어리고 날씬하고 아름다울 경우.

살을 빼고, 먹음직스러운 케이크를 직접 구워 먹고, 멋지게 보이려고 담배를 피우고, 사고 싶은 명품도 다 사고, 날씬한 몸매를 유지하면서 동시에 건강을 유지해야 한다고 스스로에게 계속 다그친다면……, 그렇다! 바로 수치심 거미줄에 걸려들었다는 의미다. 그리고 거기서부터 두려움, 비난, 단절감이 시작된다.

나의 파워를 수치심이라는
감정에게 내어주게 되면

수치심과 두려움을 느꼈다면, 이내 비난이 찾아온다. 비난의 대상은 나 자신이 되기도 하고 남이 되기도 한다. 자기를 비난하면 '자기혐오−수치심'의 악순환 사이클이 반복된다. 아무도 모르게 감정을 억누르다 속으로 무너져 내리게 된다. 남을 비난하면 감정을 밖으로 폭발시키게 되는데, 아이들, 직원, 배우자, 연인, 아무 상관없는 판매 직원에게 화풀이를 하기도 한다. 속으로 무너져 내리든 밖으로 터뜨리든, 정작 나는 내가 무슨 짓을 왜 하는지조차 모른다. 그저 무력하다는 기분에서 벗어나기 위해 닥치는 대로 아무에게나 비난을 퍼부을 뿐이다.

파워power는 특히 여성들이 달가워하지 않는 주제다. 나와 인터뷰를 한 여성들 대부분이 '파워 있는 여성'이라는 개념에 거부감을 나타냈다. 그들 대부분 파워 있는 여성은 '못된 여자', '남들이 싫어하는 여자'라고 생각하고 있었다. 그러면서도 동시에 파워를 잃고 나약해지는 것을 두렵고 절망적이라고 생각하고 있었다. 힘에 대한 그런 이중적인 사고방식이 자기의 최상의 모습을 지켜내는 데 심각한 위해가 된다는 것을 아는 사람은 그리 많지 않은 것 같다.

이런 이중적 태도는 우리가 생각하는 파워가 두 가지이기 때문에 생겨난다. 나는 그 둘을 '남을 억누르는 파워'와 '진정한 파워'라고 부른다. 대부분 '파워'라고 하면 반사적으로 '남을 억누르는 힘', 즉 남을 통제하거나 마음대로 이용하는 파워를 떠올린다. 그리고 파워의 질량이 유한해서, 내가 가지려면 남에게 빼앗아야 한다고들 생각한다.

그러나 '남을 억누르는 파워'는 위험하다. 심리학자인 로빈 스미스Robin Smith 박사는 '남을 억누르는 파워'의 메커니즘을 이렇게 설명한다. "'나는 이런 사람이야.' 하고 정의한 다음, 다른 사람이 그걸 믿게 만드는 것. 이것이 바로 억누르는 파워의 가장 은밀한 형태다." 수치심의 파워도 동일한 방식으로 우리에게 작용한다. 수치심은 일종의 정신병동 구속복과 같다. 그걸 우리에게 억지로 입힌 다음, 우리 스스로가 원해서 입었고 심지어 그걸 즐긴다고 믿게 만든다.

지난 수년 동안, 나는 이 '억누르는 파워'의 사례를 지속적으로 목격했다. 2년 전 도브Dove 사는 리얼 뷰티 캠페인을 시작하면서, 여성들에게 비쩍 마른 모델이 아닌 평범한 여성들이 브래지어와 팬티 차림으로 서 있는 사진을 보여주고 무슨 느낌이 드느냐고 물었다. 대다수 여성들은 불편하다고 답했다. '기분이 나쁘다'고 말하는 여성이 있는가 하면, '저 모습을 보고 예뻐지고 싶다는 생각이 들진 않는다'고 답한 여성도 있었다. "우리더러 파워와 자긍심을 갖게 하는 의도란 건 알아요. 하지만 솔직히 '당신은 너무나 뚱뚱하고 멋지지도 않아, 옷 좀 입으라고.' 하는 생각이 들어요."

나는 그것과 동일한 답변을 요즘도 계속 듣고 있다. 여기서 모델로 등장한 사람들의 몸이 바로 우리와 비슷한 몸이다. 그러므로 그걸 본 순간 내 머릿속에 떠오른 목소리가 바로 '억누르는 파워'인 것이다. 사회가 요구하는 아름다움의 정의에 익숙해져, 그 정의를 마치 내가 만든 것인 양 믿고 따르게 되었다. 그리고 그 결과는 참담하다. 이제 우리는 진짜 나의 모습이 잡지에 등장하는 것을 원치 않는다. '나는 완벽하지도 아름답지도 날씬하지도 않으므로, 소중히 여길 가치가 없다!' 얄궂게도 그 억누르는 파워로부터 자유로워질 수 있는 유일한 방법은 '진정한 파워', 즉 나 자신의 정의를 만들고 그에 따라 살아가는 힘을 갖는 것이다.

웹스터 사전에 '파워'는 '영향을 주거나 초래할 수 있는 능력'이라고 정의돼 있다. '진정한 파워'란 내가 무언가를 바꾸고 싶으면 기꺼이 그렇게 할 수 있는 능력이다. 변화할 수 있는 능력인 것이다. 게다가 '진정한 파워'는 그 질량이 무한하다. 어디에나 있으니 서로 차지하려고 다툴 필요가 없다. 진정한 파워는 우리 자신이 만들어낼 수 있다는 점에서 더욱 위대하다. 남에게서 빼앗아올 필요가 없다. 내가 만들고 다른 이들과 함께 굳건히 쌓아가는 것이다.

여기서 질리언을 만나보자. 질리언과는 2002년, 그리고 2005년에 인터뷰를 했다. 먼저 그녀와의 첫 만남을 이야기하려 한다. 수치심 회복탄력성을 키우면서 질리언의 인생이 어떻게 달라졌는지는 책의 후반부에서 다시 살펴볼 것이다. 첫 번째 인터뷰에서 질리언은 '내가 미쳤다'고까지 생각했던 수치스러운 경험을 들려주었다.

질리언은 남편 스콧과 두 아이와 느긋한 토요일 한때를 보내고 있었다. 부부는 앞마당 벤치에서 쉬고 있고, 아이들은 뒷마당에서 놀고 있었다. 질리언은 우편물들을 살펴보다 깜짝 놀랐다. 둘째 아이 앞으로 온 생일 초대 카드를 발견한 것이다. 순간, 질리언은 감정이 복받쳤다. 그녀는 '두려움, 화, 걱정이 뒤엉킨 감정'이었다고 회고했다.

"벌떡 일어나 가족들한테 고함을 질렀어요. 아이들에겐 왜 그렇게 시끄럽냐고, 남편에겐 차고가 엉망이라고 화를 냈죠. 그러고는 집안으로 뛰어 들어가 침실 문을 잠가버렸어요." 스콧이 뒤따라왔다. 영문을 모른 남편은 '무슨 일이냐'고만 반복해 물었다.

왜 갑자기 감정이 복받쳤냐고 물었더니, 질리언은 대답했다. "그때 왜 그랬는지 며칠이 지나도 이해할 수가 없었어요. '내가 미쳤나.' 하는 생각만 들었죠. 그런 행동을 한 게 처음이 아니었거든요. 결국 그 생일파티가 풀장 파티라는 게 문제란 걸 깨달았어요." 질리언은 다른 '날씬하고 멋진' 엄마들 사이에서 수영복을 입고 있으면 너무너무 수치스러울 것이라고 말했다. "그럴 땐 그냥 폭발해버려요. 미쳐버리는 거죠. 내가 무슨 짓을 하는지도 모르고 막 날뛰게 돼요." 질리언은 출산 후에 살이 찌면서 남들 눈을 의식하게 되었고 항상 외모에 불만을 가져왔다고 말했다. 날씬하고 멋져야만 좋은 엄마가 될 수 있느냐는 내 물음에 질리언은 고개를 절레절레 저었다. 하지만 질리언은 언젠가 미용실에서 봤던 잡지 기사 얘기를 들려주었다. 해변에서 아이들과 함께 노는 슈퍼모델의 사진과 함께 그 모델의 말이 실려 있었다. "엄마가 됐다고 나를 포기할 순 없죠. 아이들도 엄마가 예쁘다는 걸 자랑스럽게 여긴답니다."

수치심을 느낄 때 우리는 내가 느끼는 게 어떤 감정이며 왜 그걸 느끼는지 잘 인식하지 못한다. 수치심은 혼란, 공포, 분노, 비난 같은 감당하기 힘든 고통스러운 느낌을 가져오고, 무작정 그 상황에서 벗어나거나 숨고 싶다는 욕구를 불러일으킨다. 하지만 그런 감정들의 원인이 수치심이라는 걸 파악하긴 쉽지 않다. 많은 사람들이 수치심을 느낀 순간, 동시에 무력감을 느꼈다고 말해주었다.

○ 수치심은 마치 뜨거운 열기처럼 훅 다가옵니다. 그 순간 '어디 숨을 데 없나? 그냥 여기서 싹 사라져버릴 수는 없을까?' 생각합니다.

○ 나는 사랑받고 보호받을 가치가 없다는 생각이 들 때 수치심을 느낍니다. 내가 형편없는 사람이니까 이런 대접을 받아도 마땅하다는 생각에 땅속으로 꺼져버리고 싶은 기분이에요.

○ 별안간 눈앞이 깜깜해지면서 몸이 굳어버립니다. 무슨 일이 일어난 건지 자각하기 힘들고, 어떻게 해야 할지도 모르겠습니다.

○ 그냥 그 자리를 떠나버려요. 남들한테 화풀이하는 대신 그냥 자리를 피해버리고 맙니다.

대부분은 수치심을 경험할 때, 그것을 위기라고 인식한다. 그래서 수치심의 부산물, 즉 두려움, 비난, 단절감에 제대로 대응하지 못한다. 최신 뇌 과학에 의하면, 수치심은 위협적인 감정이어서 뇌에서 생각, 분석, 반응을 담당하는 신피질이 그걸 처리하지 못하고, 바로 '싸움 혹은 도주 fight or flight'의 동물적인 상태로 퇴보한다고 한다. 신피질이 일시적으로 마비되어 이성적인 감정 처리가 불가능해지고, 대신 두뇌의 동물적인 부분이 활동하면서 공격적으로 변하거나 도망치려 하거나 온몸이 얼어붙는 느낌이 드는 것이다. 이유조차 알 수 없을 때가 많다.

나와 다른 이들 사이의 끈을 끊어버리는
수치심의 위력

　타인에게 인정과 사랑과 존중을 받는다고 느끼고 스스로 가치 있는 존재라고 느끼게 해주는 유대감과 달리, '단절감'은 타인에게 거부당하는 느낌과 함께 스스로를 한없이 초라하고 보잘것없는 존재로 여기게 만든다. 질리언에게 왜 수영복 입는 게 싫으냐고 물었을 때, 대답은 이것이었다. "등 뒤에서 내 얘길 하는 상상만 해도 온몸이 오그라들어요." 그 사람들이 정말 당신 외모에 관심이 많다고 생각하느냐고 묻자, 질리언은 잠시 생각하더니 대답했다. "아마 그렇지는 않을 거예요. 하지만 혹시 모르는 일이잖아요."

　수치심, 단절감을 느끼고, 그걸 극복하는 과정이 관계를 맺고 성장하는 정상적인 과정일 수도 있다. 하지만 단절감이 고립감feeling of isolation으로 변하게 되면, 문제가 심각해질 수 있다. '고립감'은 단순히 외롭거나 쓸쓸하다는 감정을 넘어선 것이다. 웨슬리 대학교에서 관계문화를 연구하는 진 베이커 밀러Jean Baker Miller와 아이린 스티버Irene Stiver는 고립감의 위력을 다음과 같이 적절하게 설명한다. "개인이 경험할 수 있는 가장 파괴적이고 무서운 감정이 심리적 고립이다. 단순히 혼자라는 의미가 아니다. 타인과의 유대를 절대 맺을 수 없고 이 상황을 바꿀 힘도 없다는, 절대적 무기력 상태다. 고립감이 극도에 달하면 절망과 자포자기에 이르게 된다. 이 끔찍한 고립감과 무력감에서 벗어나기 위해 사람들은 무슨 짓이든 하게 된다."

　여기서 내게 충격을 준 부분은 이 끔찍한 고립감과 무력감에서 벗어나기 위해 사람들이 '무슨 짓이든 하게 된다'는 부분이었다. 수치심은 우리를 자포자기 상태에 빠지게 할 수 있다. 그리고 고립감과 두려움에서 벗어나고자, 무슨 짓이든 필사적으로 하게 된다. 평소와 다른 행동을 하거나 감정이 폭발하는 가벼운 단계에서 우울, 자학, 식이장애, 중독, 폭력, 자살에 이르는 대응을 말이다.

나는 수치심을 느낄 때, 내가 원치 않는 방식으로 감정을 폭발시킨다. 즉 '뱀의 뇌' 상태가 되어 싸우고 도망치고 얼어붙고 멈춰버린다. 다른 이들의 반응도 다르지 않았다.

○ 수치심을 느끼면 미친 사람처럼 변해요. 그래서 평소에는 하지 않는 행동과 하지 않는 말을 하곤 한답니다.

○ 남들도 나만큼 기분이 나빠지게 만들고 싶어져요. 그래서 아무한테나 막 화를 내고 소리를 질러요.

○ 절망감이 밀려와요. 기댈 곳도 없고 말할 상대도 없는 것 같은 기분이 들어요.

○ 외부와 완전히 단절해버려요. 가족까지도요.

○ 세상으로부터 동떨어져 혼자가 된 기분이 들어요.

다음 장으로 넘어가기 전에, 우리가 이 장에서 함께 알아낸 수치심의 정체를 다시 한 번 정의해본다.

'수치심은 나에게 결점이 있어서, 사람들이 그걸 알거나 찾아내면 사랑 받고 소속될 가치가 없다고 생각할 때 느껴지는 극심한 고통을 말한다. 현대인, 특히 여성들은 겹겹이 중첩되고 서로 모순된 다양한 사회와 공동체, 타인의 기대로 만들어진 수치심 거미줄 안에 포획되어 수치심을 경험한다. 수치심은 곧 두려움, 비난, 단절로 이어진다.'

2장

. . .

혼자만의 외로운 사투를 멈추고,
공감의 손길을 내밀라

수치심을 어떻게 극복해야 할까? 수치심 거미줄에 걸리지 않으려면 어떻게 해야 할까?

수치심에서 영원히 자유로워질 방법은 없다. 관계를 맺고 살아가는 이상, 관계가 단절될 것이라는 두려움이 가져다주는 수치심은 영원히 우리 삶이 동반해야 할 친구와도 같다.

하지만 다행히 수치심으로부터 빨리 제자리로 돌아오는 기술, 즉 수치심 회복탄력성을 기를 수 있다. 수치심 회복탄력성이란 수치심을 느낄 때 그걸 인식하고 자기 본연의 모습을 지키면서, 그 경험을 통해 성장할 수 있는 긍정적인 방법으로 빠져 나오는 능력을 말한다. 그렇게 의식적으로 수치심을 헤쳐가다 보면, 우리는 사랑하는 이들과 더욱 강하고 의미 있는 관계를 맺을 수 있다.

공감은
수치심의 강력한 해독제다

수치심 회복탄력성이란 무엇일까? 그것은 '모 아니면 도'의 해결책은 아니다. 여기에는 단계가 있다. 좀 어려운 말이지만, 그 단계를 설명하기 위해 나는 '수치심 회복탄력성 연속체Shame Resilience Continuum'라는 개념을 고안했다.

여기 가장 왼쪽에는 수치심이 자리한다. 그 아래에는 수치심의 부산물인 두려움, 비난, 단절감이 있다. 이것으로부터 용기, 자비, 유대감으로 이행하려면 수치심에서 수치심 회복탄력성으로 옮겨가는 전략이 필요하다.

먼저, 우리에게 수치심 경험을 들려준 이들을 만나볼 것이다. 이들은 수치심을 극복할 수 있는 자신들만의 방법과 아이디어를 들려주었다. 나는 그 이야기를 듣고 나서, 다음과 같은 질문을 통해 이를 분석해보았다.

○ 수치심 회복탄력성이 강해진 원동력이 뭘까?
○ 두려움, 비난 받는 느낌, 단절된 느낌에서 어떻게 벗어났을까?
○ 수치심에서 벗어날 수 있었던 힘은 뭘까?

이들은 공감이 왜 수치심의 가장 강력한 '해독제'인지 이야기해주었다. 공감은 나 자신을 위해서, 그리고 다른 이를 돕기 위해서 꼭 필요하다. 수치심 회복탄력성이 높은 사람들은 공감을 끌어내는 법, 공감하는 법을 알고 있었다.

학창시절, 한 번쯤은 과학실험 시간에 배양접시를 본 적이 있을 것이다. 세균을 기르는 둥글고 납작한 접시 말이다. 수치심을 이 배양접시에 집어넣고 비판, 침묵, 은폐를 함께 주입하면, 수치심은 걷잡을 수 없을 정도로 성장한다. 수치심이 자라는 데 필요한 모든 조건을 충족시켜 주었기 때문이다. 반대로 수치심을 배양접시에 넣고 '공감'을 주입하면, 수치심은 힘을 잃고 사라지기 시작한다. 공감은 수치심이 성장하기 힘든 환경을 만들기 때문이다.

수치심에서 빠져 나왔던 경험을 들려달라고 요청하자, 사람들은 공감을 표현해준 누군가를 떠올렸다. 누군가가 자기 얘기를 들어주는 것만으로도 큰 힘이 됐다고 말해주었다.

○ 나도 이해해. 나도 그런 일 당해봤어.
○ 나한테도 그런 일이 있었어.
○ 괜찮아. 너만 그런 거 아니야.
○ 그게 어떤 기분인지 나도 알아.

공감,
충분히 대접 받고 있지 못한 그 위대한 힘

진정한 공감은 몇 마디 말이 전부가 아니다. 상대방에게 가서 통해야 한다. 누군가가 수치스러운 경험을 털어놓을 때 진정으로 귀 기울여 들어주어야만 비로소 효과를 발휘한다.

'공감은 상대가 고백하는 경험을 이해하기 위해 나의 경험을 되짚어볼 수 있는 기술 혹은 능력이다.' 내가 내린 정의다. 언 아이비Arn Ivey, 폴 페더슨Paul Pederson, 메리 아이비Mary Ivey가 쓴 심리상담 입문서에 내가 좋아하는 또 다른 정의가 등장한다. '공감은 타인의 관점에서 상황을 인식하는 능력, 타인의 특별한 세계를 보고 듣고 느끼는 능력이다.' 공감은 일종의 기술이다. 공감을 하고 표현하는 능력은 타고나는 것도 직관적으로 체득할 수 있는 것도 아니다. 공감은 다른 사람의 기분을 단순히 헤아리는 것과도 다르다.

진정한 공감이 무엇이며, 그것이 어떻게 우리로 하여금 수치심을 극복하게 도와주는지 좀 더 잘 이해하기 위해, 내 경험을 함께 나눠보고 싶다.

2년 전 5월의 일이었다. 당시 나는 여러 역할을 동시에 수행해야 해서, 모든 게 뒤죽박죽이었다. 딸 앨런이 발레발표회를 하는 주말에 대학교 졸업식이 있어 두 시간 정도 일정이 겹쳤다. 방학 전에 학생들 성적표도 정리해야 하고, 앨런 학교에서 열리는 감사파티도 준비해야 했다. 감사파티 준비물로 내겐 쿠키가 할당됐다. 하지만 성적을 매기고 졸업식 리허설에 참석하고 발레발표회 리허설에도 따라가야 해서 정신없이 움직이

느라, 그만 쿠키를 깜박하고 말았다. 파티 당일, 앨런을 데리러 유치원에 갔다가 '파티 준비물 당번 목록'을 보고서야 나는 정신이 번쩍 들었다.

마침 아이의 담임선생님과 딱 마주쳤는데, 순간 너무 당황해서 사실대로 실토할 기회를 잃고 말았다. 나는 과장된 톤으로 '파티는 어땠었냐'고 물었고, 선생님은 '근사했고 음식도 훌륭했다'고 대답했다. '왜 하필 음식 이야기를 하는 거지?' 신경이 쓰였지만, 나는 애써 목소리를 가다듬었다. 그리고 생각지도 못한 말을 내뱉었다. "아이 아빠가 쿠키는 가지고 왔죠?" 그러자 선생님은 어리둥절한 표정으로 대답했다. "아, 잘 모르겠네요. 아버님이 오셨을 때 제가 없었거든요." 나는 발꿈치를 들고 선생님 어깨너머로 교실 뒤편에 차려진 음식들을 가리키면서 말했다. "아, 저기 있네요, 정말 맛있게 생겼네. 다행이네요, 남편이 제시간에 쿠키를 가져와서."

선생님은 뭔가 알고 있다는, 그러나 변함없이 친절한 표정으로 나를 보았다. "네, 2주 후에 다시 뵙겠습니다. 방학 잘 보내세요." 나는 앨런을 데리고 말 그대로 총알처럼 차로 달려가 아이를 유아용 카시트에 앉히고 운전석에 앉았다. 그때 갑자기 눈물이 쏟아져 내렸다. '쿠키 준비를 잊은 게 더 나쁠까, 거짓말한 게 더 나쁠까, 아니면 담임선생님이 모든 걸 알아차린 게 더 나쁠까.' 머릿속은 엉망이었다.

앨런은 금방이라도 울 것 같은 표정이었다. 그래서 아이를 달래며 말했다. "괜찮아. 엄마가 좀 울고 싶어서 그래. 별일 아니야." 나는 집으로 돌아가는 내내 울었다. 그리고 집에 도착하자마자 친구에게 전화를 걸었다.

친구가 무슨 일이냐고 입을 떼자마자, 나는 낮은 목소리로 빠르게 모든 걸 털어놓았다. 다른 학부모가 가져온 쿠키를 남편이 가져온 것처럼 거짓말 했다고 말이다. 그랬더니 친구가 웃으며 물었다. "얼마나 맛있는 쿠키였기에?" 나는 농담할 기분이 아니라고 말했고, 친구는 이내 진지하게 내 얘길 들어주었다.

내가 이야기를 마치자 친구가 말해주었다. "잘 들어, 넌 지금 최선을 다하고 있어. 누구도 감당 못할 만큼 바빴잖아. 너는 그 많은 일을 다 해내려고 애를 쓴 것뿐이야. 앨런의 선생님이 고마움도 모르는 무신경한 사람이라고 생각하게 하고 싶지 않아서 그런 거잖아. 넌 그 선생님을 좋아하고 선생님도 앨런을 잘 돌봐주셨으니까, 네가 그렇게 한 것도 이해가 가. 그리고 내가 보기에는 그렇게 걱정할 일 아닌 것 같은데?"

나는 "정말 그럴까? 진짜 그렇게 생각해?" 하고 물었고, 친구는 마침표를 찍듯 말해주었다. "브레네, 네가 이번 주말을 제대로 버티지 못할까봐 두려워하는 거 잘 알아. 하지만 난 네가 해낼 수 있을 거라고 믿어. 완벽하지 않을 순 있지만, 그래도 해낼 거야. 오늘 일이 정말 괴로웠을 거란 건 알지만, 누구나 겪을 수 있는 일이잖아. 그러니까 괜찮아, 너무 자책하지 마."

그 말을 듣는 순간, 나를 괴롭히던 수치심이 변했다. 내가 감당할 수 있는 무언가로 변한 것이다. '나는 너무 멍청해. 세상에서 제일 형편없는 엄마야.'에서 '멍청한 짓을 했어. 하지만 너무나 바빴잖아.'로 말이다. 친구가 내 수치심 배양접시에 충분한 공감을 넣어준 덕분에, 수치심이 사라지기 시작한 것이다.

친구는 잘잘못을 따지지 않았다. 그런 건 입에 담아선 안 된다고 느끼게 하지도 않았다. 친구는 진심으로 내 이야기에 귀를 기울여주었고 나를 염려해주었다. 내 염려가 당연한 일이라는 걸 느끼게 해주었고, 내가 딸아이의 선생님을 얼마나 좋아하는지 안다고 인정해주었다. 그리고 무엇보다도 내 입장이 되어 내가 처한 상황을 보았고, 그 사실을 내게 알려주었다. 친구는 내게 잘했다고 하지는 않았지만, 나를 이해하고 아낀다는 걸 느끼게 해주었다. 수치심이 밀려온 순간, 나는 절대 좋은 엄마, 좋은 친구, 좋은 교수, 좋은 아내가 될 수 없다고 생각했다. 그 주말 내내 그 생각을 품고 있었다면, 나는 아마 아무 일도 못하고 무너져버렸을 것이다.

친구는 무엇보다 웃음을 참았다. 지금이야 그때 일을 이야기하면서 웃을 수 있지만, 그 순간에는 조금도 재미있지 않았다. 친구는 그냥 웃어넘기며 '별일도 아닌데 호들갑 떨지 마라.'라고 일축해버릴 수도 있었다. 하지만 그것은 공감이 아니다. 친구로서는 그 즉시 느낀 걸 표현한 것이겠지만, 그건 나를 이해해주는 게 아니다. 친구가 계속 농담으로 응수했다면, 나는 아무도 내 얘기를 들어주지 않는다는 생각에 한없이 초라하게 느꼈을 것이다. 그런 대수롭지 않은 일 따위로 호들갑을 떨었다는 수치심까지 덤으로 얻었을 것이다.

그때 나는 차분하게 말할 상황이 아니었다. "나 정말 나쁜 짓을 했어. 모든 일을 다 해내려고 애쓰느라고, 완벽한 사람이 되려고 하다 보니 그런 거야." 하고 상황을 정리할 능력도 없었다. 그저 두렵고 무력하고 갇혀버린 느낌뿐이었다. 만약 친구가 공감을 해주지 않았다면, 나는 주말 내내 외톨이라는 생각에 빠져 있었을 것이다. 그리고 분명 얼마 못 가서 '내가 얼마나 힘든지 아냐'며 남편에게 화풀이를 하고 부부싸움을 벌였을 것이다. 끔찍한 주말이 되었을 게 분명하다.

공감은 누구나 배울 수 있는
삶의 기술이다

성공적인 결혼 생활과 효과적인 조직 운영에도, 공감은 필수적이다. 성공한 리더들은 공감능력이 높다. 공감은 편견을 줄이고 이타성을 권장하는 데도 기여한다. 공감은 우리 모두가 바라고 원하는 '의미 있는 신뢰 관계'를 만들어가는 데 없어서는 안 될 요소다.

다행히 공감은 배우고 단련할 수 있다. 일찍이 영국의 간호학자 테레사 와이즈먼Teresa Wiseman은 공감의 속성을 다음 네 가지로 정리했는데, 이는 우리 논의의 커다란 바탕이 되어준다.

1 타인의 입장에서 세상을 본다.
2 비판적인 입장을 취하지 않는다.
3 타인의 감정을 이해한다.
4 타인의 감정을 이해한다는 사실을 전달한다.

공감의 복잡한 속성을 제대로 이해하려면, 이 각각을 분리해서 한 번 살펴볼 필요가 있다. '진심으로 공감하기'가 삶에서 꾸준히 실천해야 하는 의미 있는 기술임을 이해할 수 있을 것이다.

첫째, 타인의 입장에서 세상을 보는 것. 이 공감의 첫 번째 속성은 다른 말로 하면 '관점 바꾸기perspective taking'다. 렌즈 비유법은 이를 이해하는 데 도움이 된다. 우리는 여러 개의 렌즈를 통해 세상을 본다. 렌즈는 내가 누구고 어떤 관점으로 세상을 보느냐에 따라 달라진다. 20명이 똑같은 사건을 목격하고 똑같은 이야기를 듣고 똑같은 상황을 분석해도, 그 렌즈가 서로 다르기 때문에 그들의 분석은 서로 완전히 다를 수 있다.

공감은 '나는 어떤 렌즈로 세상을 보는가'를 먼저 깨닫고, 다른 이의 렌즈를 통해 보려고 시도해봄으로써 시작된다. 수치심 연구가인 나는 인터뷰 하는 사람들의 눈으로 세상을 보아야만 한다. 그래서 가급적 내 렌즈로 상황을 보지 않고 그들이 보고 느끼고 경험한 바를 그대로 받아들이려 애쓴다.

흥미롭게도 아이들은 이 '관점 바꾸기'를 아주 쉽게 배운다. 선천적으로 세상에 대한 호기심이 많고 남들이 어떻게 하는가에도 관심이 많기 때문이다. 그리고 아직까지 '내 관점이 옳다'는 편견이 적다. 하지만 아이들과 달리 어른들에게는 이게 쉽지만은 않다. 타인의 렌즈를 존중하기보다, 타인의 삶과 스토리조차 내 렌즈로 판단하는 일이 잦다. 그리고 안타깝게도 수치심을 경험한 이들에게 공감을 해줘야 할 때도, '만약 나라면?'이라는 자기만의 렌즈로 쉽사리 상황을 재해석한다. 만약 내 친구가 최근에 나의 쿠키 사건과 비슷한 경험을 했다면, 나의 렌즈를 통해 함께 봐주지 못했을지 모른다. 타인의 경험과 내 경험을 지나치게 동일시하는 것 역시 '관점 바꾸기'에는 방해가 되기 때문이다.

'관점 바꾸기'는 쉽지 않다. 그렇지만 불가능하지도 않다. 진심을 다해 노력하고 용기를 내고 실수도 해보고 또 그 실수에 당당히 맞설 수만 있다면, 얼마든지 가능하다. '내가 세상을 보는 관점'이 유일한 것이 아니며, 수많은 것 중 하나라는 사실을 받아들이기만 하면 된다.

둘째, 비판적인 입장을 취하지 않는 것. 이 역시 커다란 도전이다. 공감을 배우는 데 가장 걸림돌이 되기 쉬운 습관이 바로, 비판하는 습관이기 때문이다. 우리는 수시로 남을 비판하지만, 그걸 잘 알아차리지 못한다. 내가 남을 비판하는 버릇이 있는지 알아차리려면, 의식적이고 집중적인 노력이 필요하다. 남을 비판하려는 욕구는 나의 능력, 믿음, 생각, 가치를 평가하고자 하는 욕구에서 비롯된다.

시드니 슈로저Sidney Shrauger와 매리언 패터슨Marion Patterson은 이에 대해 탁월한 연구를 수행한 바 있는데, 우리는 타인을 비판함으로써 타인의 것을 나의 것과 비교 평가한다고 한다. 내 삶의 이슈와 비슷한 이슈를 가진 사람을 비판하게 되는 이유가 바로 그 때문이다.

많은 여성들은 외모, 육아 문제로 같은 여성들에게 비판 받는다고 느꼈다는 말을 해주었다. 반면, 남성들은 경제력, 지적 능력, 신체 능력을 비교 당한다고 말해주었다. 사회가 부가하는 엄격한 이상향 속에서, 우리는 그 압박으로부터 벗어나기 위해 부지불식간에 타인을 비판한다. "저기 봐, 저 사람에 비하면 그래도 난 나은 편이야." 이렇듯 비판을 통해 위안을 얻으려 한다. 비판을 하게 되는 주된 원인이 바로 수치심, 두려움, 불안인 것이다. 특정 주제에 대해 수치심을 느끼고 그로 인해 불안하고 두렵고 위협 받을 때, 우리는 강한 비판 욕구를 느끼게 된다.

인터뷰를 거듭하면서, 사람들로 하여금 가혹하리만치 심한 비판 욕구를 불러일으키는 세 가지 이슈를 맞닥뜨렸다. 낙태, 정치, 종교 같은 사회 문제가 아니었다. 우리를 자극하는 가장 큰 세 가지 이슈는 바로 중독, 육아, 외도였다. 다른 주제에 대해 다른 사람들에게 비판적으로 굴었던 것은 후회하게 되지만, 유독 이 세 이슈들에 대해서는 비판하고 분노한 것을 당연하게 여겼다.

한 여성은 '친정 엄마가 내 육아방식에 대해 잔소리를 할 때 수치심을 느낀다'고 고백했다. "육아에 대해서는 모두들 전문가라도 되는 양 잔소리를 하고 비난을 퍼부어요. 잘했다고 말해주는 사람은 손에 꼽을 정도죠. 잘못된 것만 찾아내려고 다들 혈안이 되어 있다니까요." 그 여성은 전문가 강의도 듣고 책도 읽으며 정말 열심히 노력하는 사람이었다. 그래서 그런 자신을 인정해주는 누군가를 만나고 싶다고 했다. "좋은 부모가 되기 위해 전 정말 열심히 노력하고 있어요. 아이들한테 화내거나 소리치지 않으려고 애쓰고, 인내심을 잃지 않으려고 애써요. 어쩌다 참지 못하고 화를 낼 때면 정말 마음이 좋지 않아요. 아이를 때린 적도 없고 마음에 상처가 될 만한 말도 한 적 없지만, 화를 낼 때는 있어요. 아이를 때리거나 밀치거나 거칠게 구는 엄마는 상종도 하고 싶지 않아요. 몹쓸 말을 퍼붓는 엄마들도 가까이 하고 싶지 않아요."

비판받는 것에 예민한 그 여성이 남을 비난하는 것을 보고 '위선'이라고 할 수도 있겠지만, 적어도 이 경우에는 그 말이 옳지 않다고 나는 생각한다. 그 여성에게서 분노보다는 두려움과 수치심이 더 많이 느껴지기 때문이다.

비판은 악순환이다. 비판을 받으면 마음에 상처를 받고 수치심을 느낀다. 수치심을 느끼면 그 느낌을 털어내려고 남을 비판한다. 그러므로 비판적인 태도에서 벗어나려면, 우선 내 생각, 느낌, 나의 말을 유심히 관찰해보아야 한다. 비판이 아닌 것처럼 말을 꾸밀 수는 있다. 그러나 비판은 눈빛, 목소리, 몸짓에서 드러난다. 진정한 공감을 위해서는 비판을 멈추어야 하며, 이는 자신에 대한 인식이 없이는 어려운 일이다. 남을 알고 이해하기 전에 먼저 자신을 알고 이해해야 하는 것이다.

셋째, 타인의 감정을 이해하는 것. 공감을 위해서 타인의 감정을 이해하려면, 우선 나의 느낌과 감정을 알고 그걸 말하고 떠올리는 것에 부담을 느끼지 않을 수 있어야 한다. 그런데 많은 이들에게 '자신의 느낌과 감정'은 마치 처음 접하는 외국어처럼 어려운 대상이다. 내 안에 존재하는 실망과 분노 사이의 미묘하고도 중요한 차이를 알아차리지 못하면, 타인의 실망과 분노를 제대로 이해하기 어렵다. 나의 두려움을 알아차리지 못하는데, 타인의 두려움을 알아차리고 공감하긴 어렵다. 감정은 알아차리기 어렵고, 정확히 명명하기는 더 어렵다. 특히 자라오면서 '감정 세계'를 탐구할 용어와 기술을 배우지 못했다면, 더더구나 그럴 수밖에 없다. 안타깝게도 우리들 대부분은 그런 상태다.

넷째, 타인의 감정을 이해한다는 사실을 전달하는 것. 내게는 공감을 위한 이 마지막 단계가 제일 힘들다. 대학원 학생들이 가장 어려워하는 것도 바로 이 단계다. 쿠키 사건 때 내 친구가 내 기분을 제대로 이해하지 못하거나 내 입장이 되지 못했다면 어땠을까? 그랬다면 친구는 아마 이런 식으로 반응했을 것이다. "그래, 정말 실망이 컸겠다. 네 남편이라도 잊지 않았다면 좋았을 텐데. 왜 그런 건 다 여자들이 해야 하는 거야?"

그저 '이해한다'는 한마디로 공감이 만들어지지 않는다. 공감은 상대의 입장에서 이해하고자 애쓰는 마음이 있어야 가능하다. 친구가 설령 내가 수치심을 느낀 이유를 잘못 짚었다 해도, 중요한 것은 친구가 나를 이해하려 애썼다는 점이다. 그러면 나는 "아니야, 난 지금 남편한테 화난 게 아니야. 나는 그냥 주말에 할 일을 다 해낼 수 있을까 겁이 나서 그러는 거야." 하고 다시 내 입장을 설명하며 공감을 얻어내기 위한 시도를 계속했을 것이다. 그때 내가 친구에게 공감하지 못했다면, 내 생각을 표현하는 대신 "그래, 만날 엄마들만 고생이지." 하고 그냥 대화를 닫아버렸을 수도 있다. 하지만 친구는 내 얘길 귀 기울여 듣고 있었고, 진심으로 나를 이해하고 싶어 했다. 친구의 말을 통해, 나는 그걸 알 수 있었다.

용기 있는 입과 자비 담긴 귀가 공감을 빚어낸다

이야기는 말하는 사람과 들어주는 사람이 있어야 가능하다. 말하는 사람과 들어주는 사람이 존재해야 인간관계는 강해진다. 이 책을 통해 독자들이 얻었으면 하는 것도 바로 말할 수 있는 목소리와 들을 수 있는 귀다.

연구를 시작하면서 처음 내 목표는 수치심 때문에 마음속에 꽁꽁 감춰두었던 복잡하고도 중요한 이야기를 입 밖으로 꺼내도록 하는 것이었다. 하지만 그러고 나선 이내, 그걸 다른 이들과 나누고 싶어졌다. 그들 각자의 이야기가 곧 우리 모두의 이야기라는 걸 깨달았기 때문이다.

그래서 내 두 번째 목표는 그 이야기를 들어줄 귀를 열어주는 것이 되었다. 들어줄 귀가 없어 여기저기를 방황하는 목소리가 곳곳에 산재해있다. 비명을 지르며 제발 들어달라고 호소하는 소리 말이다. 단지 우리는 두려움과 비난의 욕구 때문에 귀를 닫고 있을 뿐이다.

용기는 입을 열어주고 자비는 귀를 열어준다. 그리고 그 둘이 없이는 공감과 유대가 만들어질 수 없다. 나라를 구하거나 세상을 뒤엎는 영웅의 용기를 말하는 게 아니다. '평범한 용기', 그러니까 진심으로 나의 이

야기를 털어놓을 수 있는 용기를 말하는 것이다. 내가 친구에게 전화를
건 것은 용기였다. 그 덕택에 친구는 내게 자비를 베풀 수 있었다. 그 결
과 나의 아픔이 친구의 세계에 들어설 수 있었다.

'용기'는 나의 이야기를 꺼낼 수 있는 힘이다. 책의 서두에서 우리는 수
전, 카일라, 테레사, 손드라, 질리언을 만났다. 그들과 인터뷰를 하면서,
나는 속마음을 털어놓는 그들의 용기에 감탄했다. 내 연구에 참여해준
이들 모두, 우리에게 배움을 주기 위해 기꺼이 두려움에 맞섰다. 마음속
의 감춰진 이야기를 하는 것만으로도 세상을 바꿀 수 있다. 과장된 말 같
지만 나는 분명히 그렇게 믿는다. 우리의 이야기가 누군가의 삶을 어떻
게 바꿔놓을지는 아무도 모른다. 그리고 그 누군가는 우리 아이들이 될
수도 있고, 친구가 될 수도 있고, 부모, 연인, 누군가를 통해 그 이야기를
접하는 낯선 사람이 될 수도 있다.

'자비'는 남의 이야기를 들어줄 수 있는 힘이다. 상대의 이야기에 공감
해주려면, 아프더라도 나 자신의 경험을 다시 떠올리는 힘이 필요한데,
그런 능력과 의지가 바로 '자비'다. 이 책을 준비하면서, 나는 자비에 대
한 책을 가능한 한 모두 구해 읽었다. 비구니 페마 초드론Pema Chödrön의
이야기에서 나는 나와 인터뷰한 사람들의 증언과 일치하는 대목을 발견
할 수 있었다. 페마는 저서《지금 여기에서 달아나지 않는 연습The Places
That Scare You》에서 이렇게 적고 있다. "자비를 실천할 때 우리는 자신의
고통 때문에 두려움을 겪을 수 있다. 자비를 실천한다는 것은 그만큼 어
려운 일이다. 자비를 실천하기 위해서는 마음의 여유를 갖고 우리를 두

럽게 만드는 것을 향해 천천히 다가갈 수 있어야 한다. 감정적 스트레스가 찾아와도 두려움으로 움츠러들거나 그 스트레스를 밀어내지 말고 그대로 유지해야 한다."

상대가 수치스러운 이야기를 털어놓을 때, 어색함이나 불편함을 참고 그 이야기를 들어줄 수 있을까? 어머니가 자살한 앨리슨이 자기 얘기를 들려줄 때, 당신은 그 얘기에 귀를 기울여줄 수 있을까? 약물중독자 아들의 이야기를 털어놓는 이의 옆에서, 그의 수치심을 함께 느끼며 귀를 열어줄 수 있을까? 어색해서 분위기를 바꾸려고 다른 얘길 꺼내고 싶어질까?

상대의 수치스러운 얘기에 기꺼이 마음을 열어서, 이야기를 들어주고 함께 곁에 있어줄 수 있는 것. 그것이 바로 자비다. 자비는 일종의 헌신이며, 의도적이고 꾸준한 노력을 필요로 한다. 또한 페마의 말처럼, 우리가 자비를 행하지 못하고 귀와 마음을 닫아버렸을 때조차, 그런 나를 인정하고 용서할 수 있어야 한다. "스스로를 변명하거나 비난하지 않고 고통에 마음을 여는 것은 엄청난 용기다. 나를 둘러싼 보호막을 걷어낼 때, 타인의 슬픔과 고통에 마음을 열 때, 우리는 고통을 느낀다. 공감은 상대와 똑같이 느끼는 것이기 때문이다. 자비는 이런 경험을 바탕으로 만들어진다. 나와 타인의 고통과 공감만이 아니라, 심지어 나의 실수, 실패, 두려움도 자비의 바탕이 될 수 있다. 자비는 치유하고 치유 받는 사람들에게 일방통행으로 흐르지 않는다. 나의 어두운 면을 알아야 비로소 상대의 어두움도 받아들일 수 있기 때문이다. 자비는 인간의 보편성을 이해할 때 비로소 발휘할 수 있다."

공감을 하기에
너무 늦은 때란 없다

'너무 늦었다'고 말하는 사람이 있다. 공감을 해줄 기회를 놓쳤을 때로 다시 돌아갈 수 있을까? 흥미롭게도 뒤늦게 공감을 얻은 사람들은, 그것 또한 도움이 됐다고 말한다. 나 역시 그랬다.

얼마 전 친구와 저녁을 먹게 되었다. 둘 다 출산한 지 얼마 안 됐을 때였다. 친구는 전업주부고, 나는 출산휴가가 끝나면 다시 일에 복귀할 계획이었다. 친구는 '더 이상 아이를 낳을 수 없을 것 같다'며 그 생각만으로도 너무 슬프다고 했다. 아이를 여럿 낳고 싶었지만, 경제상황 때문에 둘째까지만 갖기로 결정했기 때문이다.

한창 친구 얘기를 듣고 있을 때, 머릿속에 생각이 스쳐갔다. '무슨 얘기야. 둘이 딱 좋지. 나도 아이가 둘이어서 지금이 딱 좋다고 생각하는데.' 나는 친구에게 말했다. "둘이 딱 좋아. 애들이 학교 가면 할 일이 얼마나 많은데 그래. 너도 앞으로 학교를 더 다니든지 뭔가 해야 하잖아." 친구는 놀란 표정이 되어 말을 더듬었다. "나는 집에 있는 게 좋아. 그리고 아이가 하나 더 생긴다고 내가 하고 싶은 일을 못하게 되는 건 아니잖아. 그런 건 겁나지 않아."

그때 내가 비웃듯 대꾸했다. "네가 아직 뭘 몰라서 그래."

친구는 황급히 화제를 돌렸고, 그렇게 10분 정도 어색한 시간이 흘렀다. 식사를 마치고 우리는 각자의 차로 향했다. 그런데 마음이 편치 않았다. 주차장에서 나온 지 2분 만에 친구에게 전화를 했다. "너 지금 어디까지 갔어?"

친구가 놀란 목소리로 물었다. "모퉁이에 있어. 왜 그래? 무슨 일 있어?"

나는 친구에게 당장 할 이야기가 있으니 길 건너 주유소에서 만날 수 있겠냐고 물었다. 나는 친구의 차 뒤에 차를 세우고 친구에게 다가갔다. 친구가 차에서 내려 걱정스럽게 물었다. "왜 그래, 무슨 일이야?" 나는 말했다. "내가 한 말 때문에 그래. 미안하다고 사과하려고. 네가 힘들다고 했을 때 진심으로 들어주지 않았어. 정말 미안해. 진심으로 네 이야기를 들어주고 힘이 되어주고 싶었어. '정말 마음이 아프겠구나.'라고 이야기해줄 수도 있었는데. 나한테 다시 기회를 줄 수 있겠니?"

나는 운이 좋았다. 친구가 용기를 낸 것이다. 친구는 울음을 터뜨리며 말했다. "맞아, 네가 한 말 때문에 마음이 많이 아팠어. 그리고 지금 나 정말 많이 슬퍼. 나 진짜 많이 힘들거든." 나도 같이 울음이 나왔다. 우리는 한동안 이야기를 나누고 서로 껴안았다. 친구는 전화해줘서 고맙다고 했고, 나는 내 사과를 받아주고 다시 기회를 줘서 고맙다고 했다.

나의 아픔을 남에게 보여주는 데에는 큰 용기가 필요하다. 하물며 그 일을 두 번이나 되풀이하는 것은 더욱 그렇다. 한 번 마음을 닫은 상대에게는 더더욱 그렇다. 그때 일을 돌이켜보며, 나는 내 감정을 다시 떠올려보았다. 친구가 셋째 얘길 꺼내며 슬퍼할 때, 내가 느낀 감정은 '두려움'이었다. 그 때문에 마음이 닫힌 것이다. 친구의 두려움이나 분노라면 몰라도, 슬픔은 감당하기 힘들었던 것이다. 다시 일을 시작해서 아이와 떨어져 있을 생각에 나 역시 슬퍼하고 있었기 때문이다. 친구의 얘길 듣다가 내 감정도 폭발해 버릴까봐 두려웠던 것이다.

우리는 자주 공감을 표현할 기회를 놓친다. 전문가들은 그런 상황을 '공감 실패'라고 부른다. 내가 공감을 필요로 하는데, 주위 사람이 들어주지 않을 때도 있다. 그런 일이 벌어졌을 때 '공감 실패'를 바로잡으면, 대부분의 관계는 유지되며 때론 더 좋아진다. 그러나 내가 공감을 못해준 것에 대해 변명하고 합리화하면, 바로잡을 용기를 내기 힘들어진다.

이렇게 생각할 수도 있다. '내가 틀린 말 했나? 또 애를 갖고 싶다니 제정신이야? 내 말 때문에 속이 상했다면 좀 미안하긴 하지만, 그래도 누군가는 따끔한 말을 해줬어야 해.' 미안하다고, 다시 공감해줄 기회를 달라고 내가 부탁했을 때 친구 역시 '됐어. 별일 아니야, 괜찮아.'라는 말로 거절할 수 있었다. 하지만 우리는 그렇게 하지 않았다.

누군가와 진심으로 연결되고 싶다면, 공감을 선물하라

누군가와 연결된다는 것은 서로를 지지하고 경험을 나누고 사랑하고 서로 소속되는 것을 의미한다. 다음 그림처럼 개인과 공동체는 서로 연결되어 있으며, 그런 이유로 서로에게 수치심을 일으킬 수 있는 기대를 강요하기도 한다.

관계는 복잡하게 얽혀 있다. 어떻게 짜느냐에 따라 발목을 잡는 덫이 되기도 하고, 추락할 때 안전하게 받쳐주는 그물망이 되기도 한다. 어느 쪽이 되느냐는 우리의 선택에 달렸다.

연결 네트워크

소속감 / 존중 / 받아들임

종교 단체 / 나 자신 / 교육자 / 멘토 / 가족 / 교사 / 신교 모임 / 배우자/연인 / 의료 전문가 / 공동체 구성원 / 친구 / 동료

공감
용기
자비
연결

　로레인 구티에레즈Lorraine Gutiérrez와 이디스 앤 루이스Edith Anne Lewis's는 연결을 일컬어 '수치심 거미줄을 만들어내는 암시, 기대, 고정관념에 맞서는 힘'이라고 표현한다. "연결에는 두 가지 목적이 있다. 하나는 사회적 지원 네트워크를 만드는 것이고, 다른 하나는 상호작용을 통해 진정한 파워를 만들어내는 것이다. 동병상련의 타인들이 서로 어울려 도움을 주고받고, 다른 사람들의 극복 모습을 지켜보면서 그걸 함께 학습해간다.

또 다시 유사한 상황이 생겼을 때 대처할 전략, 그리고 앞으로 나아갈 힘을 얻는다."

공감, 용기, 자비를 통해, 우리는 단절에서 벗어나 진정한 연결로 나아갈 수 있다. 타인의 기대에 속박 당하기보다, 내가 진정 소중하게 여기는 것을 마음껏 즐길 자유도 얻게 된다.

공감을 말하면 흔히 '연민sympathy'과 혼돈하기 쉽다. 공감을 얻고 싶은 이유는 '나는 혼자가 아니다.'라는 걸 확인하고 싶기 때문이다. '다른 사람들도 나처럼 느꼈으면', '나만 유별난 게 아니라서 사람들이 등을 돌리지 않았으면' 하고 바라는 것이다. 공감을 얻으면 수치심에서 벗어날 수 있다. 하지만 반대로 연민은 오히려 수치심에 부채질을 한다.

이 둘의 차이를 이해하기 위해, 다시 쿠키 사건으로 돌아가 보자. 친구와 얘기를 나눈 지 일주일 후, 남편과 나는 '오리지널 슈퍼부모'인 친구 부부와 동반모임을 가졌다. 그들은 자기 아들의 학교 파티에 '마트에서 산 설탕범벅 과자를 비닐봉지에 담아온 뻔뻔한 부모' 얘기를 꺼냈다. 나는 그보다도 못한 사람이었다. 그래서 이렇게 말했다. "저도 아이 간식을 사갈 때가 많아요. 집에서 만드는 건 엄두도 못 내는 걸요." 그러자 그들은 입꼬리를 내리고 억지 미소를 지어보였다. '그것밖에 안 되는 사람이었어?' 하고 묻기라도 하듯.

나는 문득 쿠키 사건 얘길 들려주고 싶었다. 내게 공감을 해준 친구는 아이가 없었다. 그러니 나와 비슷한 상황의 이 부부가 공감해준다면, 나는 문제없는 사람이 될 수 있는 셈이었다. 하지만 부부의 반응은 내 기대와 달랐다. 그들은 불쌍하다는 표정으로 나를 쳐다봤다. 특히 아내 쪽은 내 귀에 대고 속삭이기까지 했다. "세상에, 너무 심했다. 나라면 그런 상황은 견뎌내지 못할 거예요. 안됐네요." 그들 부부의 연민에, 나는 뺨이라도 한 대 얻어맞은 기분이 들었다.

연민은 이런 것이다. '나는 여기 있고 너는 거기 있다. 네가 그런 일을 당했다니 마음이 아프고 슬프다. 하지만 하나만은 분명히 하자. 나한테는 그런 일이 벌어지지 않았다. 너와 나 사이에는 분명한 선이 존재하고 너는 그 선 너머에 있다!' 연민에는 '다른 사람의 렌즈로 세상을 보는 것' 따위는 필요 없다. 자기가 있는 세상에서 상대의 세상을 건너다보며, 불쌍하고 가엾고 측은하게 여기기만 하면 된다. 연민 속에는 '네 세상을 이해할 순 없어. 하지만 여기서 보니까 참 불쌍하구나.' 하는 메시지가 담겨 있다.

공감을 얻고 싶었는데, 상대가 연민을 표현하면 우리는 깊은 수치심을 느낀다. 외톨이라는 생각도 더 깊어진다. 공감은 연결하는 것이고, 연민은 너와 나는 다르다고 '선을 긋는 것'이기 때문이다.

공감이 필요한 사람에게 연민을 주는 것도 문제지만, 공감을 구해야 할 때 연민을 구하는 것 역시 상황을 복잡하게 만든다. 연민을 구하는 사람 마음속에는 '아무도 몰라. 나만큼 힘들고 괴로운 사람은 이 세상에 나 하나뿐이야.' 하는 생각이 들어 있다. 그리고 그런 생각은 단절을 불러올 수밖에 없다. 연민을 구하는 사람들은 공감을 원치 않을 뿐 아니라 상대가 나와 같은 경험을 했다는 증거도 원치 않는다. 나 혼자만 그런 것이라는 확증을 얻고 싶어 할 뿐이다.

끊임없이 연민을 구하는 사람과 함께 있으면, 왠지 조종당하고 이용당하는 느낌이 든다. 많은 이들의 증언이 그러했다. 심지어 전문 심리치료사조차 그런 이들과 상담을 하면 가슴이 꽉 막힌 답답한 기분이 들어 곤란하다고 말한다. 연민을 구하는 사람과 마주하면, 어떤 방법으로도 상황을 해결할 수 없을 거란 느낌이 든다. '내가 세상에서 제일 불행하기 때문에, 그 누구도 나를 이해하지 못한다'고 하소연하면서, 동시에 '나를 이해해 달라'고 매달리기 때문이다.

인터뷰에서 한 여성은 이렇게 말했다. "우리 가족 중에서 힘들다는 말을 할 수 있는 사람은 남편밖에 없어요. 설령 힘든 일을 겪게 되어도, 항상 관심은 남편이 독차지해야 돼요. 그렇다고 그이는 도움을 청하지도 않아요. 그저 자기 인생이 힘들고 그게 불공평하고 자기가 제일 어려운 처지라는 얘길 듣기를 바라죠. 자기가 제일 많이 일하고 제일 적게 자고 제일 힘들게 산다고 말이에요. 하지만 그건 사실이 아니에요."

연민을 구하는 사람에게 해줄 수 있는 최선은 '정말 안됐다'는 말이 전부인지 모른다. 하지만 그런 말을 하면서도 속으로는 '작작 좀 해. 별 것 아닌 것 갖고 호들갑이야. 그만 징징대.' 하는 생각이 든다. 연민을 구하는 모습에 화가 나서 친절하게 대하고 싶은 생각이 사라지기도 한다. 결국 공감이 아닌 연민을 구하는 사람은 진심어린 이해와 연결을 얻기 힘들다. 그러므로 자신이 연민을 구하고 있다는 것을 깨달았다면 한걸음 물러나서 '나의 진짜 감정은 무엇이며 진정 무엇을 원하는지' 살펴보는 것이 좋다.

공감으로 연결되려는 순간,
그것을 가로막는 장애물들

우리가 서로 연결되기 위해 공감하는 것을 가로막는 장애물 중에는 일명 '더 높은 카드 내밀기'가 있다. 간신히 용기를 내어 누군가에게 자기 이야기를 털어놓았을 때, 상대가 마치 카드 게임이라도 하듯 '나는 너보다 더 힘들어.'라고 하면 말문이 막히고 충격을 받게 된다고 많은 이들이 고백해주었다.

내가 '알코올 중독자 엄마' 얘기를 꺼내면, 상대는 '알코올 중독자 여동생' 이야기를 꺼낸다. 내가 '서른 넘도록 결혼도 못했다'는 이야기를 꺼내면, 상대는 '서른밖에 안 됐는데 싱글맘이다.'라고 응수한다. 누구의 상황이 더 나쁜지, 누가 더 심한 스트레스를 받는지, 누가 겪은 차별이 더 심한지 경쟁하다보면 우리의 고통이 같은 곳, 즉 무력함과 단절로부터 왔다는 사실을 망각하게 된다.

상대의 수치심을 밟음으로써 나의 수치심에서 빠져나오려는 시도는 서로의 수치심만 키울 뿐이다. '네 고민 정도는 아무것도 아니야.'라고 하는 순간 상대로 하여금 '아무것도 아닌 존재'처럼 느끼게 만들기 때문이다.

20대 초반의 로레인은 기숙사 룸메이트에게 어렵사리 남동생 얘기를 꺼냈다. 정신분열 환자에 폭력 전과까지 있어 약물 치료를 받는다는 이야기였다. 그때 로레인은 심한 수치심을 느꼈다. "룸메이트가 남동생은 뭘 하냐고 몇 번이나 물어봤거든요. 겨우 용기를 내서 얘기를 꺼냈는데,

갑자기 울음이 터져 나왔죠. 저는 그런 동생이 부끄러워서 우는 게 아니라 동생을 시설에 맡겨버린 부모님이 부끄러워서라고 말했어요. 그런데 룸메이트가 아무 대꾸도 안 하는 거예요."

로레인은 말을 이었다. "룸메이트는 그냥 벌떡 일어나더니 이렇게 말했어요. '별것도 아니네. 옆방의 켄들은 여동생이 교통사고로 죽었대. 그런 게 진짜 힘든 거지.' 그러더니 그냥 욕실로 가버리는 거예요. 저 자신이 너무 하찮게 느껴졌어요. '차라리 말을 하지 말걸.' 하는 생각도 들었고요."

로레인의 룸메이트가 왜 공감을 표현하지 않았는지 우리는 모른다. 어쩌면 로레인이 보여준 감정의 무게가 버거웠을 수도 있고, 더 이상 자세히 알고 싶지 않았던 것인지도 모른다.

많은 경우, '해답을 줘야 한다' 혹은 '걸맞은 말을 해야 한다'는 부담감은 공감의 장애물로 작용하기 쉽다. '뭔가 적합한 말을 찾기 어렵다'는 두려움 때문에, 대수롭지 않은 척 무시하거나 화제를 돌리거나 머쓱해져서 자리를 피하게 된다. 로레인을 위해 마법의 말 따위는 필요 없다. 그저 "정말 힘들었겠구나." 혹은 "나라도 많이 괴로웠을 거야. 남동생은 어떻게 지내?" 정도로도 충분하다.

'나는 경험한 적이 없으니 그 상황을 이해할 수 없다'는 선입견이 방해가 될 수도 있다. 로레인의 룸메이트는 이렇게 생각했을지 모른다. '남동생이 정신병에 걸리다니, 나는 그런 게 어떤 건지 몰라. 그러니 내가 무슨 말을 해줄 수 있겠어?' 하지만 그런 생각은 할 필요가 없다. 상대의 상황이나 사건을 경험해보지 않았다 해도, 진심으로 귀 기울여 들음으로써 자기 일처럼 받아들이려고 노력하기만 하면 된다. 나는 이것을 다른 말로 '깊이 파고들기digging deep'라고 부른다.

　'나와 똑같은 경험을 한 소수에게만 공감할 수 있다'는 생각은 관계를 연결하는 데 장애가 된다. 친구 중에 혼혈이 있다. 혼혈이라는 이유로 학교에서 차별 받고, 집에서는 자기 인종의 문화를 이어받아야 한다는 강요를 받는다. 하지만 나는 혼혈이 아니다. 그렇다고 해서 나는 친구의 감정을 절대 알 수 없으니, 공감을 표현할 능력도 없다고 생각할 필요는 없다. 공감을 받아들이는 능력, 공감을 표현하는 능력은 모두 학습하고 키워나갈 수 있으며, 그것이 나 스스로도 수치심으로부터 건강하게 자유로워지는 바탕이 되어준다. 이때 필요한 것이 바로 '깊이 파고들기'다.

　"내 삶이 싫어요. 이런 생각을 하죠. '○○만 있으면 행복할 텐데.' 하지만 정작 그걸 갖게 돼도, 행복해지질 않는 거예요. 그런 내가 싫고, 어떻게 해야 그런 생각에서 벗어날 수 있을지 모르겠어요. 이런 속마음을 다른 사람에게 털어놓고 싶지만, 사람들은 그냥 푸념이라고 여기고 지겨워해요. 그럴 때마다 더 수치스러운 감정을 느끼죠. 나는 절대 행복해질 수 없는 사람인 것 같아요."

　누군가가 이런 상황을 말할 때 그 '감정'의 실체를 파악해본다. 그걸 가능한 한 정확한 언어로 표현해보는 것이다. 이 경우, '마치 수렁에 빠져 꼼짝 못하게 된 느낌', '화', '부담감에 압도당한 느낌', '실망감', '혼란스러움', '길을 잃은 느낌', '외로움' 등으로 이 감정을 표현할 수 있다.

　'깊이 파고들기'는 내가 그 사람과 비슷한 상황에 처했을 때의 일을 떠올려보고, 그때의 감정에 대해 다시 떠올려보는 것이다. '행복이 항상 멀리 있다고 느껴본 적이 있는가? 체중이 10% 줄면, 새 집을 사면, 결혼을 하면, 승진을 하면…… 하는 식으로 행복해질 조건을 나열해본 적이 있는가? 지금 갖지 못한 것을 가지면 그것이 성공이라고 생각하는가? 내가 가진 걸 과소평가하고 무시한 적이 있는가? 내가 하소연을 하면 주위 사람들이 지겨워한다고 느낀 적이 있는가?' 등 상대의 상황과 비슷한 나의 경험을 깊이에서부터 끌어내어 보는 것이다.

다음 몇 가지 사례를 더 살펴보면서, '깊이 파고들기'를 시도해보자. 이 것이 공감하기 힘들다고 느낄 때, 공감을 끌어낼 수 있는 방법이다.

. . .

| 경험 | 수치심 하면 어린 시절 성적으로 학대당한 일이 생각나요. 그때 겪은 일은 제 인생을 완전히 바꿔놓았어요. 그 자체만 괴로운 게 아니에요. 그 뒤로 살아가는 매일 매일이 고통이에요. 마치 나만 남들과 완전히 다른 존재가 된 것 같은 느낌이 들어요. 나만 정상이 아닌 것 같아요. 정상적인 삶을 살 자격이 없다는 생각도 들어요. 모든 게 더럽혀진 것 같고, 그래서 너무 수치스러워요

| 감정 | 오해받고 낙인찍히고 무시당하고 한없이 작아진 느낌, 슬픔, 상실감, 좌절감, 분노.

| 깊이 파고들기 | 한 가지 경험으로 인해 나의 존재가치가 결정된 적이 있는가? 어떤 '사건'이나 한 번 찍힌 낙인에서 벗어날 수 없다고 느낀 적이 있는가? 부당하게 오해받거나 낙인찍힌 적이 있는가? 내가 원해서 생긴 일도 아닌데, 그 일 때문에 사람들이 당신의 행동을 비난한 적이 있는가?

자신은 극복하려고 애쓰는데 주위 사람들은 그 일을 잊지 않고 끊임없이 상기시키고 입에 올린 경험이 있는가?

| 경험 | 남편이 나를 버리고 다른 여자에게 갔는데 아들은 그 이유가 제가 '뚱뚱하기 때문'이라고 말했어요. 이제 겨우 14세인 아들이 진심으로 한 소리는 아니라고 생각해요. 최소한 진심은 아니길 바라요. 아마 제 아버지가 만날 하던 소리라서 익숙해져 있었을 거예요. 아들은 화가 났고 모든 게 제 탓이라고 생각하고 있어요. 저도 이 모든 게 내 탓이라고 생각하고 있고요.

| 감정 | 마음이 아프다, 상실감, 분노, 두려움, 슬픔, 자책, 혼란스러움, 고립감, 옴짝달싹 못하는 덫에 걸린 느낌.

| 깊이 파고들기 | 자책하지 않으려고 애쓴 적 있는가? 누군가가 자신의 분노와 슬픔이 당신 탓이라고 원망한 적 있는가? 자신을 돌볼 여력도 없는데 남까지 돌봐야했던 적이 있는가? 아이가 부모의 욕설이나 나쁜 말을 흉내 낸 적이 있는가?

| 경험 | 로펌 파트너가 되고 나서 심각한 슬럼프에 빠졌어요. 제가 하는 모든 일이 아무것도 아닌 것처럼 보이더군요. 날마다 출근을 하면서 '큰일이네, 내가 제대로 모르고 있다는 걸 사람들이 알면 어떡하지? 나 같은 건 승진할 자격도 없었는데.' 하는 생각이 머릿속을 맴돌았어요. 그 부담감이 너무 심해서 결국 파트너 자리에서 물러났죠. 이제 사람들이 더 이상 저를 존중하지 않는 것 같아요. 아무것도 할 수가 없어요. 제가 정말 일을 잘해서 승진할 자격이 있었던 건지 아니면 아무 능력도 없는데 능력이 있는

척만 했던 건지 저 자신도 모르겠어요. 그냥 혼란스럽기만 해요.

| 감정 | 두려움, 자책, 혼란스러움, 지나친 부담감에 압도당한 느낌, 고립감, 불안함, 상실감, 실망.

| 깊이 파고들기 | 자신이 가짜라고 느껴본 적이 있는가? 사람들이 당신의 있는 그대로의 모습보다 더 대단한 존재로 여긴다고 느낀 적 있는가? 아무 잘못도 하지 않았는데 '들키면 어쩌나.' 하는 불안한 생각이 든 적 있는가? '남들을 실망시키면 어쩌나.' 하는 부담감을 느껴본 적 있는가? 아니면 스스로를 실망시킬까봐 부담감을 느껴본 적은 있는가?

내 삶에 긍정적인 영향을 주는 수치심 따위는 없다

간혹 '그래도 어느 정도의 수치심은 느끼는 게 당연하지 않느냐?' 하고 생각하는 사람을 만난다. 이는 잘못된 선입견이자, 공감을 가로막는 또 다른 장애물이다. 수치심이 긍정적인 감정이라고 여길 때, 공감하려는 마음이 생겨날 리가 없다. 상대방이 수치스러운 경험을 털어놓을 때, '수치심을 느끼는 게 당연하다'고 생각하게 되기 때문이다.

막 연구를 시작했을 때, 나 역시 수치심에도 '좋은 것'과 '나쁜 것'이 있을 거라고 막연히 생각했다. 소수이긴 하지만 진화심리학이나 생물학 분야의 연구가들 중에 '수치심은 긍정적인 영향도 미치고 부정적인 영향도 미친다'고 주장하는 이들도 있다. 그들이 주장하는 근거는 '수치심이 도덕적 행동의 기준이 된다'는 것이다. 수치심이 올바른 행동을 유도한다는 주장이다. 나는 막연하기는 하지만, 연구 결과가 모든 걸 말해줄 것이라고 믿었다.

　오래지 않아 나는 '수치심은 결코 긍정적인 영향을 미치지 못한다'는 결론에 도달했다. 어떤 상황에서 어떤 방식으로든, 그 어떤 형태의 수치심도 부정적인 영향만 미칠 뿐이다. '건강한' 수치심과 '유해한' 수치심이 있다는 주장은 나의 연구와 조사 그 어디에서도 사실로 확인되지 않았다.

　수치심 연구를 가장 광범위하게 다룬 책으로 꼽히는 준 프라이스 탱니 June Price Tangney 와 론다 디어링 Ronda L. Dearing 의 《수치심과 죄책감 Shame and Guilt》에서 저자들은 수치심과 죄책감을 표현한 문학작품을 통해, 두 감정의 차이를 알려준다.

　"갈수록 복잡해지는 조망수용과 귀속능력을 통해 현대인들은 자신과 행동을 구별하고, 타인의 관점을 이해하며, 타인의 스트레스에 공감하는 능력을 갖게 되었다. 과거의 도덕이 잠재된 치명적 공격성을 감소시키고 사회계급을 명확히 하고 사회 규범에 대한 순응을 불러일으키는 데 중점을 두었다면, 현대의 도덕은 자기 잘못을 인정하고 책임감을 받아들이고 잘못된 것을 바로잡는 행동을 할 줄 아는 능력에 중점을 두고 있다. 이런 관점에서 죄책감은 새천년에 적합한 도덕적 정서라 할 수 있겠다."

　저자들은 8년에 걸쳐 400여 명의 어린이들을 대상으로 한 추적조사를 통해 '도덕적 정서'에 관해 연구했다. 이들은 수치심 혹은 죄책감을 불러일으킬 수 있는 상황을 기록했다. 그리고 다음과 같은 결론에 도달했다. 초등학교 5학년에게 나타난 수치심 성향은 훗날 징계, 약물 남용, 자살 시도 등과 유의미한 연관성이 있는 지표라는 사실을 발견했다. 반면 죄책감 성향의 경우는 훗날 대학 진학률, 사회봉사 참여도와 유의미한 연관성이 있었다.

앞서도 잠시 살펴봤던 것처럼, 죄책감에는 어느 정도 긍정적인 측면이 있는 게 사실이다. 하지만 나는 이 경우도 자기가 특정한 결과, 사건, 행동에 실제로 책임이 있는 일에 대해 죄책감을 느낄 때라야, 그 상황에 적응하고 바로 잡을 수 있다고 생각한다. 하지만 우리 사회는 실제로 책임이 없는 것에 대해서조차 죄책감을 느끼게 만든다. 예를 들어 육아에 대한 모든 책임이 여성에게만 있다고 여기는 게 그런 예다. 사회심리학 박사인 클라우디아 블랙Claudia Black은 저서 《방향 바꾸기Changing Course : Healing from Loss, Abandonment and Fear》에서 그런 죄책감을 일컬어 '잘못된 죄책감false guilt'이라고 부른다. "타인이 한 행위에 죄책감을 느끼는 것은 '잘못된 죄책감'이다. 잘못된 죄책감이란 자신이 통제할 수 없는 것에 죄책감을 느끼는 것을 말한다. 그것 말고도 이 세상에는 자기가 정말 책임져야 할, 따라서 '참된 죄책감'을 느낄 수 있는 일들이 무궁무진하다."

그렇다고 해서 아이들의 죄책감 성향을 높이자고 주장하는 게 아니다. '수치심이 올바른 행동을 유도한다'는 주장에 반하는 증거를 보여주려는 것이다. 누구나 어린 시절 엄청난 수치심을 느낀 경험이 있다. 그러나 타인에게 인정받고 스스로에게 만족했을 때 올바른 행동을 하지, 거절당하고 쓸모없는 존재라고 느끼거나 모욕을 당해서 수치심을 느꼈을 때 올바른 행동을 하지는 않는다. 나 역시 그랬다.

수치심은 그게 어떤 것이든, 나쁘며 파괴적이다. 아이가 말을 듣지 않을 때, 파트너와 헤어질 때, 공동체의 다른 구성원에게 변화를 요구할 때, 수치심을 이용하는 것은 매우 위험하다.

수치심으로는
절대 사람을 변화시킬 수 없다

　이해를 높이기 위해 '아내에게 폭력을 행사하는 남자들'을 대상으로 한 연구에 대해 두 가지 서로 다른 접근법을 비교해보고자 한다. 해리엇 러너Harriet Lerner는 저서 《마음을 열어주는 대화법The Dance of Connection》에서 아내의 얼굴과 복부를 주먹으로 가격해 심리치료 형을 받은 '론'이라는 남성의 이야기를 소개한다. 러너 박사는 론이 한사코 '폭력남편' 그룹에 속하는 걸 거부했지만, '분노조절 능력에 문제가 있는' 그룹에는 순순히, 아니 심지어는 흥미를 보이며 참여했다고 했다.

　"당신은 론이 폭력남편이므로 그 사실을 희석하거나 모호하게 만드는 것은 책임을 회피하는 것이라 생각할 것이다. 하지만 론은 자신에게 폭력남편이라는 라벨 외에 다른 모습이 있다는 걸 인정받을 때라야, 진정한 책임감과 후회를 느낄 가능성이 더 많아보였다. 자신의 잘못된 행동을 직시하고 진심으로 책임감을 느끼고자 하는 사람에게는 발을 딛고 설 자존감이 필요하다. 잘못을 저질렀다 해도 자신을 지탱해줄 자존감이 남아 있어야만, 자신의 과오나 현실을 제대로 볼 수 있는 시야가 열린다. 그리고 그렇게 되어야만 진심으로 사과를 할 수 있다."

　러너 박사는 '자기가 저지른 최악의 악행으로 자신의 정체성이 정의되는 것을 거부하는 것'이야말로 건전한 저항이라고 설명한다. '론=폭력행동'이라는 공식이 성립했다면, 그는 절대 책임감을 느끼지도, 진심으로 후회하고 슬퍼하지도 않았을 것이다. 자신이 쓸모없는 존재라는 느낌이 함께 엄습했을 것이기 때문이다. 러너 박사는 론의 이야기를 이렇게 끝

맺었다. "내가 저지른 최악의 행위로 나의 정체성이 규정되거나 제한된 다면, 우리는 도저히 버텨낼 수 없다. 모든 인간은 자신을 복잡하고 다면 적인 존재로 인식할 수 있어야 한다. 그 사실을 부정당하면 인간은 살아 남을 방편으로 자신을 '부정의 벽'으로 겹겹이 감싸게 된다. 자신이 저지 른 행위에 대해 사과하는 것은 가능하다. 그러나 자신의 존재 자체에 대 해 사과하는 것은 과연 가능한 일일까?"

같은 상황에 대한 테드 포Ted Poe 판사의 견해를 비교해보자. 미 하원의 원인 테드 포 판사는 범죄자들에게 '수치심과 모멸감 처벌'을 내림으로 써 초미의 관심을 모으고 있는 인물이다. 두 건의 재판에서, 포 판사는 아 내를 폭행한 남자들로 하여금 휴스턴 시내에 위치한 가정법원 앞에서 공 개사과를 하도록 판결했다.

공개사과는 일대 수백 명의 사람들이 다 구경할 수 있도록 점심시간에 시행하게 했다. 〈휴스턴 크로니클〉에 실린 논설에서 포 판사는 자신의 판 결을 이렇게 변호했다. "아내를 구타하고 이웃의 재산을 훔치고 아동을 학대하는 자는, 사회로부터 미움을 받고 욕을 먹고 공개적으로 대가를 치러야 한다. 그들은 수치심을 느껴야 한다. 그렇게 만들지 못한다면, 우 리 스스로가 수치스럽게 여겨야 할 것이다."

나는 이렇게 묻고 싶다. 만약 당신의 남편이 당신을 폭행했고, 그 벌로 수백 명이 지켜보는 가운데 공개사과를 해야 했다면, 당신은 그 후 집으 로 돌아온 남편과 어떻게 지낼 것인가? 수치심이 무엇이며 우리에게 어 떤 영향을 주는지 생각한다면, 수치심에 사로잡힌 남편과 남은 시간을 함께하는 게 과연 안전한 일일까? 수치심이 누군가의 행동을 변화시킬 수 있으며, 그러기에 처벌 수단으로 쓰여도 무방한가? 내가 두렵고 화가 나고 비난을 받을 때, 단지 기분이 나아진다는 이유로 남을 괴롭히고 수치심을 안겨주는 것이 옳은가?

수치심 회복탄력성은 어떻게 길러갈 수 있는가?

수치심을 맞닥뜨렸을 때, 공감으로 나아갈 수 있는 능력이 수치심 회복탄력성이다. 하지만 이걸 개발하는 것은 그리 간단한 일이 아니다. 그게 간단했다면, 수치심이 우리 삶을 뒤흔드는 능력이 이토록 파괴적이고 강하진 않았을 것이다. 공감을 주고받으려면 마음을 열어야 하는데, 수치심은 아주 쉽게 그 마음을 닫아버린다. 수치심은 자기를 해독시킬 공감을 두려워하기 때문이다. 수치심이 밀려올 때는 공감을 위해 손을 내미는 게 무모하고 손해 보는 일처럼 느껴진다. 또한 상대의 입장이 되어 깊이 파고드는 것 역시 매우 어렵게 만든다.

수치심을 극복한 이들, 즉 높은 수치심 회복탄력성을 가진 이들에게는 다음 네 가지 공통점이 있었다.

1 자신만의 수치심 촉매제를 잘 알아차리고 이해하는 능력
2 자신을 둘러싼 수치심 거미줄에 대한 비판적 인식력
3 기꺼이 다른 이를 향해 손을 뻗으려는 의지
4 수치심을 말할 수 있는 능력

편의상 순서대로 쓰기는 했지만, 이 순서나 중요도는 개인 성향에 따라 각기 다르다. 그러므로 이 순서를 꼭 따라야 할 필요는 없다. 다만, 자신의 삶과 경험의 테두리 안에서 지혜롭게 녹여내기를 바란다.

자기만의 수치심 회복탄력성을 기르기 위해서는, 우선 가장 편안하게 받아들일 수 있는 것, 가장 개발하기 쉽고 실천하기 쉬운 것부터 시작하는 게 열쇠다. 그렇게 하나를 성공하면, 자신감이 생겨서 더 어려운 것에도 도전할 마음이 생겨날 것이다.

3장

감정의 폭풍이 몰아닥치는 순간,
10분의 대응 기술

수치심은 두려움, 비난 같은 강렬한 감정을 동반하고 홍수처럼 무서운 속도로 빠르게 들이닥친다. 미처 방어할 새도 없이 허둥대다가 자아를 잃어버리고 그 물살에 쓸려가 버리고 만다. 그러므로 수치심이 닥쳤을 때, 그것이 무엇이며 나는 어디에 있는지 차분히 알아차릴 필요가 있다.

갑자기 밀려든 수치심의 홍수 때문에, 벌써 누군가에게 버럭 화를 내버렸거나 패닉상태에 빠져 정신이 혼미해졌을지도 모른다. 그러나 그때라도 늦지 않았다. 그걸 알아차린 즉시 그런 행동을 중지하고 마음을 가라앉히고 자신이 있는 상황을 똑바로 살피는 게 중요하다.

아이러니하게도, 의식이 수치심을 알아차리기 전에 신체가 먼저 반응을 보이곤 한다. '신체적 반응'이라고 하면 사람들은 대개 의아하게 여긴다. 하지만 몸으로 수치심을 느낀다는 말은 사실이다. 앞서도 말했지만, 나는 수치심을 전신격투기에 비유한다. 수치심이 밀려오면 배가 아프거나 토할 것 같거나 몸이 떨리거나 얼굴이 화끈거리거나, 신체 일부가 뒤틀리는 것 같은 다양한 신체 반응이 온다. 그러므로 몸의 반응을 알아차리는 것만으로도 수치심과 동반되는 무력감을 상당 부분 경감시킬 수 있다.

연구 초기만 해도 나 역시 '수치심이 일으키는 신체 반응'에 대해 잘 몰랐다. 한 50명쯤 인터뷰를 하고서야, 수치심이 신체 반응을 동반한다는 것을 깨닫고 구체적으로 조사하기 시작했다. 수치심 회복탄력성이 높은 사람들은 수치심으로 인한 신체 반응에 대해 알고 그걸 설명할 줄도 안다. "입이 바짝 마르는 느낌? 그러면 그 즉시 알아차릴 수 있어요."

물론 이 방법이 모두에게 통하는 것은 아니다. 다만, 수치심을 느낄 때 몸이 보여주는 암시에 의식적으로 반응하고 대처하는 것은 하나의 좋은 전략이라고 생각한다.

아래 질문은 수치심이 느껴질 때의 신체 반응을 체크하기 위해 고안되었다. 시간을 넉넉히 잡고 이 질문에 대해 생각해보거나 답을 적어보자. 자신에게 맞는 것도 있고 맞지 않는 것도 있다는 걸 감안해서 유연하게 적용해본다.

수치심을 느낄 때 내 몸은 _____ 한다.

수치심을 느낄 때 느낌은 마치 _____ 같다.

수치심을 느낄 때 익숙한 느낌은 _____ 이다.

수치심에 맛이 있다면 _____ 이다.

수치심에 냄새가 있다면 _____ 이다.

수치심을 만질 수 있다면 _____ 이다.

'수치심 알아차리기'는 자기를 지키기 위한 힘을 회복하는 데 필요한 매우 중요한 방법이다. 내 경우, 수치심이 찾아올 때 15분~20분 정도 나만의 시간이 필요하다. 이제 수치심의 신체 반응을 잘 알게 되었기에, 그 반응이 나타나면 재빨리 그 자리를 벗어나서 혼자만의 시간을 갖는다.

일단 혼자가 되고 나면 내 감정을 조용히 되짚어보기도 하고, 마음놓고 엉엉 울기도 하고, 깊이 심호흡을 하기도 한다. 나와 인터뷰한 사람들 역시 단 몇 분이라도 혼자 있는 게 마음을 추스르고 감정을 되짚어보는 데 효과적이라고 했다. 달리기, 산책, 그도 아니라면 무조건 밖으로 나간다고 답한 사람도 있었다.

수치심을 느낄 때의 신체 반응을 알아차릴 수 있게 되는 것만으로도, 수치심 회복탄력성을 기르는 유용한 수단이 생긴 셈이다. 수치심은 대개 머리보다 몸이 먼저 느낀다. 수치심을 '알아차리면' 무턱대고 분풀이를 하거나 마음을 닫아버리기 전에, 그 상황을 인식하고 제대로 판단력을 되찾을 수 있는 여지가 생긴다.

수치심을 자극하는 나만의 '수치심 촉발제' 찾아내기

연구를 시작할 때, 처음 목표 중 하나는 일명 '수치심 촉발제shame trigger' 리스트를 만드는 것이었다. 이유는 아주 단순했다. 적을 알면 백전백승. 무엇이 수치심을 자극하는지 알면, 수치심을 피하도록 경계하거나 예측할 수 있기 때문이었다.

오래지 않아, 누구에게나 공통적으로 적용할 수 있는 수치심 촉발제 따위는 없다는 걸 알게 됐다. 무엇이 수치심을 가져다주느냐는 사람, 그들의 관계, 문화마다 천차만별이었다. 설상가상으로 수치심 촉발제의 정체를 제아무리 알게 된다 해도 그걸 피해갈 순 없으며, 따라서 매일 수치심에 직면하는 것 외에 다른 도리가 없다는 것도 알게 되었다.

다만, 앞서 말한 것처럼 여러 인터뷰를 통해 수치심과 관련 있는 뚜렷한 패턴은 찾아낼 수 있었다. 수치심 회복탄력성이 높은 사람은 수치심이 느껴질 때 그걸 잘 알아차리고, 자신만의 수치심 촉발제가 무엇인지도 잘 알고 있다는 점이다. 수치심 회복탄력성이 높은 사람은 무엇이 자기에게 유독 수치심을 불러일으키는지, 또 특정 문제가 다른 것보다 더 수치심을 자극하는지, 그 이유도 대체로 잘 알고 있다. 이것은 본능적이나 태생적으로 알 수 있는 게 아니다. 의식적인 노력이 수반돼야 한다. 실비아의 사례를 한 번 살펴보자.

파티 플래너인 30대의 실비아는 이렇게 말문을 열었다. "6개월 전에 인터뷰했으면 좋았을 텐데요. 그때 전 완전히 다른 사람이었어요. 수치심에서 허우적대느라 정신이 없었거든요." 실비아는 인터뷰 직전에 자기 인생에서 중요한 돌파구를 찾아냈다고 말해주었다. 회사 내 '루저looser 명단'에 자기 이름이 있는 걸 보았던 바로 그날부터 말이다.

2년 간 상사로부터 탁월한 성과를 내는 '승자'로 인정받았던 실비아는 그만 엄청난 실수를 저지르고 말았다. 그 실수로 회사는 VIP 고객을 놓쳤다. 결국 상사는 실비아의 이름을 '루저 명단'에 올렸다. "순식간에 성공한 실력자에서 인생의 실패자로 추락해버린 거죠." 실비아의 말이다.

루저 명단에 오른 이후 몇 주 동안 실비아는 제대로 일을 할 수 없었다. 자신감을 잃고 결근도 잦아졌다. 수치심, 불안, 두려움이 엄습했다.

그러던 어느 날, 실비아는 여동생에게 전화로 '루저 명단' 사건에 대해 이야기를 해주다가, 문득 자기가 처한 상황을 명료하게 이해하기 시작했다. 자매는 고교 시절 내내 운동선수로 뛰면서 서로 치열하게 경쟁했다. 아버지는 두 딸의 달리기 기록을 냉장고에 붙여놓고, 그 옆에 '승자가 돼라!' 따위의 문구를 함께 붙여두었다. 아버지는 입버릇처럼 말했다. '누구도 실패자는 원하지 않아!' 자매는 아버지 얘기를 하다가, 서로의 수치심 진원지를 알아냈다. "여동생과 통화를 끝내고, 저는 울면서 이력서를 쓰기 시작했어요. 더 이상 이 회사에서 일할 수 없다는 걸 깨달았죠. '루저'라는 말이 저에게 수치심을 느끼게 만들었기 때문이 아니에요. 인간을 '쓸모가 있다 없다'로 분류하는 것 자체가 말도 안 돼요. 실수나 경솔한 결정을 용납하지 않는 것도요. 이전까지는 저 역시 그런 생각에 흠뻑 젖어 있었어요. 당황스러웠죠. 저 역시 예전에는 루저 명단에 오른 사람들을 비웃었거든요. 사실 요즘도 내가 완벽하지 못한 존재가 될까봐 두렵긴 마찬가지예요. 여동생도 여전히 신경성 위장병으로 고생하고 있고요."

실비아와 여동생은 이 감정의 정체를 '루저 수치심'이라고 이름 붙였고, 둘 중 누구라도 그걸 느낄 때마다 전화통화를 하기로 약속했다.

그렇다고 해서 실비아와 여동생이 실패로 인한 수치심에 면역이 생겼을까? 그것은 절대 아니다. 수치심 회복탄력성이 아무리 높다 해도 100% 완전히 수치심에 면역이 될 수는 없다. 단지, 실비아는 수치심을 느낄 때 그 감정을 제대로 알아차릴 수 있게 되었다. 덕분에 한 걸음 물러나 무슨 일이 일어났는지, 왜 그런 일이 일어났는지 생각할 여유를 가질 수 있게 되었다. 그리고 그것이 수치심에서 '긍정적으로' 벗어나는 출발점이다.

나의 무의식에 스며든 암시, '원치 않는 정체성'

자신의 수치심 촉발제가 무엇인지 알아차리기 위해 우선, '원치 않는 정체성unwanted identities'이라는 개념을 살펴볼 필요가 있다. 인터뷰를 통해 나는 수치심을 자극하는 12항목을 도출할 수 있었다. 외모와 바디이미지, 모성, 가족, 육아, 돈과 직업, 정신과 육체 건강, 성생활, 나이, 종교, 전형화와 꼬리표, 자기 생각 말하기, 트라우마가 그것이다.

이 12항목이 수치심을 자극하는 이유는 바로 '원치 않는 정체성' 때문이다. 예를 들어, 사람들은 '자기 생각 말하기'와 관련된 원치 않는 정체성으로 '수다스럽다', '거칠다' 같은 표현을 자주 썼다. 주위의 시선 때문에 하고 싶은 말을 맘대로 못하는 괴로움, 은연중에 입을 다물도록 강요하는 사회 분위기에 대해 이야기하면서 '원치 않는 정체성'의 특정 유형이 수면 위로 떠오른 것이다.

심리학자 타마라 퍼거슨Tamara Ferguson과 하이디 에어Heidi Eyre, 마이클 애쉬베이커Michael Ashbaker는 '원치 않는 정체성'이 수치심의 전형적인 원인이라고 주장한다. 원치 않는 정체성이란 자신이 원하는 이상적인 모습과 위배되는 특성을 말한다. 타인이 강요하는 경우도 있지만, 스스로가 뒤집어씌우는 경우도 있다. '수다스럽다', '거칠다'는 특성은 이상적인 것과

거리가 멀다. 그러므로 그렇게 보이길 원하지 않는다. 그런 부정적으로 전형화된 이미지가 되지 않기 위해, 입을 다무는 쪽을 선택하는 것이다.

원치 않는 정체성은 성장 과정에서 고정관념이나 암시를 주입하는 주체, 특히 가정, 학교, 종교 집단 등으로부터 생겨난다. 가장 큰 영향을 미치는 것은 역시 부모와 양육자다. 모든 가정에는 저마다의 정체성이 있고 수치스럽게 여기거나 용납하지 않거나 무가치하다고 여기는, 이른바 '원치 않는 정체성' 또한 존재한다.

우리 집의 경우, '아프다'는 것이 원치 않는 정체성이었다. 가족들은 아프다는 말을 입에 올려선 안 됐다. 부모님은 질병이나 건강상의 문제가 나쁘다고 말하지는 않았다. 하지만 나는 자라면서 은연중에 '아픈 것은 나약한 것'이라는 생각을 갖게 되었다. 부모님이 우리가 아플 때 수치심을 주거나 돌보지 않은 것도 아니다. 그러나 두 분은 좀처럼 아프지도 않았고, 어쩌다 아파도 편히 쉬는 법이 없었다. 심지어 수술을 받고 나서도 금세 직장에 복귀하시곤 했다. '아프다'는 것이 나로서는 얼마나 원치 않는 정체성이었는지 이해할 수 있을 것이다. 임신해서 몸이 몹시 아팠을 때도 이 원치 않는 정체성이 문젯거리로 떠올랐다. 아픈 정도가 아니라 입덧이 심해 극심한 구토와 탈수증을 겪었다. 하루 20회 넘게 구토를 하고 물 한 모금 넘기질 못해 탈수증으로 병원에 입원했지만, 나는 병실에 인터넷이 되는지 확인하고 침대에서 강연 장면을 찍을 궁리를 했다. 다른 강사가 나 대신에 대타를 서지 않게 하기 위해서였다.

나는 남편에게 계속해서 말했다. "말도 안 돼. 난 강한 사람이야. 내가 아프다니 말도 안 돼." 결국 지칠 대로 지친 남편이 내 얼굴을 감싸며 이렇게 말했다. "지금 당신 아픈 거 맞아. 그리고 지금 당신은 강하지 않아. 당신도 우리와 똑같은 인간이야. 그러니까 지금 상황을 받아들여야 돼. 당신 이제 두 달 정도는 일 못해. 지금 당신 상태는 아주 심각해. 지금이 야말로 당신이 연구하는 그 수치심 처방을 당신 스스로한테 적용시켜야 할 때라고."

가족을 통해 습득한 암시는 쉽게 사라지지 않고 자기도 모르게 서서히 스며든다. 그리고 그런 암시가 가족을 엮어주는 기본 뼈대의 일부가 되어주기도 한다. 그런 암시들이 왜 그리고 어떻게 우리 삶에 영향을 미치는지 인식하고 이해하기 전까지, 우리는 그저 그 암시대로 살고 그것을 다음 세대에 고스란히 전해주게 된다. 나는 내 부모님이 의식적으로 우리 가족에게 질병과 나약함에 대한 부정적인 이미지를 심어주었다고는 생각하지 않는다. 나이가 들어서야 나는 그런 '가족의 암시들'을 좀 더 분명하고 포괄적인 관점으로 조망하면서 어린 시절을 되돌아볼 수 있게 되었다. 내가 보기에는 부모님 역시 가족을 통해 습득한 암시에 구속당했던 것 같다. 두 분 모두 강인함과 나약함에 대한 고정관념이 유전자에 뿌리박힌 집안에서 자랐다. 그래서 두 분은 부지불식간에 그런 암시들을 우리에게 전해준 것이다. 나는 그 암시를 또다시 내 아이들에게 전해주는 악순환의 고리를 끊기 위해, 무던히 애를 쓰고 있다.

물론 가족은 섬처럼 홀로 떨어진 존재가 아니다. 개인과 마찬가지로 가족도 문화와 역사의 영향을 받게 마련이다. 나와 인터뷰한 60대의 데이지는 친정어머니 때문에 거의 평생을 수치심에 시달렸다고 고백했다. 데이지의 어머니는 딸네 집에 오기만 하면 집안 구석구석을 돌아다니며 '이렇게 돈을 펑펑 쓰며 흥청망청 살고 있으니 정말 큰일'이라고 다그쳤다. 데이지의 어머니는 대공황 시대를 겪으신 분이다. 필수품을 제외하고는 무조건 사치고 낭비라고 여겼던 것이다. 사치와 낭비는 데이지를 수치심으로 몰고 가는 '원치 않는 정체성'이었다.

취약하다는 것은
창조성과 변화의 원천이다

수치심 촉발제는 우리 각자가 지닌 '취약성vulnerability'과도 관련이 있다. 그러므로 우리 각자가 특히 무엇에 취약한지 알면, 수치심을 알아차리는 데 많은 도움이 된다. 수치심 촉발제를 알아차리는 것과 자신의 취약성을 이해하는 것은 본질적으로 같은 것이다. 자신의 취약성을 발견하고 인정하면 수치심에서 벗어날 수 있는 진정한 파워를 갖게 된다. '취약하다'는 게 '나약하다'는 의미가 아닌데도, 많은 사람이 자신의 취약성을 인정하는 것을 두려워한다.

좋은 엄마가 되고 싶지만, 그게 동시에 나의 취약성이라는 것을 인정하면 얼마간은 수치심으로부터 자유로워질 수 있다. 수치심을 느낄 때 우리는 혼란, 두려움, 비판받는다는 느낌이 뒤엉킨 상태가 된다. 그런데 그것이 나의 취약성으로 인한 것임을 안다면, 내가 왜 그랬으며 어떤 도움이 필요한지 본능적으로 알 수 있게 되어 혼란, 두려움, 비판받는다는 느낌에서 빠져나올 가능성이 더 높아진다.

앞서 예로 든 쿠키 사건이 좋은 예다. 나는 좋은 엄마가 되고 싶고 좋은 엄마로 보이고 싶다. 그래서 누군가에게 그것과 반대되는 말을 듣거나 나 스스로 기대에 어긋나는 행동을 하거나 '좋은 엄마가 아니다'라는 느낌이 들면, 수치심 촉발제가 작동을 한다. 하지만 이제는 수치심이 밀려와도 놀라지 않는다. 물론 여전히 고통스럽고 혼란스럽고 두렵고 비판받는다는 느낌을 받을 때도 있다. 하지만 엄마 역할이 내게 수치심 촉발제로 작용한다는 사실을 모를 때보다는, 다시 말해 그게 나의 취약성이라는 것을 인정하기 전보다는 훨씬 더 빨리 수치심에서 빠져나올 수 있게 되었다.

수치심을 느끼면 우리는 혼란스러워지고 두려워지고 비판받는다는 느낌이 든다. 그러면 우리가 할 수 있는 선택들을 비교할 정신적 여유가 없어진다. 안개 속에 갇힌 것처럼 막막하기만 하다. 수치심을 느낄 때 무력해지는 것이 다 그 때문이다. 쿠키 사건이 있던 날, 나 역시 누군가와 그 일에 대해 이야기해야 한다는 것은 알았지만 선뜻 연락을 취하기가 쉽지 않았다.

○ 부모님 집에 다녀온 직후엔 꼭 심리치료사를 찾아가야 해요. 부모님이 저를 사랑한다는 건 알지만, 매번 뚱뚱하다, 결혼은 언제 할 거냐 하고 저를 비난하고 수치심을 안겨주시거든요. 부모님을 사랑하고 나 역시 부모님이 필요하기 때문에 가곤 하지만, 그러고 나면 꼭 상담이 필요해져요.

○ 돈 얘기가 나오면, 시어머니는 우리를 걱정한답시고 우리가 돈을 너무 흥청망청 쓴다면서 수치심을 자극하기 시작하세요. 결혼하고 한참이 지나서야 방법을 터득했죠. 시어머니 앞에선 절대 돈 얘기를 꺼내지 않는 거예요. 이제는 서로 싸우지 않아도 되고, 어머니를 전염병 피하듯 피하지 않아도 되게 되었어요.

○ 불임 판정을 받고 2년이 지나서야, 더 이상 베이비샤워에 가지 말아야겠다는 사실을 받아들이게 되었어요. 30대 초반에는 거의 매주 베이비샤워가 있었거든요. 그런데 가기만 하면 괜한 짓을 하고 마는 거예요. 아이가 없어서 자유롭고 편하다고 하질 않나, 분만은 생각만 해도 끔찍하다며 꼬치꼬치 캐물질 않나. 우리 부부가 임신 때문에 전전긍긍한다는 걸 아는 사람은 단짝 친구 하나뿐이었어요. 그 친구가 어느 날 더 이상 참지 못하고 따끔하게 말해주더군요. '너답지 않게 못되게 굴었다'고. 그러면서 불임 때문에 그런 거냐고 물었어요. 정신이 번쩍 들었어요. 그 친구 덕분에 저는 베이비샤워에 가서 못난 짓 하는 걸 멈출 수 있었어요.

취약성을 파악하는 게 수치심 회복탄력성을 만드는 데만 유용한 것은 아니다. 건강심리학, 사회심리학에서는 자신의 취약성을 인정하는 게 얼마나 중요한지에 대한 설득력 있는 증거가 속속 나오고 있다. 취약성을 인정한다는 것은 자신이 위험에 처할 수 있다는 걸 알아차리는 것이며, 그것이 곧 긍정적인 '건강 양생법health regime'을 계속 유지하게 해준다는 것이다. 일례로 내가 나의 질병에 대해 속속들이 알고 있다. 그 질병이 무엇이며, 누가 그 병을 앓는지도 잘 안다. 그렇다면 그 병에 대해 체계적인 방어계획을 세울 수 있다. 반대로 자신이 어떤 질병에 취약한지 잘 모른다면, 예방을 위한 조치를 취할 수 없다.

사회심리학에서는 '광고의 영향력과 개인의 취약성 사이의 연관관계'를 연구한다. 연구 결과에 의하면, '나는 광고에 쉽게 현혹되지 않는다'고 여기는 사람이 실은 더 쉽게 설득 당한다고 한다. 학자들은 이에 대해 이렇게 말한다. "효과적인 방어막이 없이 나는 괜찮다는 헛된 믿음만 갖고 있으면, 자신을 진정으로 보호할 수 있는 적절한 대응을 하기가 힘들어진다."

취약성은 나약함이 아니다. 내 경우는 운이 좋아서, 그걸 구분할 수 있는 기회를 얻을 수 있었다. 내게 스승은 어머니였다. 1980년대 말, 어머니는 하나뿐인 남동생 로니를 총기 사고로 잃었다. 외삼촌이 죽고 불과 몇 달 뒤, 외할머니가 정신이상이 되었다. 평생 알코올중독자로 살아온 외할머니는 아들을 잃자 더 이상 버텨낼 힘이 없었던 것이다. 몇 주 동안 외할머니는 집 주위를 떠돌아다니면서, 당신 아들이 어디 있냐고 묻고 또 물었다.

외삼촌 장례식이 끝나고 며칠 후, 어머니도 완전히 무너져버렸다. 예전에도 한두 번 어머니가 우는 것을 봤지만, 그렇게 주체할 수 없을 정도로 펑펑 우는 모습은 처음이었다. 여동생들과 나는 어머니가 그렇게 우는 것이 너무 무서워서 덩달아 엉엉 울었다. 그러다 한참 만에 어머니한테 가서 '엄마의 약한 모습을 보고 우리가 뭘 어떻게 해야 할지 모르겠다'고 털어놓았다. 그때 어머니는 우리를 보면서 자상하지만 강한 목소리로 이렇게 말했다.

"엄마는 약하지 않아. 너희가 생각하는 것보다 훨씬 더 강하단다. 단지 지금은 엄마가 취약한 상태라서 울음을 참는 게 힘들 뿐이야."

그 말을 듣는 순간, 나는 어머니가 내가 아는 사람들 중에 가장 강하고 용감한 여성이라는 생각이 들었다. 어머니는 우리로 하여금 '취약하다'는 단어를 사용할 수 있게 해주었을 뿐만 아니라, 자신의 취약성을 인정하는 것이 '평범한 용기'를 실천하는 일이라는 걸 가르쳐주었다.

수치심 촉발제를 알아차리기 위해, 자신의 취약성을 인정하기 위해, 무엇부터 시작해야 할까? 우선 자신에게 수치심을 일으키는 '원치 않는 정체성'을 파헤치는 게 먼저다.

'나는 ~한 사람으로 보이고 싶지 않다', '사람들이 나를 ~한 사람이라고 생각하지 않았으면 좋겠다'고 말하는 걸 인터뷰 내내 들을 수 있었다. 비슷한 말로, '사람들이 나를 ~한 사람이라고 생각한다면 죽고 싶을 것이다', '사람들이 나를 ~한 사람이라고 생각한다면 도저히 못 견딜 것 같다' 등의 표현이 있다.

이런 표현들이 보여주는 것처럼 수치심은 대개 '자각'의 문제다. 수치심은 우리가 스스로에게 적용하는 '타인의 시선'이다. 그래서 흔히 수치심을 얘기할 때 등장하는 얘기가, '남들이 날 어떻게 볼까' 혹은 '남들이 어떻게 생각할까'다. 내가 되고 싶은 모습과 남에게 보여주고 싶은 모습이 상충하는 경우도 있다. 70대의 한 여성은 이렇게 말해줬다. "혼자 있을 때는 괜찮아요. 내가 변해가고 있다는 건 나도 잘 아니까요. 몸놀림도 많이 둔해졌고 모든 게 예전 같지 않거든요. 하지만 남들도 나를 그렇게 보고 있다고 생각하면 견딜 수가 없어요. 사람 구실도 못한다고 무시당할까봐 수치스러워요."

또 하나의 좋은 예는 바디이미지다. 혼자 있을 때라면 옷을 모두 벗고 거울 앞에 서서 '완벽하진 않지만 그런 대로 봐줄 만해.' 하고 생각할 때가 있다. 하지만 누군가가 나를 보고 있다고 생각하면, 특히 그 누군가가 꽤 비판적인 사람이라면 수치심이 뜨거운 용암처럼 밀려올 것이다. 주위에 아무도 없는데도 얼른 몸을 가리게 된다. 일단 몸을 가리고는 '들켰다'는 생각을 떨쳐버리려 애쓴다. 그것이 바로 수치심이다.

'수치심 촉발제 알아차리기'를 위해 내가 워크숍에서 사용하는 질문을 소개하려고 한다. 우선 다음 빈칸을 채워야 하는데, 앞에서 제시한 '외모와 바디이미지', '모성', '가족', '육아', '돈과 직업', '정신과 육체 건강', '성생활', '나이', '종교', '전형화와 꼬리표', '자기 생각 말하기', '트라우마' 등 12가지 수치심 촉발제 항목별로 다음 답변을 적어보기 바란다.

나는 ＿＿＿＿＿＿ . ＿＿＿＿＿＿ , ＿＿＿＿＿＿ ,
＿＿＿＿＿＿ 이기를 원한다.
나는 ＿＿＿＿＿＿ . ＿＿＿＿＿＿ , ＿＿＿＿＿＿ ,
＿＿＿＿＿＿ 이기를 원치 않는다.

아주 간단한 문장이다. 하지만 12항목과 연관 지어 생각해보면, 자기만의 수치심 촉발제를 알아차릴 수 있는 효과적이고 강력한 출발점이 될 수 있다. 단, 이것은 그저 시작일 뿐이다. 이게 지름길이나 만병통치약은 아니다. 자기를 위한 방법과 전략을 찾는 노력을 계속해나가길 바란다.

다음 단계는 수치심 촉발제의 '근원'을 찾아가보는 것이다. 내 연구에 참여해준 이들은 자신의 수치심 촉발제를 얘기할 때, 그게 왜 그리고 어떻게 자기 삶에 영향을 미치게 되었는지 이해하는 모습을 보여주었다.

실비아가 좋은 예가 될 것 같다. 실비아에게는 '위너/루저' 구조가 수치심 촉발제가 되었다. 고교시절 운동선수로서 치열한 경쟁을 할 때 아버지로부터 받은 심한 압박감이 원인이었다.

내가 품은 '원치 않는 정체성'의 근원을 찾아보려면, 다음 세 가지 질문이 도움이 된다.

1　이 모습들이 나에게 어떤 의미가 있나?
2　왜 이런 모습을 원하지 않는가?
3　이런 모습들을 싫어하도록 만든 암시는 어디에서 왔는가?

수치심과 관련한 변화를 이루려면 이해가 필수조건이다. 내가 무슨 생각을 하는지, 왜 그런 생각을 하는지 알기 전에는 나의 행동을 바꾸기 위한 의식적인 결정을 할 수가 없다. 실비아 역시 자기가 가진 수치심의 원인을 제대로 이해하기 전까지는, '위너/루저' 논리로 다른 사람들에게까지 수치심을 심어주었다. 하지만 자신이 '위너/루저' 논리에 지배받아왔다는 사실을 알아차리고 왜 그런지 이해하게 되자, 태도를 바꿀 수 있었다.

앞서 우리는 수전, 카일라, 테레사, 손드라의 사례를 살펴봤다. 그럼 그들이 꼽은 수치심 촉발제가 무엇이었으며, 그 원치 않는 정체성이 왜 그들의 삶에 영향을 미치게 되었는지 알아볼 차례다.

• • • •

수전은 언니와 대화하고 수치심을 느끼기 전까지는 다시 일을 할 생각이었다. 수치심 회복탄력성 훈련을 하면서 수전은 엄마 역할에 대해 여러 각도에서 깊이 생각했다. 수전은 이렇게 적었다. '나는 내 아이에게 헌신하고, 다른 모든 일보다 엄마 역할을 우선시하며, 자신감 넘치고, 편안한 사람으로 보이고 싶다. 이기적이고, 일에 대해 야심을 품고, 무정하거나, 늘 긴장한 사람으로 보이고 싶지 않다.' 수전은 자신이 원하는 이미지, 원치 않는 이미지를 생각해보고 나서야, 언니의 말에 수치심을 느낀 게 당연하다는 걸 깨달았다.

"언니는 내가 가진 두려움을 정확히 찔렀어요. 부모님은 아이 있는 여자는 바깥일을 해서는 안 된다고 생각하세요. 세상의 모든 문제가 전통적인 가족의 붕괴에서 비롯됐다고 생각하시죠. 언니도 그런 생각을 물려받은 것 같아요. '일하는 엄마'에 대한 가족들의 고정관념과 전업주부의 사고방식, 그 둘이 합쳐져 나를 수치심으로 몰고 갔던 거예요."

상사에게 아버지를 돌봐야 한다고 털어놓은 후 카일라는 직장에서 걸핏하면 '별것도 아닌 집안일로 호들갑을 떤다'는 비난을 받아야 했다. 카일라는 이렇게 적었다. '나는 능력 있고, 강하고 독립적이고, 일에 집중하고, 헌신하는 사람으로 보이고 싶다. 산만하고, 믿음이 가지 않고, 지나치게 감정적이고, 신경질적이고, 책임감이 부족한 사람으로 보이고 싶지 않다.' 답을 살펴보면서 카일라는 중요한 것을 깨달았다.

"같이 일하는 동료들이 평소에는 정말 프로답지만 가끔은 직장에서 산만하고 감정적일 때가 있는데, 그럴 때마다 난 그 사람들한테 못되게 굴었어요. 무슨 일이 있는지, 그 사람들이 왜 힘들어하는지 알아볼 생각도 하지 않았어요. '사생활은 회사 밖에서 해결해. 여기는 일하는 곳이야.'

하는 생각이 머릿속에 박혀 있었던 거죠. 어디서 그런 생각을 배웠는지 모르겠어요. 아마 여기저기 다겠죠. 게으름뱅이를 좋아하는 사람은 없잖아요, 사생활을 직장까지 끌고 오는 사람을 좋아하는 사람도 없고요. 제 부모님은 두 분 다 신문사에서 일해서 프로 그 자체였어요. 지나치게 감정적인 것도 싫어하셨고요. 그리고 직장의 치열한 경쟁 상황도 한몫 한다고 생각해요. 여자들은 남자보다 두 배는 더 노력해야 돼요. 그리고 직장에서 원치 않는 모습을 보이면 여자들은 사정없이 비난을 받죠. 제 상사인 낸시는 정말 최악이에요. 그녀는 사생활로 직장 일에 영향을 미치는 여자를 사정없이 공격하는 것을 사내 생존전략으로 삼는 사람이에요. 그 여자가 다른 사람을 깎아내릴 때 제일 자주 하는 말이 '호들갑을 떤다', '지나치게 신경질적이다'라는 말이에요."

완벽한 몸매, 완벽한 집, 완벽한 가족을 추구하던 테레사는 더 이상 참지 못하고 폭발해버렸고, 그 모습을 아이한테 들켰다. 그녀는 가족의 이미지에 대해 이렇게 적었다. '나는 우리 가족이 유쾌하고, 느긋하고, 잘 정돈되어 있고, 행복하고 멋지게 보였으면 좋겠다. 남들이 우리 가족을 항상 스트레스가 심하고, 서로 외면하고, 문제투성이이고, 불행하다고 생각하는 것은 참을 수가 없다.' 하지만 테레사는 '이상적인' 가족이라는 것이 구체적으로 말하기 쉽지 않다는 사실을 알게 되었다.

"우리 가족이 남들 눈에 근사해 보이는 데에만 신경을 썼다는 게 믿어지지 않아요. 겉모습만 신경 쓰는 건 내가 바라던 게 아니에요. 하지만 어쩔 수 없어요. 얼룩이나 먼지 하나 없이 멋지게 차려입은 가족을 보면 부러운 게 사실이거든요. 엄마는 세련되고 아빠는 미남이고 아이들은 아역

스타처럼 귀엽고 깜찍하죠. 집도 잡지에 나오는 곳처럼 멋지고 예쁘고요. 그런 가족을 보고 나서 나 자신과 내 아이들을 보면 한숨이 나와요. '도대체 그 사람들은 나와 뭐가 다르기에 그렇게 멋지게 사는 걸까?'라는 생각도 들고요. 우리 가족은 어딜 가나 항상 늦어요. 아이들 옷을 다 입혀 놓았다 싶으면 제일 먼저 옷을 입힌 아이가 옷을 다 벗고 돌아다니고 있거든요."

'이상적인 가족'이라는 기준에 부합하는 가족을 만난 적 있느냐는 내 질문에 테레사는 한참 생각하더니 이렇게 대답했다. "그럼요. 제 친정이 바로 그랬어요."

어린 시절 그녀의 가족은 늘 완벽한 모습이었고, 어머니는 아이들 옷도 깨끗하게 잘 입히고 교육도 잘 시켰다고 주위 사람들이 입에 침이 마를 정도로 칭찬을 했다. 테레사의 어머니는 항상 아이들 체중에 신경 쓰고 옷도 완벽하게 차려입도록 했다. 테레사는 울음을 터뜨리며 이렇게 말을 이었다. "그렇게 하는 데에는 대가가 따랐어요. 밤마다 우리를 재우고 나서 엄마는 술을 마셨어요. 우리 부모님은 늘 서로 차갑게 대했어요. 엄마가 한두 해 전부터 술을 끊기는 했지만 지금 엄마와 저는 별로 가깝지 않아요. 그리고 이런 문제에 대해서는 한 번도 이야기한 적이 없어요."

손드라는 아주 빨리 자신의 수치심 촉발제를 발견할 수 있었다. '나는 멍청하고, 항상 틀린 말을 하고, 지식이 없고, 제대로 못 배운 사람으로 보이고 싶지 않다. 나는 똑똑하고, 박학다식하고 지적이고, 말솜씨 좋고, 열정과 지식 사이에 균형을 이룰 줄 아는 사람으로 보이고 싶다.' 손드라는 설명했다.

"남편이 내가 시동생과 함께 종교와 정치에 대해 대화할 때 창피하다는 말을 했을 때 나는 너무 당황해서 다시는 시동생과 그런 대화를 하지 말아야겠다고 생각했어요. 남편은 그 말이 제게 얼마나 큰 상처가 될지 뻔히 알고 있었어요. 치명타를 날리려고 기회를 노리고 있었을 거예요."

손드라는 잠시 생각하다 다시 말을 이었다. "어쩌면 남편이 보는 데서 일부러 그런 대화를 해서 나 스스로에게 상처를 준 걸 수도 있지만, 내가 원래 그런 사람인데 어떡해요." 손드라는 부모님이 '항상 당당하게 할 말은 다 하고 살라'고 가르쳤지만 그렇게 해서 벌어진 결과에 어떻게 대처해야 하는지는 가르쳐주지 않았다고 말했다. 자라면서 선생님들이 수치심을 안겨주었고, 목사한테서는 말은 많은데 무슨 소리인지 못 알아듣겠다는 핀잔을 들었고, 남편은 늘 '입 좀 다물라'고 말했고, 심지어는 시댁 식구들까지 너무 자기주장이 강하고 쉽게 흥분한다며 눈치를 주었다고 말했다.

· · ·

이 수치심 촉발제에 대한 분석들, 그리고 당신 자신에 대한 분석을 보고, 다음을 먼저 전제했으면 좋겠다.

첫째, 우리는 때로 자신에게 가장 가혹하다. 내가 원하는 정체성, 원치 않는 정체성을 떠올릴 때, 우리는 인간적 허용을 허락하지 않는다.

둘째, 우리는 자라면서 들은 암시들을 물리칠 힘이 아직 없다.

셋째, 우리는 대개 내게 있는 '원치 않는 정체성'을 가진 타인을 싫어한다.

워크숍에서 그룹토론을 할 때 종종 '원한다와 원치 않는다 중에서 어느 질문이 더 어려운지' 묻는다. 대답은 반반이다. 전자에 해당하는 '이상적인 정체성' 쪽이 더 어렵다고 답하는 쪽은 자기가 그런 정체성에 큰 가치를 두는 게 나쁘다고 생각하고 그걸 남이 알아차리면 창피하다고 말한다. 후자에 해당하는 '원치 않는 정체성' 쪽이 더 어렵다고 답한 쪽 역시 자기의 답을 보는 것조차 고통스럽고 두렵다고 말한다.

자, 이제 이 훈련에서 가장 중요한 세 번째 질문을 살펴볼 차례다. '원치 않는 정체성' 리스트를 살펴본 다음, 자기 자신에게 다음과 같이 물어보는 것이다.

'사람들이 나를 그런 사람으로 본다면, 나의 어떤 중요하고 멋진 모습을 간과하게 될까?'

카일라의 동료들이 카일라가 '산만하고, 믿음이 가지 않고, 지나치게 감정적이고, 신경질적이고, 책임감이 부족한 사람'이라고 본다면, 사람들은 그녀가 '자기 일에 헌신적이고, 재능이 있고, 힘든 상황을 헤쳐가려 최선을 다하는, 착하고 사랑 많은 딸'이라는 점을 지나치게 되는 셈이다. 우리는 다면적인 모습을 갖춘 복잡다단한 존재이며, 주변에 쉽사리 영향을 받는 장점과 단점을 모두 갖춘 존재라는 사실을 인정하는 것은 무엇보다 중요하다. 우리는 모두 살아 숨쉬는 인간이다!

두려움으로부터 나를 숨겨버리는 기제,
수치심 연막

수치심을 인정하지 않고 수치심을 불러일으키는 암시와 기대를 제대로 이해하지 않으면, 우리는 쉽사리 수치심 연막 뒤에 숨는 쪽을 선택한다. 결론적으로 말하면, 이것은 아무런 도움도 되지 않을 뿐 아니라 그 자체로 수치심을 불러일으키기도 한다.

'수치심 연막shame screen'이라는 용어를 처음 떠올린 것은 첫 100명의 인터뷰 자료를 분석한 이후의 일이었다. 수치심에 대해 전혀 예상치도 못한 반응을 보이거나 무의식적으로 대응하는 이들 사이에는 하나의 공통점이 존재했다. 수치심을 느낄 때, 수단 방법을 가리지 않고 숨어버리거나 자기를 보호하려는 욕구가 발동되는 것이다. 문득 전투 중에 적으로부터 자신을 은폐하기 위해 사용하는 연막이 떠올랐다.

전투에 사용하는 연막은 효과적이지만, 불행히도 수치심 연막은 그렇지 못하다. 우리 상대는 적진 너머에 있는 탱크나 군인이 아니기 때문이다. 누군가 내 마음에 상처를 주고 수치심을 불러일으키고 화를 불러일으킬 때마다, 연막탄을 던져 짙은 연기를 일으키고 그대로 달아날 수만 있다면 얼마나 편할까? 하다못해 짙은 연기 뒤에 숨어 아무렇지 않은 척 연기라도 할 수 있다면 얼마나 편할까? 그런 일이 가능하다면, 아마도 나는 제일 먼저 수치심 연막을 주문할 사람이다. 하지만 그런 일은 불가능하다. 수치심 연막을 터뜨리면 그걸 터뜨린 본인만 숨이 막혀 콜록거리게 된다.

수치심을 경험할 때 제일 먼저 나타나는 방어기제는 종종 자신도 미처 알아차리지 못한 사이, 즉 부지불식간에 작동한다. 정신과 상담의 쉘리 우람Shelley Uram 박사는 대부분의 사람들이 자동차 충돌이나 자연재해처럼 '대형사고가 남긴 트라우마'에만 주목한다고 지적한다. 사소해보이고 잘 드러나지 않는 트라우마 역시 뇌에서 생존 반응을 일으킬 정도로 치명적일 수 있다는 걸 간과하는 경향이 있다는 것이다. 우람 박사의 연구를 공부하고 나서 나는 어린 시절의 수치심 경험, 특히 부모나 양육자와 관련된 수치심 경험이 우리 뇌에 일종의 트라우마로 남을 수 있다는 생각이 들었다. 그런 수치심 트라우마로 인해, 비난받고 조롱당하고 거부당하고 수치심을 느낄 때 고통스러운 신체 반응이 나타나는 것이다. 우람 박사는 우리의 뇌가 '크고 분명한 트라우마'와 '작고 은밀한 트라우마'를 서로 구분하지 못하고 두 가지 모두 '통제할 수 없는 위협'이라고만 인식한다고 설명한다.

'상처 기억하기'와 '상처 입기'에 대한 연구를 통해 우람 박사는 우리가 기억을 떠올릴 때 자신이 현재에 있으며 과거의 일을 회상하는 것이라는 사실을 분명히 인식한다고 설명한다. 그렇지만 트라우마를 남긴 기억을 떠올리게 하는 사건을 경험하면, 맨 처음 트라우마를 입었을 때의 감각을 똑같이 다시 경험하게 된다. 상처를 '기억'하는 것이 아니라 또다시 상처를 '입게' 되는 것이다. 수치심을 느낄 때 우리가 하염없이 초라하고 무력한 상태로 돌아가는 것이 이해가 된다.

수치심 연막은 처음에는 '싸움 혹은 도주' 상태 혹은 얼어붙는 신체적 반응으로 나타났다가, 그 다음에는 '단절 전략'이라는 좀 더 복잡한 단계로 나아간다. 관계문화 이론가인 린다 하틀링Linda Hartling 박사는 '단절 전략'을 설명하기 위해, 캐런 호니Karen Horney의 '다가가기, 반항하기, 달아나기' 연구를 활용했다. 하틀링 박사에 의하면 수치심에 대처하기 위해 어떤 이들은 그 자리에서 물러나거나 숨거나 입을 다물거나 비밀로 묻어 버리는 등 '달아나는' 반응을 보인다. 또 다른 이들은 달래고 애원하는 등 '다가가는' 반응을 보인다. 어떤 사람들은 남보다 더 큰 힘을 얻으려 공격적이 되거나 수치심을 남에게 전가함으로써 '반항하는' 반응을 보인다.

나를 포함해 우리 모두 왜 수치심을 느끼며 어떻게 수치심을 느끼는지, 누구와 함께 있는지에 따라 세 가지 전략을 선택적으로 이용한다. 상사나 의사들처럼 파워의 차이가 존재하는 대상이나 새로 사귄 친구나 동료들처럼 상대에게 잘 보여야 할 경우에는 '반항하기' 전략을 좀처럼 택하지 않는다. 그 경우는 '다가가기'나 '달아나기' 전략을 택할 가능성이 훨씬 높다. 그리고 안타깝게도 '반항하기'는 가족이나 절친한 친구들처럼 가까운 사람들에게 이용하는 일이 잦다. 그런 사람들한테는 분노와 두려움을 마음대로 퍼부어도 된다고 안심하기 때문이다.

수치심 연막은 오랜 세월에 걸쳐 형성된다. 때로는 수치심에 대처하는 방식이 무의식적으로 몸에 배어 있어 스스로 알아차리지 못하는 경우도 있다. 어떤 때에는 책을 보거나 다른 사람들의 이야기를 들음으로써 비로소 자신의 행동 패턴을 인식하기도 한다. 수치심에 대해 느끼고 행동하고 판단하는 방식을 바꾸려면, 책을 읽는 것 이상의 무엇이 필요하다. 물론 책을 통해 '내가 어떤 사람이며 어떻게 행동하는지' 더 배우고 이해할 수는 있다. 하지만 알고 이해하는 것에 그쳐선 안 되고, 그걸 바탕으로 자신을 변화시키기 위한 실천을 해야 한다. 우리는 다른 사람들과의 관계 속에서, 그리고 관계를 통해서만 변화할 수 있다. 친구나 가족과 함께 할 수도 있고, 전문 심리치료사나 상담사의 도움을 받을 수도 있다. 여기에 정답은 없다. 당신이 어떤 사람이냐, 즉 당신의 수치심 촉발제가 무엇이고 어떤 수치심 연막을 사용하느냐에 따라 달라진다.

내 수치심 연막이 어떤 것인지 알아야 그것을 걷어낼 수도 있다. 수치심을 느꼈던 경험들을 떠올리면서 그때 자신이 어떻게 반응했는지 생각해보자. 그리고 그 반응들에 어떤 패턴이 있는지 살펴보자. 다음 사례들이 그런 훈련에 도움이 될 것이다.

| 수전 | 나는 '달아나기'나 '다가가기' 둘 중 하나예요. 사람들과 갈등을 일으키는 걸 싫어하거든요. 공격적이거나 못된 사람이 되는 것도 싫고요. 그냥 모든 사람을 다 행복하게 해주고 싶어요. 물론 뜻대로 된 적은 한 번도 없고 그래서 언제나 화가 나지만요. 엄마와 언니가 내게 하는 말 때문에 수치심을 느낀다고 대놓고 말하기란 보통 어려운 게 아니에요. 아직은 그렇게 할 준비가 되지 않았지만 그래도 언젠가는 할 거예요.

| 카일라 | 나를 표현하는 데 딱 맞는 말이 하나 있어요. 바로 '따라쟁이'예요. 나는 무조건 낸시가 하는 말을 따라 해요. 그게 낸시를 상대하는 방법이에요. 물리칠 수 없으면 같은 편이 되라는 말도 있잖아요. 그런데 저한테 당하는 사람의 입장에서 얼마나 마음이 아플지 한

124

번도 생각해보지 않았어요. 저는 '다가가기'와 '반항하기'의 조합인 셈이에요. 상사인 낸시와 함께 있을 때는 알랑거리면서 필요도 없는 말까지 하곤 해요. 그러다 그녀에게 수치심을 입고 다시 다른 동료들을 수치심에 빠뜨리죠. 그게 제 수치심 연막이에요.

| 테레사 | 저는 확실히 '다가가기' 형이에요. 남들을 기쁘게 하고 그들의 기대치에 맞추고 싶어 하거든요.

| 손드라 | 전 모두 다예요. 입을 다물 때도 있고 맞설 때도 있고 화를 낼 때도 있고, 할 수 있는 건 다 해요. 이번 경우에는 계속 입을 다물고 있다가 겨우 내가 어떤 상황에 있는지 알아보려고 나서게 되었어요. 이대로는 딸들한테 모범이 되는 엄마의 모습을 보여줄 수 없을 것 같았거든요. 그건 너무 위험한 일이에요. 하지만 주로 하는 건 '달아나기'예요. 남편이 관련되었을 때는 특히 더 그렇고요. 이건 일종의 벌 같은 거예요. 왜냐하면 남편이 시끄럽게 떠드는 평소의 제 모습을 그리워할 거라는 걸 아니까요.

4장

리얼리티 체크,
나는 현실을 어떻게 바라보는가?

2년 전 의대생, 레지던트, 의료진을 대상으로 점심시간을 이용해 강의를 한 적이 있는데, 제약회사를 비롯한 협찬사들이 참석자들에게 점심식사를 제공했다. 나는 수치심과 건강에 대한 이야기를 20분 정도 한 다음, '비판적 인식critical awareness'의 개념을 설명하기 시작했다. 사람들의 집중력은 곧바로 흐트러졌다. 다들 점심으로 제공된 피자를 먹느라 정신이 없었기 때문이다. 그래서 나는 사람들에게 뜬금없이 "피자 맛있어요?"라고 물었다. 그러자 다들 피자를 먹다말고 몸을 앞으로 내밀고는 멍한 표정으로 나를 쳐다보았다.

나는 텅 빈 피자 상자들이 쌓인 긴 테이블을 가리키며 이렇게 말했다. "저는 저 테이블 위에 피자가 있었으며 여러분 모두 피자 한두 조각을 가지고 자리로 간 것을 '인식'하고 있습니다. 이것이 바로 인식입니다." 참석자들은 여전히 시큰둥한 표정이었다. 나는 다시 말했다. "저는 여러분의 점심시간이 매우 짧으며 제약회사가 이 강의에 참석하는 대가로 점심식사를 제공한다는 사실을 '인식'하고 있습니다. 피자가 없었다면 여러분은 아마 이 자리에 안 계실 겁니다. 여러분이 이 자리에 안 계시다면 제 이야기도 못 듣겠죠. 하지만 더 중요한 것은 제약회사의 로고가 찍힌 펜과 메모지도 받지 못할 것이고, 그러면 그걸 자랑 삼아 들고 다닐 일도 없겠죠. 이것이 바로 '비판적 인식'입니다."

참석자들은 거의 동시에 고개를 돌려 서로를 바라보고 다시 나를 쳐다본 다음, 이내 킥킥대며 접시로 고개를 숙였다. 나는 미소를 지으며 말했다. "인식이란 무언가 존재한다는 것을 아는 것이지만, 비판적 인식은 그것이 존재하는 이유와 작동 방식, 사회에 미치는 영향과 수혜를 아는 것입니다." 그제야 참석자들은 내 말을 이해하기 시작하는 듯했다.

큰 그림 보기, 비판적으로 현실을 인식하기 위한 토대

비판적 인식을 '비판적 자각critical consciousness' 혹은 '비판적 관점critical perspective'이라고도 부른다. 비판적 인식의 핵심은 '개인 경험'과 '사회 시스템' 사이의 상관관계를 이해하는 것이다. 비판적 인식을 통해서, 우리는 우리의 수치심 촉발제가 사회·정치·경제의 영향과 어떤 연관성이 있는지 깨달을 수 있다.

수치심은 마치 카메라의 줌 렌즈와도 같다. 수치심을 느낄 때, 우리는 허점투성이인 나 자신, 외롭게 발버둥치는 모습을 클로즈업으로 잡아낸다. 그리고 이렇게 생각한다. '나만 그래. 나는 뭔가 문제가 있어. 그래서

나만 이런 일을 당하는 거야.'

그러나 그때 '줌아웃'을 하고 뒤로 물러나 넓은 시각으로 상황을 보면, 완전히 다른 모습이 보인다. 나와 비슷한 문제를 겪는 사람이 한둘이 아니다. '나만 그래'가 '나만 그런 줄 알았는데, 아니었네'로 바뀐다. 일단 큰 그림을 볼 수 있게 되면, 수치심 촉발제와 그걸 부채질하는 사회와 공동체의 기대가 어떻게 연관돼 있는지 제대로 볼 수 있게 된다.

비판적 인식을 배우는 가장 좋은 방법은 실제 문제에 그 개념을 적용하는 것이다. '외모와 바디이미지'에 이 개념을 적용해보자. 이걸 예로 드는 이유는 이것이 세상 거의 모든 이들에게 수치심 촉발제로 작용하기 때문이다. 큰 그림을 이해하기 위해 다음과 같은 질문이 필요하다.

○ 외모에 대한 사회와 공동체의 기대는 무엇인가?
○ 왜 이런 기대가 존재하는가?
○ 이런 기대가 어떻게 작용하는가?
○ 우리 사회는 이런 기대들로부터 어떤 영향을 받는가?
○ 이런 기대들로 수혜를 입는 이들은 누구인가?

나이, 인종, 민족 등 각자 처한 상황에 따라 저마다 대답이 다를 수 있다. 여기서는 일반적 미국 사회를 기준으로 한 답변을 살펴본다.

○ 외모에 대한 사회와 공동체의 기대는 무엇인가?
외모에는 머리, 피부, 화장, 몸무게, 옷, 구두, 손톱, 태도, 자신감, 나이, 건강 등이 모두 포함된다. 좀 더 나아가 피부색, 머리카락 길이, 치아, 옷차림과 장신구 등이 추가된다.

결코 이루지 못할 어떤 이상적인 상태에 도달하기 위해 돈, 시간, 에너지 등 우리의 소중한 자원을 쓰게 만들기 위해서다. 많은 이들이 학습보다 외모 가꾸기에 훨씬 더 많은 자원을 소비하고 있다.

○ 이런 기대가 어떻게 작용하는가?

분명하면서도 한편으로는 미묘하게 작용한다. 패션 잡지나 TV를 보면서 우리는 어떻게 생겨야 하고, 어떻게 입고 어떻게 행동해야 하는지 학습한다. 그러나 정작 그런 곳에는 '진짜 사람'의 모습이 빠져 있다. 진짜 사람이 없는 잡지와 TV 속 '이상적인 모습'들만 접하다보면, 자신도 모르게 그런 이상적인 모습이 되지 않으면 아무것도 아니라는 생각을 갖게 된다.

○ 우리 사회는 이런 기대들로부터 어떤 영향을 받는가?

· 700만 명에 달하는 여성들이 섭식장애를 겪고 있다.
· 10대 중 81%가 최소한 한 번 이상 다이어트를 한 경험이 있다.
· 18세 이상의 여성 중 80%가 자기 외모를 불만족스러워한다.
· 모델이나 미인대회 참가자들의 체중은 평균보다 23%나 부족하다. 잡지나 TV에 등장하는 이상적인 몸매는 전체 인구의 5%도 안 된다.
· 성형수술의 90%를 차지하는 1,070만 건이 여성 내담자였다. 성형수술 건수는 2003년 이후로 49% 증가했다.

○ 이런 기대들로 수혜를 입는 이들은 누구인가?

미용업계, 다이어트업계, 화장품업계, 향수업계, 성형업계가 매년 엄청난 돈을 벌어들인다.

우리가 외모에 대한 사회적 기대를 맹신한 덕분에 수많은 사람들이 엄청난 돈을 말 그대로 긁어모으고 있다. 우리 스스로 너무 뚱뚱하고 못생기고 나이 많다는 생각을 하지 않는다면, 그들은 물건이나 서비스를 팔 수 없다. 그러면 호화로운 집도 살 수 없고, 멋진 차도 살 수 없다. 따라서 끊임없이 우리에게 모델이나 영화배우처럼 날씬하고 아름다워져야 한다고 부추기고 강요한다.

이렇듯 큰 그림에 대해, 즉 '우리에게 수치심을 불러일으키는 사회적 기대들이 어떻게 생겨났으며 우리에게 어떻게 영향을 미치고 그 결과 사회적으로 어떤 부작용을 낳고 있는지' 묻고 대답함으로써, 우리는 비로소 비판적 인식을 개발할 수 있다.

세상과 내가 만들어낸 '기대치'와 '현실' 사이의 괴리

다음 단계는 이런 정보들을 토대로 우리가 가진 '수치심 촉발제'의 실체를 파헤쳐보는 것이다. 다음 6가지 질문이 여기 해당된다.

○ 내가 가진 기대는 얼마나 현실적인가?
○ 나는 항상 그런 기대를 만족시키는가?
○ 내가 가진 기대가 서로 상충하지는 않는가?
○ 내가 가진 기대는 '내가 되고 싶은 모습'인가, '남들이 내게 바라는 모습'인가?
○ 누군가 나를 '원치 않는 정체성'으로 바라본다면, 어떤 일이 일어날까?
○ 나는 '남들이 나를 어떻게 볼지'를 통제할 수 있는가?

질리언이 여기에 대답해주었다. 질리언의 '이상적인 정체성'은 날씬하고 섹시하고 자신감 넘치고 자연스럽고 젊은 모습이고, '원치 않는 정체성'은 피곤에 찌들고 뚱뚱하고 후줄근한 중년 여성의 모습이다.

전혀 현실적이지 않다. 나이는 이미 중년이고 상당히 피곤하다. 항상 피곤해 보이는 것은 아니지만 나이는 바꿀 수 없다. 늘 날씬하고 섹시해 보일 수도 없다. 처음 이 과정을 시작했을 때는 내가 현실적이라고 생각했다. 그런데 나 스스로에게 강요하는 기대, 나와 비교하는 이상적 모습을 알게 될수록, 내가 그렇게 될 수 없다는 사실을 깨닫게 되었다. 잡지에 나오는 여자들은 대개 20대 전후다. 스스로 섹시하고 몸매가 괜찮다고 생각할 수는 있겠지만, 그래도 영화배우들처럼 될 수는 없다.

절대 할 수 없다. 가끔은 괜찮아 보일 때도 있다. 지금도 가끔 내 모습에 만족한다. 그렇지만 항상 그런 게 아니라서 늘 불만이 많다. 집에 있을 때는 파자마 차림에 슬리퍼를 찍찍 끌고 머리도 대충 질끈 묶고 있는데, 그런 내 모습을 볼 때마다 '영락없는 아줌마'라는 생각이 든다. '집에서도 섹시한 속옷을 차려입어야 하나' 의구심도 든다. 그래서 갈수록 TV나 잡지가 싫어진다.

100% 그렇다! 이 질문은 내 눈을 번쩍 뜨이게 만들었다. 남들이 나를 뚱뚱하고 후줄근해 보인다고 생각할까봐 겁이 날 때마다, 자신감이 사라진다. 숨도 쉴 수 없을 정도로 꽉 끼는 거들을 입을 때는 '이건 아니다.'라는 생각이 든다. 자연스럽고 자신감 넘치는 모습은 일부러 꾸며서 되는 게 아니다. "나는 쉰이에요. 그리고 이게 내 원래 모습이에요. 받아들이기

싫으면 마음대로 하세요!" 하고 당당하게 말하는 여성들이 존경스럽다.

| 내가 가진 기대는 '내가 되고 싶은 모습'인가, '남들이 내게 바라는 모습'인가? |

둘 다 조금씩. 나는 자신감 넘치고 자연스러운 모습이 되고 싶고 사람들도 그렇게 봐주기를 바란다. 섹시하고 날씬한 것은 사실 크게 상관없다. 건강해지고 싶은 마음은 있지만 어려보이고 섹시해 보이고 싶어 하는 건 그냥 그래야 할 것 같아서다. 이 문제에 대해 남편과 많은 이야기를 나누었다. 남편은 별로 말을 많이 하지 않았다. 하지만 내가 이 문제에 대해 이야기하자 그는 내가 얼마나 많이 상처받았는지를 알고는 몹시 놀랐다. 시어머니는 지금도 여전히 비판적이다.

| 누군가 나를 '원치 않는 정체성'으로 바라본다면, 어떤 일이 일어날까? |

예전에는 사람들이 나를 뚱뚱하고 후줄근하고 나이 들었다고 생각하면 너무 창피할 것 같다고 생각했다. 지금은 그게 수치심이라는 것을 알게 되었다. 이제 남들이 나를 그렇게 바라본다 해도 아무런 일도 일어나지 않는다고 생각한다. 그냥 놀림을 받는다는 느낌은 들 것이다. 그런데 솔직히 내가 어떤 모습인지 늘 신경 쓰는 사람은 나 말고는 아무도 없을 것 같다.

| 나는 '남들이 나를 어떻게 볼지'를 통제할 수 있는가? |

수치심에 대해 배우기 전에는 남들이 나를 어떻게 볼지를 내가 통제할 수 있다고 생각했다. 하지만 이제는 누구도 그렇게 할 수 없다는 걸 알게 되었으니, '약간 속여 넘길 순 있다'고 답해야 할 것 같다. 전에는 최대한 애를 쓰면 남들이 나를 어떻게 볼지 내 마음대로 통제할 수 있다고 믿었다. 하지만 이제는 내 마음대로 할 수 없다는 것을 잘 안다. 전에는 남들한테 비판 받을 만한 상황을 피하는 것으로 나에 대한 남들의 생각을 통제하려고 했다. 그래서 반바지 차림을 해야 하는 수영장 파티에는 가지 않았다. 하지만 그렇게 하면 또 파티에 가지 않았다는 이유로 비난을 받았다. 그러니 내가 뭘 어떻게 하든 남들이 나를 어떻게 보는지는 내 마음대로 할 수 없다.

질리언의 대답을 읽다보면 수치심을 촉발하는 진정한 원인을 알아보기 위한 '현실 점검'이 그리 쉽지 않다는 것을 알 수 있다. 큰 그림을 보지 못하면 거의 불가능한 일이라는 것도 말이다. 질리언은 확실히 외모 문제와 대중매체의 영향에서 한 발 물러나 '줌아웃'했다. 그래서 더 이상 자신을 이상적인 기대치를 충족시킬 수 없는 문제투성이의 존재로 보지 않는다. 이제 질리언은 자신을 한없이 부족하고 모자란 존재로 느끼게 만드는 데 탁월한 능력을 발휘하는 미용업계와의 힘겨루기에 희생당하고 있었다는 사실을 깨달았다. 그리고 자신의 수치심 촉발제가 어떻게 작용하고 자신에게 어떻게 영향을 미쳤는지도 잘 알게 된 것 같다.

두 번째 인터뷰에서 질리언은 이렇게 말했다. "이젠 지겨워요. 그냥 알고 한두 번 생각하는 걸로 끝나는 일이 아니에요. 쉴 새 없이 자신에게 상기시켜야지 안 그러면 다시 예전 상태로 돌아가고 말아요. 정말 힘들어요. 특히 주위 사람들이 이해를 못해주면 더 그래요."

질리언의 말이 맞다. 그래서 비판적 인식을 '실천'해야 한다고 강조한 것이다.

개인과 사회의 상호작용이라는 큰 그림을 들여다보고, 현실 점검을 통해 수치심을 촉발하는 근본 원인을 파헤쳐보았다면, 이제 그것을 모두 '연관지어' 생각해봐야 한다. 이것이 바로 비판적 인식의 '실천'이다. 비판적 인식의 실천을 위해서는 우선 다음 세 가지 훈련이 필요하다.

○ 맥락 이해(큰 그림을 보자)
○ 정상화(나만 그런 게 아니다)
○ 의문 타파(벽을 쌓게 만드는 상황에 문제제기를 하자)

비판적 인식을 실천하지 못할 경우, 우리 각자는 계속 더 자기 안의 수치심을 강하게 만들 수밖에 없다.

○ 개별화(나만 그렇다)
○ 병리화(나는 뭔가 문제가 있다)
○ 강화(나는 당신들과는 다르다)

수치심과 관련된 큰 그림, 즉 수치심을 유발하는 요인과 사회의 기대들 사이의 연관성을 파악하지 못하면 모든 화살을 '나'에게로 돌리기가

쉽다. 나만 그런 게 아니고 다른 많은 사람들도 그럴 수 있다는 걸 받아들이지 못하면, 내가 수치심을 느끼는 게 당연하다는 식으로 상황을 더욱 악화시키게 된다.

비판적 인식을 실천하기 위한 구체적인 전략을 알아보고, 그 단계에서 부딪히기 쉬운 장애물 역시 하나씩 파헤쳐보자.

개별화했던 문제를 큰 그림으로 보고
'맥락 이해'로 전환하라

'context'는 본래 '함께 엮어 짜거나 꼬다'라는 뜻의 라틴어 'contexere'에서 유래됐다. 즉 하나의 경험에서 맥락을 이해하기 위해선 어떤 요소들이 뒤섞여 있는지 큰 그림을 보아야 한다. 앞의 카메라 렌즈의 비유에서 언급했듯, '줌인' 상태에서 빠져나와서 '줌아웃'을 해야 하는 것이다. 줌인 상태에서는 나의 괴로운 모습만 집중적으로 보이지만, 줌아웃을 하면 비슷한 고통을 겪는 다른 사람들이 눈에 들어오기 시작한다. 그리고 거기서 더 충분히 뒤로 물러나서 바라보면, 정치·경제·사회적 압력이라는 맥락까지도 이해할 수 있게 된다. '맥락 이해'는 수치심의 정체를 파악하는 데 필수적인 단계인 것이다.

관련 산업계나 종사자들이 '외모와 관련된 수치심'을 통해 수혜를 입는다는 걸 '알았다'고 해서 수치심이 사라질까? 안타깝게도 그렇지 않다. 여기서 맥락 이해가 더 필요하다. 먼저 잡지 표지에 등장한 모델의 사진조차 진짜 그 모델의 모습과 다르다는 걸 인식하면, 수치심에서 벗어나기가 한결 쉬워질 것이다. 포토샵으로 피부를 도자기처럼 만들고 다리를 길게 늘이고 치과에서 치아 미백 치료를 받고 옷이나 미용, 장신구도 협찬 받았다. 더군다나 잡지사의 수익모델은 우리들 독자에게 책을 파는 게 아니다. 광고주에게 광고 지면을 팔아서 돈을 번다. 그러므로 잡지의 목표는 우리가 모델 사진을 보고 갖가지 미용제품을 사들이게 만드는 것이다. 잡지를 본 사람들이 화장품을 많이 사면 화장품회사는 그 잡지에 더 많은 광고를 실을 것이고, 잡지는 더 많은 광고를 우리에게 보여준다. 그러면 또 다시 우리는 수치심을 느끼고……, 악순환의 사이클이 계속된다.

모델처럼 예쁘고 날씬해지고 싶은데 그렇게 잘 안 될 때, 우리는 수치심에 빠진다. 하지만 모델을 통해 사회가 우리에게 강요하는 '기대'가 어떤 사회·문화·경제 논리에 따라 엮여 있는지 그 맥락을 이해한다면 수치심에서 좀 더 쉽게 벗어날 수 있다.

3장에서 수치심을 유발하는 원인을 12항목으로 구분했다. 이렇게 수치심 촉발제를 항목으로 구분할 수 있다는 것은, 많은 사람들이 비슷한 이유로 수치심을 느끼는 일종의 '패턴'이 있다는 뜻이다. 그럼에도 불구하고 개인인 나는 그게 나에게만 벌어지는 일이라고 생각하고, 희생을 감수하고서라도 그 경험을 감추고 싶어 한다. '침묵의 유행병'이라 불리는 수치심의 은밀한 속성 때문에 더욱 그렇다. 그 결과 수치심은 나만의 개인적인 문제, 심지어 정신이나 감정적 결함 때문이라고까지 생각하게 된다. 하지만 결코 사실이 아니다.

물론 수치심이 개인의 문제가 되기도 하고, 심해지면 정신병을 유발하기도 한다. 하지만 수치심은 기본적으로 나와 사람들 '사이'에서 생겨나는 감정, 즉 내가 타인의 시선으로 자기 자신을 바라봄으로써 느껴지는 감정이다. 결국 수치심이 개인의 문제가 아니며, 사회문화적 기대와 떼려야 뗄 수 없는 연관을 맺는다. 그래서 나는 수치심을 '심리-사회-문화적 감정'이라고 부른다.

이렇게 비유해보자. 수치심을 심리학이라는 현미경으로 들여다보면, 아주 일부밖에 보이지 않는다. 사회라는 현미경, 문화라는 현미경으로 들여다보아도 마찬가지다. 하지만 심리-사회-문화라는 세 가지 현미경 렌즈를 합쳐 들여다보면, 수치심의 전체적인 그림이 눈에 들어온다. 그러므로 수치심을 철저히 개인의 문제로 보는 것은 매우 위험하다. 결국 개인적 해결책을 찾다 찾다가 경쟁과 갈등과 그로 인한 수치심 고착의 결과만을 낳게 된다.

한두 명, 아니 단 100명만이 외모와 몸매 때문에 수치심을 느낀다고 고백한다면, 그건 개인의 문제라고 부를 수도 있을 것이다. 하지만 오늘날 이것은 결코 일부 혹은 소수의 문제가 아니다. 자기 의견을 솔직히 드러내놓고 말할 때 수치심을 느끼게 될까봐 두렵다고 고백한 사람이 한두 명, 아니 십여 명만이라면, 그것 역시 개인의 문제일 수도 있다. 하지만 수많은 사람들이 무시당하거나 조롱당하거나 바보처럼 보일까봐 두려워 차라리 입을 다무는 쪽을 택한다고 말했다.

큰 그림을 보고 맥락 이해가 필요하다고 말하면, "결국 자기 책임을 회피하고 시스템의 문제로 책임을 전가하는 것 아니냐?"고 잘못 이해하는 사람들이 많다. 우리는 다음과 같이 자신의 책임을 다른 문제로 전가하지 말라고 배웠다.

○ 내가 실업자인 건 내 탓이 아니야. ⋯→ 경제상황 탓이야
○ 내가 매번 다이어트를 시도하다 실패하는 건 내 탓이 아니야. ⋯→ 다이어트 산업의 음모야
○ 내가 빚더미에 앉은 것은 내 탓이 아니야. ⋯→ 악마 같은 신용카드사들 때문이야

맥락 이해는 책임전가나 회피가 아니다. 오히려 정반대의 성찰이다. 나와 인터뷰한 사람들은 '큰 그림을 보는 게 중요하다'는 걸 알려주었지만, 변명을 하지는 않았다. 그들은 큰 그림을 이해하고 '나 혼자만 그런 고통을 당하는 게 아니다.'라는 사실을 깨달음으로써 '긍정적인 변화를 위한 힘'을 얻었다.

○ 졸업반 때 엄마는 내게 '발모벽(충동 억제 이상으로 머리, 눈썹, 속눈썹 등을 뽑는 증상. 사춘기 초기에 가장 자주 발생한다.—옮긴이)' 모임에 가입하라고 했어요. 처음에는 화를 냈죠. 그런 증상을 가진 사람들이 세상에 또 있다고는 생각도 못했거든요. 그 모임에 가입하고서야 나는 같은 증상을 가진 사람들이 수백만 명이나 된다는 것을 알게 됐어요. 증상이 완전히 사라지지는 않지만 최소한 나와 같은 사람들이 있다, 그러니까 나만 이상한 게 아니라는 사실은 알게 되었어요.

○ 어렸을 때 부모님이 절대 입에 올려선 안 된다는 금기 단어 목록이 있었어요. 나이가 들

어서도 정말 힘들었죠. 나는 아이들이 정상적으로 자라기를 바란다면, 뭐든 자유롭게 말할 수 있게 해야 한다고 생각해요. 괜찮은지 아닌지는 스스로 판단해야 하는 것이고, 어떤 단어에 대해 무조건적인 수치심을 느낀다면 바람직한 게 아니니까요. 그래서 나와 비슷한 환경에서 자란 사람들과 이야기를 나누고, 그것에 대해 확실히 알고자 했어요. 많이 알면 알수록 나 혼자만 그런 게 아니라는 것을 알게 되니까요.

'맥락 이해'는 책임전가가 아니다. 오히려 책임감을 키우는 일이다. 내가 겪은 고통이 사회문화적 뿌리가 있다면, 나 개인의 문제에 골몰할 게 아니라 더 큰 공동체의 문제에 대해 책임감을 가져야 한다. 나만이 아니라 친구, 자녀, 사회를 위해 기꺼이 함께 책임을 지고자 하는 것이다. 책임감의 적은 '맥락 이해'의 노력이 아니라 '이기주의'다. 내 문제만 해결되면 그만이라고 생각하는 이기주의 말이다.

지난 10년간 유방암 연구는 획기적인 발전을 거듭해왔다. 정치·사회·경제적 맥락을 인식한 수많은 지지자들의 노력이 없었다면 불가능했을 일이다. 많은 이들이 자신의 수치심을 이겨내고 자기의 병을 알리고 말하고, 유방암 연구와 극복을 위해 기금을 조성하고 정부를 압박했다. 수치심을 불러일으키는 문제에 어떤 맥락이 얽혀 있는지 비판적 인식을 높이기 위해서는, 사회구조만 탓하는 것은 자기 자신만 탓하는 것만큼이나 파괴적이라는 것을 깨달아야 한다. 상황을 변화시키는 데 가장 효과적인 방법은 큰 그림을 보는 것이며, 수치심을 불러일으키는 문제를 개인적인 것으로만 받아들여서는 아무것도 변화시킬 수 없다.

당신은, 나는, 우리는
무슨 몹쓸 병에 걸린 게 아니다

수치심으로부터 빠져나오게 하는 가장 힘이 되는 말은 '너만 그런 게 아니야.'라는 공감이다. '이 세상에 나 혼자만 이런 거야.'라고 독백할 때 수치심은 그 힘이 엄청나게 커진다. 하지만 나 말고도 친구, 사회, 공동체의 수많은 사람들이 똑같은 일을 겪는다는 걸 알게 되는 순간부터, 수치심은 힘을 잃어버린다. 그리고 "걱정 하지 마. 너만 그런 게 아니야." 하고 말해줄 사람을 만나려면, 나를 이해하고 큰 그림을 보고 그렇게 알게 된 것을 실천에 옮기는 과정이 필요하다. 그 과정을 통해서만 우리는 동병상련의 많은 지원자들을 만날 수 있다.

'정상화'란 나의 문제가 '누구에게든' 똑같이 생길 수 있다는 걸 깨닫는 것이다. '정상화'의 반대말은 '병리화'다. 나의 문제를 병이라고 판정하는 것이다. 나는 비정상이고 일탈상태라고 분류하는 것이다. 비판적 인식을 망각하면, 우리는 아주 쉽게 사회의 기대를 충족시키지 못한 나 자신을 비정상이라고 간주하게 된다.

내가 만난 이들 중에서 '이혼'을 수치스럽게 여기는 이들이 굉장히 많았다. 거기엔 자신의 이혼도 있었고 부모의 이혼도 있었다. 많은 이들이 이렇게 생각하게 된 배경에는 '이혼으로 인한 경제적 파급 효과'라는 맥락이 깔려 있다. 이혼은 감정적 고통만이 아니라 경제적 고통도 안겨주기 때문이다.

○ 현모양처에서 하루아침에 직업 없는 무일푼 외톨이로 전락했어요. 전업주부일 때는 그럴

게 생각하지 않았죠. 경제권을 남편이 다 가지고 있는데도 말이에요. '남편 돈이 내 돈'이라고 생각했으니까요. 그런데 하루아침에 남편이 모든 걸 가지고 떠나버렸어요. 다행히 아이들은 제 곁에 있지만요. 전 아이들을 데리고 부모님 집에 얹혀살고 있어요. 20대 때라면 잠시 방황하며 새로운 길을 찾는 중이라고 하겠죠. 하지만 이 나이엔 그저 패배자일 뿐이에요.

○ 부모님이 제가 열 살 때 이혼했어요. 그 후 8년 동안 거의 매일 어머니가 아버지 욕하는 걸 들으며 자랐죠. "그 인간이 널 눈곱만큼이라도 사랑한다면 이렇게 하진 않을 거야!" 아버지가 해준 게 없었지만, 아버지 역시 힘들게 사셨어요. 위자료를 펑펑 줬다면 아버지 욕을 안 했을까요? 아버지는 좋은 사람이고 좋은 아버지예요. 전 아버지를 사랑하고요. 하지만 어머니는 내가 아버지를 사랑하는 게 크게 잘못된 일인 것처럼 느끼게 만들어요. 정작 아버지는 어머니에 대해 한 번도 나쁜 말을 하지 않으세요. 그런 모습을 볼 때면 정말 혼란스러워요.

나 역시 이 인터뷰를 하면서 커다란 슬픔과 두려움을 느꼈다. 동시에 나에게도 이런 일이 닥칠지 모른다는 생각도 들었다. '나는 저렇게 될 리 없어.'라는 감정 역시 공감을 단절시키고 고정관념을 강화시킨다. 이렇게 생각하는 것이다.

○ 자기가 자초한 일이야.
○ 그건 개인적 문제지, 사회가 책임질 일은 아니잖아.
○ 그렇게 미리 준비를 좀 하지, 바보 아니야?
○ 남편만 바라보지 말고 자기도 일을 하지 그랬어?

비판적 인식을 개발하기 위해서는 큰 그림을 제대로 이해해야 한다. 이혼을 개인의 차원이 아니라 정치·사회·경제적 맥락에서 생각해보면 관점은 어떻게 달라질까?

○ 이혼 여성은 심각한 경제적 손실을 경험한다.

○ 고학력에 안정된 고임금 일자리를 가진 여성은 이혼 후에 더 나은 생활을 영위한다. 반면에 이혼 후 일자리를 찾지 못하는 여성은 심각한 경제적 곤란을 겪게 된다.

○ 이혼가정 자녀의 90%는 어머니와 함께 산다.

○ 이혼 여성 네 명 중 한 명은 양육수당을 받지 못한다.

○ 양육수당을 지급하도록 판결한 경우도 전체 50%만 제대로 받고 있으며, 25%는 결정금액의 절반, 나머지 25%는 전혀 받지 못하고 있다.

○ 이혼 부모가 자녀들과 지속적인 관계를 유지할 경우, 양육비를 더 성실하게 부담한다.

물론 이혼 여성의 경제적 자립 가능성은 최근 몇 년 사이 획기적으로 증가했다. 과거에는 전업주부 비율이 높고 직업이 있다 해도 전문직보다는 가사보조나 서비스직이 대부분이고 급여도 적었다. 자녀양육에 대한 지원 법률도 전무했다. 그러나 여전히 수많은 여성들이 이혼으로 인한 경제적 어려움과 함께 '내가 잘못해서 그런 것'이라는 수치심의 함정에 빠져 괴로워하고 있다. 남성의 경우도 예외는 아니다.

비판적 인식은 '어려움에 처한 희생자'를 오히려 비난하는 현실에 의문을 제기하게 해준다. 누군가가 어려움에 처해 있다면 그저 인식의 문제로 치부하기보다는 그 현실을 바꾸거나 그 현실에서 빠져나올 수 있도록 도움을 주어야 한다.

모른다고 말할 자유, 자격과 권위에 주눅 들지 않을 자유

비판적 인식을 실천하기 위해 마지막으로 해야 할 것은 '의문 타파

demystify'다. 진실을 파헤치려면, 그걸 부수고 '의문mystery'을 밖으로 끄집어내면 된다. 우리는 흥미롭거나 특이한 것, 심지어 궁금해 미칠 지경인 대상에 대해서조차 '나는 저걸 캐물을 자격이 없다'고 생각해 그냥 돌아서곤 한다. 비판적 인식을 통해 '의문 타파'를 시작하면, 우리는 그 답변이 왜 감춰져 있게 됐는지 발견하게 될 것이다.

다른 사람들을 따돌리고 자신의 권위를 세우고 싶을 때, 개인, 집단, 기관은 자신의 모습이나 자기가 가진 생각, 자산을 은폐하려는 경향이 있다. 일례로 '박사 학위를 따는 법' 같은 노하우는 숨겨져 있다. 그것이 특권층들만의 전유물이기를 바라기 때문이다. 그리고 그걸 파헤치려는 사람으로 하여금 무언가 성역에 도전하는 듯 수치심을 느끼게 만든다.

매 학기가 시작될 때마다, 나를 찾아와서 조심스레 묻는 학생들이 있다. "저, 박사 학위를 따고 싶은데 제가 정말 할 수 있을지 모르겠어요. 정말 어려운 부탁일 테지만 선생님의 경험담이나 조언을 좀 들려주실 수 있나요?" 하지만 그런 학생은 정말 극소수에 불과하다. 대부분의 경우 그런 요청을 하면 거절당하거나 무시당할 것이라고 예상하기 때문이다. 나는 그런 질문을 하는 학생들이 반갑다. 내게 무언가 비밀스런 힘이 있다면, 난제에 대한 해답이 있다면, 그걸 다른 이들에게 나눠주고 싶다. 지식은 힘이고 힘은 나눠준다고 해서 줄어드는 게 아니다. 오히려 더 커지고 더 늘어난다. 다른 이들이 대학원엘 가고 박사 학위를 딴다고 해서, 내 학위의 가치가 떨어지는 것도 아니다.

그러나 '의문 타파'의 반대쪽에는 '강화'가 있다. '강화'란 자기가 더 중요한 존재가 되기 위해 자기가 알거나 가진 것을 꽁꽁 싸매서 감추는 것이다. 사람들은 자기를 과시하거나 극대화할 목적으로 '강화'를 이용하는 경향이 있다. 구체적인 예를 살펴보면, 그 의미가 무엇인지 이해할 수 있을 것이다. 박사 학위에 대해 물은 학생에게 나는 두 가지 방식으로 대답해줄 수 있다.

"물어봐줘서 고마워요. 나도 대학원 갈 때 고민이 많고 불안했어요. 하지만 몇몇 분들이 조언을 해주셨고, 그게 큰 도움이 됐어요. 그 소중한 정보를 다른 이들에게도 알려줄 수 있다니, 정말 기뻐요."

"글쎄요. 우선 대학원 프로그램과 당신의 인식론적 관심사가 일치하는지 먼저 대화를 해봐야겠군요. 지원 전에 어떻게 연구 프로세스를 진행할지 확고한 자기만의 프로그램을 만드는 게 중요하거든요. 학생이 연구하고자 하는 아젠다가 진학하려는 대학이나 거기 교수진들의 아젠다가 가진 목적성과 방법론과 부합한다는 걸 강하게 어필해야 합니다."

위 두 대답은 내가 실제로 들었던 것이다. 두 번째 대답을 듣고도 그걸 협박으로 받아들이거나 수치심을 느끼지 않았던 건, 당시 내가 나의 취약성이 무엇인지 잘 알고 있었기 때문이다. 나는 도움을 청했다. 하지만 상대는 '넌 대학원에 갈 만큼 똑똑하지 않아.'라는 메시지를 주었다. 그러나 그런 답을 들으면 내가 수치심을 느끼게 될 것을 나는 이미 알고 있었다.

수치심 촉발제에 대해 인터뷰를 하면서, '의문 타파'와 '강화'의 관계가 얼마나 중요한지 자주 얘기를 나눴다. '잘 모른다는 것'이 수치심 촉발제인 사람은, 잘 모르거나 이해가 안 가는 상황이 닥쳤을 때 '다시 한 번 설명해 달라'고 부탁할 용기를 내기 힘들다. 나는 그런 상태를 '에다마메 공포'라고 명명했다.

· · ·

　2년 전 부부동반으로 저녁 초대를 받았다. 처음 만나는 세련된 친구들에게 좋은 인상을 심어주어야 한다는 부담감에 불안했다. 초대한 집에 도착하자, 안주인이 전채요리라며 커다란 은쟁반에 콩을 담아왔다.

　나는 아무 생각 없이 "이게 뭐냐"고 물었다.

　그랬더니 사람들은 기가 막힌다는 표정으로 되물었다. "이게 뭔지 정말 몰라요?"

　나는 기어들어가는 목소리로 "콩 아닌가요?" 하고 되물었다.

　그때 안주인이 기세등등한 목소리로 대답했다. "에다마메adamame에요. 설마 모르는 건 아니죠? 스시 안 먹어봤어요?" 그러더니 몸을 돌려, 다른 손님들에게 큰소리로 전했다. "에다마메를 처음 봤대요, 믿어지세요?"

　나는 그 자리를 박차고 뛰쳐나오고 싶었다. 너무도 수치스러웠다.

　2주 정도 흘렀을까. 나는 연구실에서 간식 삼아 에다마메를 먹고 있었다. 어느 새 그걸 좋아하게 된 것이다. 한 여학생이 논문에 대해 상담할 게 있다며 연구실로 찾아왔다. 여학생은 첫눈에 내 심기를 거슬렸다. 충분히 똑똑하고 지적인데도, 남에게 인정받으려고 필요 이상으로 애쓰는 모습에서 그 나이 때의 내 모습을 떠올렸는지도 모르겠다.

　여학생이 콩을 보더니 물었다. "교수님, 이건 뭐예요?"

　순간, 2주 전의 수치심이 확 밀려왔다. 그리고 나도 모르게 말했다. "에다마메야, 안 먹어봤어?"

　학생은 당황했다. "네, 처음 봤어요. 맛있어요?"

그때 나는 마치 거만한 귀부인마냥 대꾸했다. "안 먹어봤다니, 말도 안 돼. 정말 몸에 좋은 슈퍼푸드라고."

학생이 나간 뒤, 나는 머리가 멍해졌다. 내가 그런 짓을 했다는 게 믿어지지 않았다. '내게 수치심을 느끼게 했던 저녁만찬의 그 여자와 뭐가 달라? 음식 하나 아는 것 가지고 잘난 척을 하다니…….' 그리고 며칠이나 그 생각에 매달린 끝에, 나는 비로소 이유를 납득할 수 있었다.

내가 수치심을 느낀 건 에다마메를 못 먹어봐서가 아니었다. 여학생에게 '나의 지식'을 과시하려는 것도 아니었다. 내 수치심의 본질은 '에다마메를 모른다는 것'이 곧 상류층에 대한 문화적 열등감을 상기시켰기 때문이다. '전 세계를 여행하고 예술과 와인에 대해 모르는 게 없는 사람들'……. 내겐 '계급'의 문제가 커다란 수치심 촉발제였던 것이다.

내 남편은 외과의사고 나는 대학교수다. 하지만 나는 성인이 될 때까지 스시는 본 적도 없는 촌사람에, 하버드 출신도 아니다. 다시 학위공부를 하기 전까지, 나는 통신회사에서 일하는 평범한 직장인이었다. 우리 부모님은 당신들이 접하지 못한 문화, 음악, 책, 음식을 경험시키려 열심히 사셨지만, 우리 형제자매는 '뼛속부터 귀족'인 친구들 수준이 절대 될 수 없었다.

그 사건이 있은 지 몇 달 뒤 친구가 놀러왔다. 쿠키 사건 때 나에게 힘을 주었던 바로 그 친구다. 고향 친구인 우리는 뭐든 안심하고 물어보고 대화할 수 있다. 식사 준비를 하면서 내가 물었다. "에다마메 괜찮겠어?"

친구가 물었다. "그게 뭐야?"

나는 편안한 마음으로 대답해주었다. "응, 콩을 뜻하는 일본어 같은데 삶아서 껍질을 까먹는 거야. 맛있어. 나도 몇 달 전에 처음 먹어봤어."

누가 보면, 당신 같은 사람조차 질문할 용기를 못 내는데, 나더러 어떻게 하라는 얘기냐고 반문할지 모른다. 하지만 '의문 타파'와 '강화'는 상대적인 문제이며, 늘 선택의 문제이기도 하다. 의문이 생겼는데도 질문하지 못하는 것, 내가 가진 어떤 정보를 강화하고 은폐하려는 것, 그것이 어디로부터 비롯됐는지 고찰해볼 필요가 있다. '왜 나는 그걸 묻지 못할까', '왜 나는 이걸 통해 나를 과시하려 할까?' 수치심으로부터 회복하는 힘을 기르기 위해 통과해야 할 또 하나의 과정이다.

수치심은 실제로 '학습의 가장 큰 장애물' 중 하나다. '배운 사람처럼 보여야 한다'는 압박감이 '실제로 배우는 것'보다 더 중요하게 여겨지기도 한다. '배운 사람'이라는 이미지를 쌓고 지키려고 시간과 에너지를 쏟는데 반해, 정작 지식을 쌓기 위한 필수조건인 '모른다는 것을 인정하고 질문할 용기'를 내지 못한다.

5장

.
.

소리 죽여 고통스러워하는
누군가에게 손을 내밀어주라

이 책의 개념을 자기 삶에 적용하고 난 후, 사람들은 내게 편지를 보내주었다. 여기, 그 편지들을 소개하면서 이 장을 시작하려 한다.

•　•　•

어느 날 오후, 어머니와 통화 중이었습니다. 어머니는 나를 좋아하는 사람 얘기를 꺼냈습니다. 사실 전 그에게 별로 관심이 없었죠. 어머니는 그 남자와 사귀어보라며 말씀하셨습니다.

"네 몸매가 날씬하지도 않은데, 널 좋아하잖아. 네가 뚱뚱한 것도 신경 쓰지 않아. 그래도 네가 예뻐 보인다잖니."

어머니 말에, 나는 입이 다물어지질 않았어요. 불과 몇 년 전, 나는 식이장애 치료를 받았고 정신과상담도 받았습니다. 그런 내 사정을 모르는 것도 아닌 어머니가 어떻게 그런 말을 할 수 있는 건지.

그런데 그때 한 가지 생각이 머리를 스쳤어요. '몇 년 전만 해도 이런 말을 들었다면 난 금방 무너지고 말았을 텐데……' 몇 년 전의 나였다면, 당장에 전화를 끊고 어머니를 증오하는 말을 퍼부었을 거예요. 그런 다음 이내 '그나마 이런 나를 좋아해주는 사람이 있다면, 고마워해야 하는 건 아닐까.' 하고 절망하면서 통곡을 했을 테죠.

하지만 어머니, 그리고 나의 체중이 내게 '수치심 촉매제'라는 걸 깨닫고 나서는 한발 물러서서 상황을 볼 수 있게 됐습니다. 어머니의 말이 듣기에는 상처가 되지만 결국 나를 위해 하는 말임을 알고, 무턱대고 화를 내지 않게 됐죠. 아직도 어머니의 태도는 나를 불편하게 하지만, 그래도 이젠 상황을 제대로 인식하게 되었습니다. 어머니와의 통화를 끝내고 나서, 좋은 친구에게 전화를 걸어 내가 겪은 상황을 이야기하고 감정을 털어버리려고 노력하고 있어요. 그렇게 하면 내 수치심이 어디서 오는지 좀 더 차분히 생각할 수 있게 돼요.

박사님 덕분에 두 가지를 배웠습니다. 수치심을 느낄 때 어떤 증상이 나타나는지 알게 되었고, 수치심에 대해서 말함으로써 그걸 이겨내는 법을 배웠습니다. 저는 굉장히 민감한 사람이라고만 생각했어요. 어떤 상황이 되면 얼굴이 벌겋게 달아오르고 배가 콕콕 아파오면서 어딘가로 숨고만 싶었죠. 하지만 이전엔 그게 무엇이며 왜 그런지 생각해본 적이 없었습니다. 저는 무작정 그 힘든 상황을 기억에서 지우려고만 했고, 어떻게 해야 효과적으로 대처할 수 있는지는 몰랐습니다.

전 '수치심'이라는 게 남의 일인 줄만 알았습니다. 그래서 내게 찾아온 감정이 그것인 줄도 모르고, 대처법도 만들지 못했죠. 하지만 이젠 알아요. 그리고 여러 방법 중에서 '수치심에 대해 말하기' 전략을 통해 그것으로부터 빨리 빠져나옵니다.

새로 이사한 집에 친구들이 놀러왔을 때의 일이에요. 늘 멋진 차림에 집도 완벽하게 꾸미는 친구들이라, 그들과 있을 땐 늘 불안하고 신경이 쓰였어요. 친하게 지내기는 하지만 늘 이방인이 된 것 같은 느낌이었죠. 친구들은 왠지 저를 '좀 안됐다'고 보는 것 같았어요. 그러던 차에 새 집으로 이사해서 멋지게 꾸미고 보란 듯이 보여주려고 했던 거예요. 고급 치즈에 온갖 음식과 디저트로 상차림을 했어요. 갖가지 음식을 말 그대로 상다리가 휘어질 정도로 가득 차렸어요. 하지만 그들은 음식에는 별로 손도 대지 않고 예의상 '집을 잘 꾸몄다'고 칭찬하고는 돌아갔어요.

한가득 남은 음식 앞에서 전 허탈해졌어요. 그리고 이내 창피함을 느꼈죠. 결국 그들에게 잘 보이려고, 과거의 부족한 나를 보상하려고 발버둥을 친 내가 한심했어요. 예전 같으면, 그 음식들을 모두 쓰레기통에 집어넣으면서 스스로에게 화풀이를 했을 거예요. 하지만 수치심에 대응하는 새로운 방법을 배운 덕택에, 전 제 마음을 이해해줄 친구에게 연락을 했죠. 자초지종을 얘기하고는 한바탕 울었어요. 다음날 친구가 집으로 왔고, 우리는 집들이에서 남은 음식을 같이 먹으면서 즐거운 시간을 보냈죠.

그때 일을 생각하면 얼굴이 화끈거리고 몸이 움츠러드는 대신, 미소가 떠올라요. 망쳐버린 집들이 생각보다 남은 음식을 먹으며 친구와 수다 떨던 게 더 많이 생각나요. 남편에게도 그때 일을 얘기하면서, 수치심을 극복하는 데 도움이 많이 됐어요. 부부간의 대화도 더 많아졌고요.

수치심에 대해 배우면서 다른 사람에 대한 연민도 많아졌습니다. 저 나름대로, 사람들 말을 잘 들어주고 함부로 비판하지 않는 사람이라고 생각해왔지만, 수치심에 대해 배우고부터는 아직 부족하다는 걸 깨닫게 되었어요. 자신의 수치스러운 얘기를 다른 사람에게 털어놓는다는 게 얼마나 큰 용기이며, 그때 공감 대신 비난이나 훈계를 들으면 얼마나 큰 상처를 입게 되는지도 알았습니다.

가정폭력과 성폭력 피해자 전문 상담사로 일하고 있는 저는 수치심 문제를 다루는 게 항상 힘들었습니다. 그런데 박사님의 연구를 접하고 나서, 크게 도움을 받고 있습니다. 집단 상담과 개인 상담 모두에 활용하고 있는데, 그 마법과도 같은 힘에 매번 놀랄 따름입니다.

개인적으로도 박사님의 연구를 많이 활용하고 있습니다. 친구들과 수치심에 대해 많은 이야기를 나눕니다. 그동안 꽉 막혀 있다고만 생각했던 일들, 내 감정에 대처하는 데 큰 힘이 됩니다. 저 역시 가정폭력의 피해자였습니다. 그 얘기를 꺼내놓으며 친구들이나 내담자들과 더 깊이 있는 교류를 나눌 수 있게 됐습니다. 모두들 하는 얘기가, 생각만으론 엄청나게 힘든 일인 줄 알았는데 막상 꺼내놓으니 마음이 너무나 편하다는 것입니다. 이야기를 더 많이 할수록, 이야기하기가 더 쉬워집니다. 그러다보니 수치심을 느끼는 빈도도 줄어들었습니다. 박사님이 아니었다면, 지금처럼 용감해지기는 어려웠을 것입니다.

· · · ·

이런 편지를 받으며 처음 떠오르는 생각은 '이 전략은 내가 개발한 것이 아니다.'라는 것이다. 이 책에 등장하는 생각, 전략들은 내가 만들어낸

게 아니다. 수백 명의 연구 참가자들이 함께 만들어준 것이다. 그들이 용기를 내어 자신의 경험을 말해줄 때, 나는 다만 그것을 귀 기울여 들었을 뿐이다. 용기 있는 이들, 그리고 앞서 이런 우리 감정의 이슈들을 연구하고 잘 정리한 학자들과 전문가들 덕택에 나는 이 책에 등장하는 개념들을 탄생시킬 수 있었다. 이제부터 할 이야기는 바로 이런 나의 경험과도 연관이 되어 있다. 내가 우리 모두의 '관계를 통해' 수치심으로부터 회복하는 전략을 도출했듯이, 우리 역시 '관계를 통해' 자신과 모두의 치유의 길을 찾을 수 있다. 이 장은 바로 그 '관계 맺기'와 관련이 되어 있다.

수치심은 고립의 산물, 연결만이 그것을 깨뜨릴 수 있다

'우리는 타인들과의 관계를 통해 치유된다!'

진 베이커 밀러와 아이린 스티버는 저서 《힐링 커넥션The Healing Connection》에서 말한다.

"삶을 자세히 관찰해보면, 타인과의 연결이 성장에 매우 중요한 역할을 한다는 것을 발견할 수 있다. 우리의 존재감과 자존감은 '관계'를 형성하고 유지하는 능력에 바탕을 두고 있다."

우리는 누구나 타인과의 연결을 갈망한다. 그리고 수치심으로부터 빠져나오는 전략은 그 자체로 타인과의 연결을 위한 좋은 방편이 되어준다. 어떤 때는 수렁에 빠진 내가 누군가의 도움을 필요로 하고, 어떤 때는 똑같은 누군가에게 밧줄을 건네줄 수 있다.

우리 모두는 분명 서로 다르다. 하지만 전인적인 관점에서 보면 다른 점보다는 같은 점이 훨씬 더 많다. 인간은 누구나 타인의 인정과 사랑, 소속감을 원한다. 인정과 사랑을 받지 못하고 어디서도 환영 받지 못한다는 느낌이 들 때, 우리는 수치심을 경험한다. 누군가에게 손을 내미는 것의 가장 큰 이점은 바로, 우리를 지독하게 외롭게 만들었던 그 경험이 인간이라면 누구나 겪는 보편적인 경험이라는 걸 알게 된다는 데 있다.

당신이 누구이며 어떤 환경에서 자랐고 어떤 신념을 가졌느냐와 무관하게, 우리 모두는 '나는 훌륭하지 않다', '충분히 가지지 못했다', '완벽하게 소속되어 있지 못하다'라는 감정과 외로운 사투를 벌이고 있다. 이때 우리에게 필요한 것은 용기를 내어 그 경험을 나눔으로써, 자비를 품고 그 경험을 들어줌으로써, 우리 모두가 같은 곳에 있음을 확인하는 것뿐이다. 어둠 속에서 나를 괴롭힌 것의 실체를 햇빛 아래로 끌어냄으로써 떨쳐버릴 수 있다.

○ 전 열여섯에 임신을 했어요. 그걸 아는 사람은 언니밖에 없었죠. 남자친구한테도 말할 수 없었어요. 임신한 걸 알고 일주일 정도 됐을 때 유산이 됐어요. 벌써 25년 전 일인데, 지금도 수시로 태어나지 못한 아기 생각이 납니다. 내 잘못이니까 슬퍼할 자격도 없다는 건 잘 알아요. 그 나이에 임신을 했다는 것도 수치스럽지만, 슬퍼할 수조차 없다는 것도 수치스러워요. '슬퍼하는 것'을 수치스럽게 여기는 사람을 만나면 이런 내 마음을 말해줘요. 우리에겐 모두 '슬퍼할 권리가 있다'고 말이에요.

○ 아버지는 저보다 어린 여자와 재혼을 했고, 어머니의 새 남자친구는 여섯 번이나 이혼을 한 사람이에요. 우리 가족은 정말 엉망진창이에요. 그래서 모범적인 가족을 가진 사람 앞에선 가족 이야기를 피했어요. 그 사람들이 나를 판단하고 비판할 게 분명하니까요. 하지만 사실 어느 집이나 자세히 들여다보면 크고 작은 문제가 있다는 걸 알게 됐어요. 자기 가족

문제를 솔직히 털어놓고 부끄러운 일을 스스럼없이 이야기하는 사람을 만나게 되면서, 저도 마음 놓고 얘기를 꺼낼 수 있게 되었죠. 누구나 그걸 깨달았으면 좋겠어요. 나만 문제가 있는 게 아니라는 것을요. 저도 그 상태가 뭔지 알고, 그게 얼마나 외로운지 잘 아니까요.

타인에게 손을 내밀지 않으면 우리는 모두 홀로, 수치심의 구렁텅이에 빠져 입을 다물고 속으로 괴로움을 삼키게 된다. 수치심으로 상대를 바꿀 수 없는 것과 마찬가지로, 상대의 수치심으로 내가 이익을 얻을 수도 없다. 반면 자비를 통해서는 얼마든지 이익을 얻을 수 있다. 상대의 것을 빼앗아 얻는 이익이 아니라, 상대와 내가 똑같이 얻는 이익이다.

타인에게 손을 내미는 것은 '문제를 바로 잡거나' '상대를 구원하기 위해서'가 아니다. 타인에게 손을 내미는 것은 그들과 연결됨으로써 나와 그들 모두를 돕기 위함이다. 우리는 서로의 경험을 공유함으로써 변화를 만들 수 있다. 타인에게 손을 내밀지 않으면, '분리separating'와 '벽 쌓기 insulating'로 인해 수치심이 깊어지고 혼자라는 감정이 커지기만 한다.

내 경험을 이야기하고 다른 이의 경험을 듣게 되면, '이해의 웃음 knowing laughter'이 싹튼다. 그게 무엇인가 하면, '내 경험이 보편적인 것'임

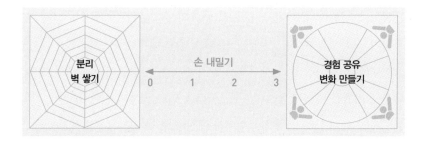

을 알았을 때 터져 나오는 웃음이다. 내 감추고 싶었던 감정을 누군가와 공유할 때 생겨나는 안도와 유대감의 표현이다. 내 쿠키 경험담을 읽고 '나랑 비슷하네!' 하고 공감했을 때 터져 나온 것이 바로 '이해의 웃음'이다. 공감할 수도 없고 한심하게만 느껴져서 나온 웃음이라면 그건 비웃음일 것이다. 비웃음이 아니었길 바란다.

이해의 웃음은 비판을 피하려는 술책이나 자기비하가 아니다. 겉으로는 웃고 있지만 속은 쓰린, 그런 웃음도 아니다. 이해의 웃음은 수치심 거미줄이 만들어낸 헛된 기대들의 실체가 무엇인지 알게 됐을 때, 그 거미줄에 걸린 게 나 혼자뿐이라는 생각이 얼마나 엄청난 오해였는지 알아차렸을 때 터져 나온다. 대개의 유머 작품은 우리가 가진 '취약성'을 재치 있게 다룸으로써 우리를 웃게 할 뿐 아니라, 정상이라고 느끼게 해준다.

자신의 고통을 이해하는 사람들과 함께 나누는 '이해의 웃음'에는 마음을 움직이고 영혼을 일깨우는 삶에 꼭 필요한 자양분이 담겨 있다. 작가 앤 라모트Anne Lamott는 웃음을 이렇게 정의했다. "힘차게 샘솟아 오르며 터지는 고결한 물거품!" 나는 이 표현이 얼마나 좋은지 모른다.

지난 수년간 수치심에 대해 연구하면서, 나는 여러 뛰어난 대학원생들과 함께 작업할 기회를 얻었다. 우리는 많은 시간, 수치심에 대해 읽고 토론하고 분석했다. 우리가 처음으로 '이해의 웃음'이라는 개념에 대해 조사하기 시작했을 때가 기억난다. 우리는 웃음이 우리를 연결 짓는 데 중요한 역할을 한다는 걸 직감적으로 알긴 했지만, 사람들이 반복해서 그 경험을 들려줬을 때 짐짓 놀랐다. 웃음이라는 인류 공통의 언어가 말이나 다른 수단으로 표현하기 어려운 수치심 메신저가 되어준다는 걸 깨달았다.

함께 연구한 마키 맥밀런^{Marki McMillan}은 이렇게 썼다. "웃음이 나온다는 것은 꽁꽁 숨어 있던 수치심이 살짝 고개를 내밀었다는 뜻이다. 이해의 웃음은 우리가 가진 수치심이 긍정적인 경험으로 변환되는 그 순간에 나타난다. 공감과 마찬가지로 웃음에는 수치심의 뼈를 발라내고 힘을 빼앗아 숨어 있던 곳에서 밖으로 끌어낼 수 있는 힘이 있다."

주변으로 손을 뻗어 모두를 위한 '변화 만들기'를 시도하라

개인만이 아니라 공동체도 바뀌어야 한다는 것은 모두가 정치나 시민운동에 뛰어들어야 한다는 의미가 아니다. 주변 사람을 대하는 태도, 인간관계의 질을 변화시키는 것부터 시작하면 된다. 친구나 가족들이 비판적 인식을 갖게 돕는 것부터 시작하면 된다.

그때 필요한 것이 바로 '변화 만들기 도구'다. 사안이 무엇이냐에 따라 방법과 노력은 달라질 것이다. 전 사회의 행동이 필요한 것도 있고, 나 자신의 변화만으로 충분한 것도 있다. 변화 만들기에 동원할 수 있는 수단으로 나는 주로 6가지를 꼽는다. 나 자신, 펜, 투표, 참여, 구매, 시위가 그것이다. 내 아이의 학교교육에서 무언가를 변화시키고 싶을 때, 퇴폐 잡지를 지역 서점에서 몰아내고 싶을 때, 직장의 산후휴가 조건을 개선하고 싶을 때, 사회의 특정 제도를 개선하고 싶을 때, 이 6가지 수단이 큰 힘을 발휘한다.

| 나 자신 | 나의 변화만으로 가족, 친구, 동료들의 삶에 영향을 미칠 수 있다. 질리언은 아이들이 시청하는 TV 프로그램부터 모니터링하기 시작했고, 지금은 자기가 보는 패션 잡지까지 모니터링하고 있다. 손드라는 다시 시동생과 정치나 종교에 대한 토론을 시작했다. 딸들에게 '당당하게 하고 싶은 말 다 하고 살라'고 가르치고, 수치심 때문에 입을 다물지 않도록 돕고 있다. 변화는 여러 형태로 나타난다. 사회와 공동체의 그릇된 기대에 맞서 나의 가능성을 백분 발휘하고 다른 이들도 그렇게 할 수 있도록 돕는 것. 수치심에 맞서는 용기, 관계를 위한 관용을 발휘하는 것이 때로 최고의 정치적인 행동이다.

| 펜 | 주장을 전하는 것이다. 단체장이나 국회의원들이라면 편지, 이메일, 팩스에 답을 줄 것이다. 내 동료 앤 힐빅Ann Hilbig은 아동 문제에 관한 로비활동을 한다. 앤에 의하면 미국 의회 의원은 총 12통의 편지를 받아야 자기 직원에게 관련 사안에 대한 조사를 하도록 지시한다고 한다. 내 경우는 늘 이메일을 보낸다. 불쾌한 광고를 보면 광고주에게 이메일을 보낸다. 자궁암 예방 캠페인 'Love Your Body Day'를 후원하는 전미여성연맹의 경우, 홈페이지에 외모에 대한 수치심이나 청소년 흡연과 음주를 조장하는 불쾌한 광고들을 수집한다. 아울러 거기엔 친구들과 공유하기, 관련 기업에 탄원서 보내기 등의 기능이 포함돼 있다.

| 투표 | 적극적으로 투표하는 것은 내가 원치 않는 사회정치적 기대에 대응하는 적극적 방편 중 하나다. 선거 후보자들이 우리 삶에 영향을 미치는 사안에 대해 어떤 생각을 가졌는지 꼼꼼히 검증하고, 그에 따라 선택

해야 한다.

| 참여 | 내가 관심 가진 사안을 위해 활동하는 단체를 찾아본다. 그들과 '함께' 활동한다. 대부분의 단체들은 홈페이지, SNS 등 다양한 채널을 통해 관심 사인에 대한 최신 소식을 알려준다. 그걸 받아보고 다른 이들에게 전달할 수 있다.

| 구매 | 돈은 칼보다 강하다. 내 가치관과 위배되는 가치관을 가진 기업의 제품을 불매한다.

| 시위 | 수천 명이 대도시를 행진하는 것만이 시위가 아니다. 소수가 한목소리를 내는 것도 시위다. 규모나 사안에 관계없이 우리에게 필요한 것을 요구하기 위해 모인다면 그것을 '시위'라고 부를 것이다. 만약 '시위'라는 말에 거부감이 생긴다면 자기 자신에게 이렇게 물어보자. '내 생각을 주장하지 않았을 때 누가 이익을 볼까?'

해리엇 러너는 저서《마음을 열어주는 대화법》에서 이렇게 적고 있다. "상관관계가 늘 확연히 드러나는 것은 아니지만 개인의 변화는 사회정치적 변화와 불가분의 관계에 있다."
나는 이 말을 믿는다. 다른 사람들에게 손을 내미는 것은 우리가 어떤 공통점을 가지고 있는지 확인하고 개인과 사회의 변화를 가져올 수 있는 기회를 마련해준다.

분리와 벽 쌓기,
손 내밀기를 가로막는 장애물

말할 수 있는 용기와 들을 수 있는 자비를 실천하는 데 방해가 되는 두 가지가 있다. 바로 '분리'와 '벽 쌓기'다.

수치심을 부추기는 문화 속에서 우리는 끊임없이 두려움, 비난, 고립감에 시달린다. 그리고 이런 현상은 '우리'와 '그들'이라는 분리 문화를 조장한다. 그 결과, '나와는 다른 그들'로부터 나를 지켜줄 벽을 높이, 아주 높이 쌓아올린다.

어렸을 때는 세상 사람들이 '놀아도 되는 친구'와 '놀아서는 안 되는 친구' 두 부류로 나뉜다. 조금 더 자라면 '데이트해도 되는 사람'과 '데이트해선 안 되는 사람'으로 나뉜다. 그리고 어른이 되어서는 '같은 동네 사는 사람'과 '상관없는 동네에 사는 사람'으로 나뉜다. 우리는 '나와는 다른 그들'과의 사이를 감정적으로 물리적으로 분리하고 벽을 쌓는다. 벽 쌓기는 끝도 없이 계속된다. 때로 그 대상은 '그들'이 되기도 하고 '그런 사람들'이라는 모호한 표현으로 바뀌기도 한다. 계속 타인과 나를 구분하면서, 우리가 서로 다른 세상에 산다는 걸 강조하게 된다.

나는 '진실'이라는 말을 잘 쓰지 않는다. 거기엔 너무도 많은 조건이 따라붙기 때문이다. 하지만 이 순간만큼은 '진실'이라는 말을 쓰고자 한다. 지난 10년간 내가 배운 모든 것 중에서, 수치심을 극복하는 데 가장 큰 도움이 되는 개념을 설명해야 하기 때문이다.

"우리가 알아야 할 진실이 하나 있다. 그것은 나 자신이 바로 '그들'이라는 것이다."

신뢰할 수 없고 불쌍하고, 내 아이들과 함께 놀게 하고 싶지도 않고, 늘 나쁜 일만 당하고, 가까이 하고 싶지 않은 '그들'이 나와 다른 점은 무엇인가? 고작 월급명세서의 액수가 조금 더 많거나 이혼을 안 했거나 골칫덩어리 자식이 없거나 정신질환이 없거나 심각한 병이 없거나 성폭행 경험이 없거나 술버릇이 고약하지 않거나 원 나이트 스탠드 경험이 없거나 바람피운 적이 없는 것?

당신이나 당신 가족 모두 여기 언급한 문제가 하나 없이 흠결 없는 존재라면, 이 책의 나머지는 읽지 않아도 좋다.

중독(알코올, 약물, 음식, 섹스 등), 정신질환(우울증, 식이장애 등), 심각한 질병(성병, 비만, 에이즈 등), 가정폭력, 성폭행, 아동학대(근친상간, 정서적 학대, 방임 등), 자살, 범죄, 파산, 낙태, 비주류 종교, 가난, 낮은 학력, 이혼

통계에 따르면 독자 대부분은 이 책을 계속 읽어야 할 것이다. 우리가 멀리하고 싶어 하는 '그들'의 문제, 그것을 우리는 좋든 싫든 한두 가지씩 갖고 있다. 이런 생각을 할지 모른다. '이혼이 전과나 약물중독과 동급이라니 말도 안 돼.' 그러나 그건 틀린 생각이다. 어떤 이들에게는 이혼이 약물 중독보다 더 나쁘다. 그러니 비교우위를 주장하거나 순위를 매기는 건 의미가 없다. 중요한 것은 누구라도 어떤 문제로든 비난 받거나 수치심을 느낄 수 있다는 점이다.

나는 약물 중독을 치료하고 있지만 높은 수준의 수치심 회복탄력성을 보이는 사람, 한껏 부러움을 받는 대상이지만 수치심에 짓눌려 사는 사람을 많이 만났다. 겉으로 보이는 모습과 달리, 우리는 누구나 복잡한 문

제 한두 가지를 다 갖고 있다. 그런데도 내 문제를 감추고 부정하기 위해 우리는 '그들'이 다가오는 것, '그들'에게 다가서는 것을 한사코 거부한다. 남들에게 '그들'로 보이지 않으려고, '그들'과 동급이 되지 않으려 기를 쓴다.

우리는 다른 이들과 분리하고 벽을 쌓기 위해 '다르다'는 말을 사용한다. 그리고 이는 우리가 누군가에게 손을 내미는 데 심각한 장애가 된다. 도움을 청하든 도움을 주든, 손을 내민다는 건 만만한 일이 아니다. 누군가에게 수치심을 털어놓는 것은 고통스러운 일이며, 자신의 수치심을 털어놓는 사람 곁에 함께 있는 것도 그에 못지않게 고통스러운 일이다. 그러므로 그런 고통을 피하거나 줄이고 싶어 하는 것은 자연스러운 현상이다. 그 때문에 우리는 분리를 시켜 남을 손쉽게 비판하고 그들과 나 사이에 벽을 쌓고 싶어 한다.

우리는 무의식적으로 '도움 받을 가치가 있는 사람'과 '도움 받을 가치가 없는 사람'을 분류한다. 이는 새삼스러운 현상이 아니다. 자선과 박애에 대한 문서기록을 거슬러 올라가보면, '당해도 싼 사람'과 '구제해야 하는 사람'이 갈린다. 현재의 문화에도 이런 현상은 고스란히 남아 있다. 공공정책, 이웃, 가족의 개념 안에도 존재한다.

2년 전 나와 인터뷰를 했던 베티의 사례도 여기 해당한다. 10대 아들이 자살했을 때, 베티의 그 많던 친구와 동료들은 장례식에 오지 않았다. 베티는 분루를 삼키며 내게 말했다. "제 아들이 죽기 6개월 전에 직장동료의 딸이 교통사고로 죽었어요. 아들과 동갑이었죠. 그 애 장례식장엔 발 디딜 틈이 없을 정도로 조문객이 많았어요. 아들아이도 그 애만큼이나 친구가 많았죠. 학교 활동에도 적극적인 아이였어요. 저 역시 딸을 잃은 그 동료만큼 직장동료들과 사이가 좋았어요. 그런데 제 아들은 자살을 했다는 이유 하나로 아무도 오지 않은 거예요."

베티는 계속 말을 이었다. "너무 화가 나고 가슴이 미어져서, 동료 한 사람에게 왜 그랬냐고 물었어요. 동료가 그러더군요. '내가 자기들을 만나길 원치 않을 거라고 생각했'고. 사람들 얼굴을 보면, 더 힘들어할 거라고요. 그게 무슨 뜻이겠어요? 사람들은 그게 내 탓이라고 생각하는 거예요. 내 잘못이니까 뭐라 위로하거나 입에 올리는 게 싫었던 거죠."

타인과의 벽 쌓기를 자초하는 또 다른 이유는 '두려움'이다. 내 남편은 '벽 쌓기'의 기준이 되는 문제 리스트를 보더니, 고개를 저으며 말했다. "맞아, 사람들이 대부분 이런 문제들 때문에 대놓고 남들을 비난하지." 남편이 다시 잠시 생각을 하더니 되물었다. "하지만 여보, 대놓고 비판할 만한 문제는 아니지만, 겁이 나서 그냥 달아나게 만드는 문제들도 있잖아?" 나는 그 말이 무슨 뜻인지 정확히 알 것 같았다.

이따금 우리는 사회적으로 용납되기 어렵거나 지탄받을 일이 아닌데도, 그저 너무나 두려워서 그 일을 겪은 사람들에게서 고개를 돌릴 때가 있다. 남편이 신생아 집중치료실에서 일했던 경험이 좋은 예가 될 것 같다. 내가 첫 아이를 가졌을 무렵, 남편은 레지던트였고 한 달 내내 신생아 집중치료실을 맡게 되었다. 밤늦게 집으로 돌아와서 남편은 거기서 있었던 일을 들려주었다. 남편 역시 하루 동안 경험한 슬픔을 털어버릴 시간이 필요하다는 생각에, 귀 기울여 들어주었다. 대부분의 이야기는 분만의 위험, 그리고 죽어가는 아기 때문에 슬픔에 잠긴 가족들에 관한 것이었다. 2주 정도 되었을까? 점점 공감하기가 힘들고 겁이 나기 시작했다. 임신한 여성으로서의 걱정도 한몫을 했다.

나는 어느새 그곳에서 만난 가족들 얘기를 꼬치꼬치 캐묻고 있었다. 인종, 수입, 가족력 등등. 그런 일에 처하는 사람들이 나와 다른 인종이고, 가난하고 가족력이 있고 준비가 철저하지 못한 이들이라고 믿고 싶었기 때문이다. 대신 내가 잔인하고 둔감해 보일까봐 내 질문을 걱정이나 관심인 것처럼 위장했다. 그때 남편이 나를 빤히 쳐다보며 말했다.

"아니야, 여보. 그 사람들은 우리와 똑같은 사람들이야. 그런 일은 누구한테라도 일어날 수 있어. 우리도 예외는 아니고." 그 말을 듣고 나는 울음을 터뜨렸다. '그럴 리 없어.' 나는 남편의 말을 믿고 싶지 않았다. 무슨 수를 써서라도 '그들'과 '나'는 다르다는 걸 확인하고 싶었다.

그 일이 있은 후, 나는 저녁 뉴스를 보다가도 내가 그런 행동을 한다는 걸 깨달았다. 강간, 살인, 어린이 유괴 같은 끔찍한 뉴스가 나오면, 나는 딴짓을 하다가도 피해자의 얼굴을 확인하고 어디서 사건이 벌어졌는지 확인했다. 피해자가 나와 다르게 생기고 사는 곳도 나와 다르다는 것을 확인하고 나서야, 비로소 두려움이 사라지곤 했다.

대학원 학생들과 성폭행에 대한 토론을 나누다가, 성폭행 피해자들이 재판 과정에서 또다시 상처를 입는 얘기가 나왔다. 나는 학생들에게 말했다.

"피고 측 변호인은 배심원들이 '희생자가 나와 비슷하다'고 생각하는 걸 원치 않아요. 외모, 나이, 인종, 주거지 등 모든 조건에서 말이에요. 그런 일을 막기 위해서, 피고 측 변호인은 피해자가 괴팍하거나 보통 사람과 다르다는 걸 내세워서 배심원들이 동질감을 느끼지 못하도록 하는 전략을 사용합니다." 나는 잠시 숨을 고르고 다시 말을 이었다. "나라도 그렇게 할 거예요. 피해자와 내가 비슷하다고 생각하고 싶지 않을 거예요. 결국 나도 똑같은 일을 당할 수 있다는 뜻이 되니까요."

그 토론을 진행하면서, 나 역시 매우 자주 그런 방법으로 나를 보호하려 했다는 걸 털어놓았다. 학생들도 하나씩 비슷한 경험을 얘기했다. 두려움 때문에 다른 사람과 분리하고 벽을 쌓았던 경험을 말이다.

강의실에 앉아 이성적인 머리로 피해자들의 사연에 분개하고, 도울 수 있는 방법이 없을까 안타까워한다. 하지만 정작 현실에서는 그런 고통을 겪는 이들과 나를 분리하고 벽을 쌓는 경우가 훨씬 더 많다. 그러나 우리 자신이 그렇게 분리하고 벽을 쌓았던 바로 그 고통의 당사자가 될 가능성 역시 매우 높다. 내가 분리하고 벽을 쌓았던, 바로 그 일이 내게 벌어진다면? 대다수의 사람들은 '그들'에게 했던 것처럼, 자기 자신에게도 등을 돌린다. '내가 왜 이런 일을 당해야 해? 왜 하필 나야?' 그러곤 '내가 뭔가 나쁜 일을 했거나 잘못을 저질러서 이런 일이 생긴 것'이라는 결론을 내리기 쉽다. 암 환자, 성폭행 피해자, 노숙자, 아이를 잃은 부모, 폭력을 경험한 가족들은 이렇게 말한다. "이 일을 당하기 전까지는 나한테 이런 일이 일어나리라고 상상도 못했어요. 다른 사람들한테나 일어나는 일인 줄 알았어요."

상대가 겪는 고통이 너무 크고, 그래서 나도 그렇게 되면 어떡하나 하는 두려움이 엄습할 때, 손을 내미는 일이 쉽지 않다. 위험하다는 생각마저 든다. 그들과 같은 쪽에 서는 것만으로 '그들과 똑같은 사람'이 되어 나쁜 일이 내게도 일어날 수 있다고 인정하는 게 된다고 여긴다. 기꺼이 손을 내밀기로 선택한 이들은 한결같이 그때의 경험에 대해 말한다. '쉽지 않은 결정'이었다고.

연결 네트워크,
서로에게 의지가 되는 감정 구조대

수치심 회복탄력성을 기르고 싶다면 반드시 손 내미는 법을 배워야 한
다. 용기, 자비, 유대감이 무엇인지 알고, 그것을 실천에 옮겨야 한다. 남
에게 내 이야기를 들어달라고 부탁하는 것도 쉽지 않은 일이지만, 남의
이야기를 들어주는 것 역시 쉬운 일은 아니다. 나는 워크숍을 할 때 참가
자들에게 자신의 수치심 촉발제를 살펴보는 동시에, 손을 내밀 수 있는
사람들이 누구인지 찾아보는 훈련을 하게 한다. 그때 특정한 문제에 대
해 손을 내밀 수 있는 대상이 다른 문제에도 동일하게 적용되는 것이 아
님을 이해할 필요가 있다.

앞서 소개했던 수전의 경우, 언니는 '아이를 두고 일을 다시 시작하는
것'에 대해 비난하듯 말했다. 하지만 수전은 워크숍 후에 이렇게 말해주
었다. "육아 문제에서 어머니와 언니는 내 수치심 거미줄이에요. 하지만
종교와 신앙에 있어서는 가장 강한 연결 네트워크에요."

이렇듯 특정 사안별로 수치심 거미줄에 해당하는 사람들, 연결 네트워
크를 형성하는 사람들을 구분해서 찾아내는 노력이 필요하다. 다음의 질
문들이 도움이 된다.

○ 나의 연결 네트워크를 이루는 개인이나 집단은 누구인가?
○ 나에게 공감과 도움의 손길을 내미는 사람은 누구인가?
○ 이 사안에 대해 내게 수치심을 불러일으키는 개인과 집단은 누구인가?
○ 이 사안으로 고통 받는 사람들을 볼 때 나는 공감의 손길을 내미는가, 아니면 벽을 쌓는가?

이 질문에 대한 수전, 카일라, 테레사, 손드라의 대답은 각각 다음과 같았다.

| 수전 | 육아와 모성에 대해서는 어머니와 언니가 수치심 거미줄에 더 가까워요. 사이가 너무 가깝다보니 제 결정에 대해 지나칠 정도로 참견이 심하거든요. 연결 네트워크에는 남편, 단짝 친구, 교회 친구들이 있어요.

| 카일라 | 수치심 거미줄을 말하려면 직장생활을 이야기해야 할 것 같아요. 상사 낸시와 직장동료 거의 다 수치심 거미줄에 포함돼요. 연결 네트워크는 사촌과 친구 캐서린을 들 수 있을 것 같아요. 캐서린은 전엔 직장에 다녔고 지금은 전업주부예요. 그래도 제 상황을 잘 이해해주죠. 직장 문제에 관한 수치심 거미줄에 저 자신도 포함되어 있는 게 아닌가 걱정이 되기도 해요.

| 테레사 | 이 문제에 대해 털어놓을 수 있는 상대는 남편과 제일 친한 친구 두 사람뿐인 것 같은데, 그들 모두 제 불평을 듣는 게 이젠 아마 지겨울 거예요. 남편은 정말 지긋지긋해하는 것 같고요. 그래서 심리치료사한테 상담을 받고 있는데 도움이 되는 것 같아요. 심리치료사는 제 기대가 우리 가족들과 조화를 이룰 수 있도록 도와주고 있어요. 상담이 쉽지는 않지만 더 나은 상황이 될 수만 있다면 할 만한 일이겠죠. 제 수치심 거미줄은 저, 어머니, 그리고 제가 어울리는 몇몇 여자들이에요. 심리치료사는 그 사람들을 '지칠 줄 모르는 비평가들'이라고 불러요. 보고 있건 안 보고 있건 늘 신경이 쓰인답니다.

| 손드라 | 쉽지 않네요. 가장 믿을 수 있는 연결 네트워크는 남편이에요. 우리는 이 문제만 빼고는 뭐든 다 이야기할 수 있는 사이에요. 그런데 이 문제에 대해서는 정말 서로 마음이 맞지 않아요. 그러니까 남편은 제 수치심 거미줄이자 동시에 연결 네트워크인 것 같아요. 저 역시 마찬가지이고요. 때로는 저를 못살게 굴기도 하고, 또 때로는 저의 가장 좋은 친구가 되기도 하거든요. 그리고 시댁 식구들, 어린 시절 선생님들, 목사님, 어려서 가까이 지냈던 어른들 모두 수치심 거미줄에 포함시켜야겠어요. 연결 네트워크는 제 학생들, 친구들, 친정 부모님이에요.

6장

입 밖으로 꺼내놓으면,
절반은 아무것도 아닌 것이 된다

아픔을 느끼는데, 그것을 누군가에게 말하지 못하는 것만큼 두렵고 좌절감을 안겨주는 일도 없다. 신체적 아픔이든 정신적 아픔이든 마찬가지다. 아픈 경험을 남에게 말하지 못하면, 외롭고 두려운 마음이 든다. 개중에는 외로움과 두려움이 분노로 변해, 괜한 사람들에게 분풀이를 하는 경우도 있다. 그리고 결국 마음을 닫고 아픔을 가슴에 묻은 채 침묵 속에 살거나, 그러지 못할 때는 해결책을 찾아야 한다는 절박함 때문에 자신의 감정에 대해 타인이 내린 정의를 곧이곧대로 받아들인다.

　수치심은 선명하게 드러나기를 거부하는 고통이다. 정체를 들키지 않아야만 생존할 수 있는 속성 때문에, 수치심은 침묵과 은폐를 조장한다. 그래서 수치심이 생기면 자기도 모르게 생각, 감정, 행동이 그것을 감추는 방향으로 움직이게 되는 것이다. 그러나 앞서 살펴본 전략, 즉 '수치심 촉발제 이해하기', '비판적 인식 실천하기', '연결 네트워크 만들기'를 수행해나가면 얼마든지 이 마수에서 빠져나올 수 있다. 특히 연결 네트워크는 수치심 거미줄에서 벗어나기 위해 꼭 필요한 진정한 파워, 공감, 유대의 원천이다. 그런데 이 연결 네트워크로부터 우리 서로에게 필요한 진정한 파워를 끌어내려면 적절한 의사소통 기술이 필요하다. 나는 어떤 감정을 느끼며 왜 느끼는지, 제대로 표현할 수 있어야 한다는 뜻이다.

우리에겐 수치심을 경험했을 때, 그것에 대해 제대로 설명하고 토론할 수 있는 어휘가 많지 않다. 아니, 그런 어휘를 제대로 배운 적이 없다. 하지만 수치심에 대처하려면 현명한 언어가 필요하고, 그 언어를 익히는 데는 약간의 연습과 기술이 필요하다. 수치심은 고통스럽지만 매우 추상적인 감정이다. 그러니 그것을 잘 표현하고 전달해서 서로의 공감을 끌어낼 수 있는 용어가 필요한 것이다.

수치심을 느낄 때 훅하고 뜨거운 기운과 함께 찾아오는 몸과 마음의 반응을 우리는 어떻게 표현해야 할까? 워크숍에서 많은 참가자들은 '기겁했다', '참을 수가 없었다', '죽을 것 같았다' 등으로 두루뭉수리하게 표현한다. 좀 더 구체적으로 설명해달라고 하면, 그걸 표현할 적당한 말을 찾지 못해 괴로워하곤 한다.

수치심을 말하려면 자신의 고통을 말하는 법을 알아야 한다. 인간은 누구나 다른 사람과 연결되고 싶어 한다. 인간이 언어를 만들어낸 것도 이 때문이다. 인간은 자기 얘기를 하는 걸 선천적으로 좋아한다. 나는 누구인가, 어떤 감정 상태인가, 무엇을 중요시하는가를 끊임없이 알리고 싶어 한다. 우리 모두는 스토리텔러storyteller로 태어났다. 그런데 스토리에는 언어가 필요하다.

이야기치료사narrative therapists인 질 프리드먼Jill Friedman과 진 콤스Gene Combs는 이렇게 말한다. "말하기는 중립적이거나 소극적인 행동이 아니다. 이야기를 할 때마다 우리는 현실을 상기하게 된다. 우리가 사용하는 언어로 표현될 때에 비로소, 우리가 살고 있는 현실은 생명을 유지하게 되고 우리의 이야기와 함께 구전된다."

인터뷰를 할 때 참가자들은 '내가 느끼는 수치심을 설명할 방법이 없다', '이 경험을 어떻게 이야기해야 할지 모르겠다'고 토로했다. 그리고 그것이 바로 두려움, 비난, 단절감을 불러일으키는 중요한 요인이라고 했다. 반면 수치심 회복탄력성이 높은 사람은, 수치심을 경험할 때 어떤 느낌이 드는지 설명하는 방법이나 남들에게 도움을 청하는 방법을 비교적 잘 알고 있다는 특징이 있었다. 그럼 구체적인 기술이 무엇인지 살펴보도록 하자.

내가 느끼는 감정을
적절한 언어로 번역해내는 법

우리는 모두 수치심을 느낀다. 외모, 일, 자녀양육, 경제문제, 가족, 심지어 내가 제어할 수 없는 어떤 사건 때문에, 은근히 혹은 대놓고 비난하는 말 때문에 상처를 받는다. 그런 말은 직설적일 때도 있고 에둘러 돌아갈 때도 있다. 의도적이건 아니건, 일부러 나를 조종하려 들기도 한다. 수치심을 불러일으키는 '말'은 이렇듯 그 특징이 다른 것 같지만, 나에게 상처를 주고 당황하게 하고 좌절시켜서, '나를 보호해야겠다'는 강한 절박함을 만들어낸다는 공통점이 있다.

그런데 나는 이미 패닉 상태에 빠져서, 어떻게 나를 보호해야 할지 알수 없다. 그래서 우리는 급한 대로 동원할 수 있는 방법(수치심 연막 등)으로 대처하고, 그것은 결국 나의 취약성을 더 극대화시켜서 더 깊은 수치심을 유발한다.

그런 것 중 대표적인 것이 바로 '수치심 덫shame trap'이다. '덫'이란 말 그대로, 우리가 알아볼 수 없게 교묘히 위장하고 있어서, 거기에 쉽게 걸려드는 감정을 말한다. 일단 걸려들면, 순간 충격을 받는다. "금방 무슨일이 있었던 거야? 왜 이렇게 아파?" 하지만 반대로 덫을 놓은 사람은 대수롭지 않게 반응한다. "왜 그래? 난 아무것도 못 봤는데. 뭐에 걸렸다는거야? 괜찮아?" 얼떨결에 당한 일이라 나는 그 일이 내 상상의 산물은 아니었는지, 끊임없이 마음속으로 되짚고 또 복기한다.

나 역시 그런 일을 겪었다.

딸아이를 낳고 얼마 되지 않았을 무렵, 일 때문에 필리스라는 여성을 만나게 되었다. 필리스도 아이를 낳고 육아 휴직 상태였다. 몇 번 다른 사람들과 어울려 밥을 먹기도 하고, 아이들을 데리고 함께 어울렸다.

엄마 역할의 고충을 나눌 사람이 생겼다는 반가움에, 나는 필리스와 처음으로 단 둘이 점심을 먹던 날 빨리 친해지려고 지나칠 정도로 안달을 부렸다. 엄마가 되어서 처음으로 경험하는 수많은 것에 대해 수다를 늘어놓고 싶은 마음에 나는 이렇게 말했다.

"이 정도로 힘들 줄은 상상도 못했어요. 가끔은 엄마 역할에서 벗어나 잠도 실컷 자고 혼자 천천히 목욕도 하고 싶어요."

그때 필리스가 말했다. "그래요? 난 한 번도 아이 낳은 것을 후회한 적이 없는데……."

그 말에 나는 충격을 받았다. 그래서 변명을 둘러댔다. "아니요, 아이를 낳은 걸 후회한다는 뜻은 아니고요. 그냥 좀 피곤하다는 말이에요."

그랬더니 필리스가 곧바로 다시 대꾸했다. "괜찮아요. 산후우울증으로 고생하는 엄마들이 얼마나 많은데요. 물론 다 그런 건 아니지만."

나는 슬슬 화가 나기 시작했다. "저기요. 난 엄마가 된 것도 기쁘고 딸아이를 정말 사랑해요. 후회 같은 건 전혀 안 한다고요. 나 정말 행복해요."

필리스는 안됐다는 표정으로 나를 보며 말했다. "괜찮다니까요, 흥분하지 말아요. 아이가 좀 크면 덜 힘들어질 거예요."

필리스가 일부러 나를 놀리려고 그러나, 하는 생각까지 들었다. 누군가 옆에서 이런 말도 안 되는 대화를 듣고 있다가, '당신은 정상이고 아이를 사랑한다.'라고 말하며 편들어주지 않을까 주변을 둘러보기까지 했다. 그때 나도 모르게 눈물이 터져 나왔다. 그러자 필리스가 냉정한 어조로 말했다. "아니, 이렇게 민감하게 생각하는 줄 몰랐어요. 우리 다른 얘기 하죠."

그날 나는 뺨이라도 맞은 것처럼 혼란스러운 상태로 집으로 돌아왔다.

친구에게 전화를 걸어 그 얘길 했더니 친구는 깜짝 놀랐다. '수치심 덫' 때문에 놀란 게 아니라, 내가 필리스와 단 둘이 점심을 먹었다는 데 놀란 것이다. "너 왜 그랬어? 지난번에도 몇 번이나 얘기하다가 상처를 받았다면서? 왜 일부러 힘든 상황을 만드는 거야?"

그때 친구에게 아무 대답도 할 수 없었지만, 돌이켜 생각해보니 '나는 정상이고 엄마가 될 자격, 누군가의 친구가 될 자격이 있다'는 걸 필리스에게 증명해 보이고 싶었던 듯하다. 아니, 사실은 그 날의 일이 선명하게 기억나지 않아서, 모든 게 그냥 내 착각이라고 믿었는지도 모른다.

그로부터 두 달 후, 나는 미련하게도 계속 필리스를 만나고 있었다. 그 때마다 화가 나고 우울해지고, 이상할 정도로 경쟁심이 불타올랐다. 심지어는 다음에 만날 때 필리스가 할 예상 멘트를 생각하고, 보란 듯이 응수해줄 답변 내용을 궁리하기도 했다. 특히 점심 약속에 맞춰 외출 준비를 하던 날이 기억에 남는다. 나는 선물 받은 로션을 처음으로 발라보았다. 허브가 든 유기농 로션이었는데, 바르는 순간 자연의 흙냄새가 났다. 나도 모르게 젖은 티슈로 로션을 닦아내기 시작했다. '필리스가 이 냄새를 맡으면 분명 나를 타박할 거야. 필리스한테는 백화점 향수코너 같은 냄새가 나던데.' 하지만 결국 오기가 생겨, 다시 로션을 듬뿍 바르고 옷을 차려 입었다.

약속 장소로 가는 내내, 필리스에게 응수할 말만 생각했다. '보란 듯이 말해주는 거야. 어머, 이 냄새가 이상하다고요? 유기농이에요. 아기한테 독한 화학약품 들어간 화장품은 해롭잖아요.' 아쉽게도 필리스는 유기농 로션 따위는 입에 올리지도 않았다. 대신 다른 걸로 꼬투리를 잡았다. 필리스가 내가 원한 질문을 안 던져 잔뜩 실망한데다, 로션 냄새 때문에 속이 울렁거리기 시작했다. 나는 우연을 가장해서 팔뚝을 필리스의 코에 들이밀어서 로션 냄새를 맡게 만들 방법이 없을까 궁리까지 했다. 대놓고 "내 팔뚝 냄새 좀 맡아봐요, 마음에 안 들죠, 그죠?" 하고 물으면 너무 궁상맞아 보일 테니까.

그날 내 친구는 '더 이상 필리스와의 일을 내게 상의하지 말라'고 선언했다. 친구는 이렇게 말해주었다. "네가 도대체 왜 그러는지 한번 잘 생각해봐. 내가 보기엔 너무 바보 같아."

그때 나는 내가 왜 그러는지 잘 알고 있다는 듯 대답했다. "나도 알아. 하지만 난 필리스의 진짜 본심을 캐내려고 하는 거야. 난 전문가잖아." 친구는 한숨을 내쉬었다. "그 여자의 본심을 알아낸다고? 난 그 여자가 왜 그런 짓을 하는지 전혀 궁금하지 않아. 네가 도대체 왜 그런 짓을 하는지가 궁금하지. 도대체 왜 그러는 거니?"

그로부터 한 달 뒤, 약국에서 우연히 필리스와 마주쳤다. 만나자마자 필리스가 말했다. "어머, 얼굴이 너무 안 좋아 보여요. 살쪘나 봐요?" 다행인지 불행인지, 마침 그때 나는 독감에 걸려 있었다. 몸이 너무 안 좋고 피곤해서 '한 판 붙을' 힘조차 없던 나는 그냥 어깨만 으쓱하고는 내 약이 나오기를 기다렸다. 필리스가 떠난 후 생각했다. '와, 정말 못됐다. 어쩜 저렇게 사람 기분 상하게 하는 말만 골라 할 수 있을까?'

필리스와의 말싸움에서 이기는 것에 더 이상 신경 쓰지 않고 내 감정에 집중하자, 그제야 나는 필리스가 수치심 덫을 놨다는 걸 깨달았다. 내가 취약한 부분을 자극해서 수치심을 느끼게 만들었다는 것을 말이다. 결국 우리 둘의 관계를 끝내야 할 때가 왔다는 것도 깨달았다. 필리스와의 점심약속에 다녀오고 나면, 내가 모자란 사람 같고 속이 상했지만 나는 '무엇이 문제인지' 제대로 알지 못했다.

그녀의 말에 상처를 받는 그 상태를 말로 표현하게 됐을 때, 비로소 나는 그것의 실체를 알게 됐다. "그래, 정말 마음이 아팠어. 정말 못된 사람이야." 이렇게 말로 표현하고 나서야 비로소 나는 필리스와의 관계를 청산하고 수치심 덫에서 벗어날 수 있었다. 그리고 내가 왜 고통과 슬픔만 안겨주는 그 관계를 계속 이어왔는지 좀 더 깊이 생각할 수 있게 되었다.

내가 받은 수치심의 경험을 언어로 해석해내는 법

수치심에 대해 말하는 것은 그 경험을 해석함으로써 그것으로부터 배움을 얻을 수 있게 해준다. 수치스러운 일을 겪는 것은 막을 수는 없지만, 그 상황을 알아차리고 긍정적으로 그 상황에서 빠져나오는 법을 배우는 게 중요하기 때문이다.

필리스와의 관계에 '수치심 회복탄력성의 4단계'를 적용했더니, 다음과 같은 해석 결과가 나왔다.

첫째, 나는 엄마가 되었다는 바뀐 환경 때문에 외로웠고, 나와 교감을 나눠줄 상대를 절박하게 찾아 헤맸다. 이 시기, 나의 가장 큰 '수치심 촉발제'는 바로 '모성과 엄마 역할'이었다. 필리스와의 관계가 우정이 아니라 경쟁과 전투로 변해가고 있다는 걸 알았지만, 내가 위험수위에 도달했다는 것을 몰랐다. '무례한 말대꾸를 미리 계획하는 것' 등이 바로 위험 경고였다. 심각할 정도로 과민해졌다는 의미였다. 상대의 수치심을 자극하는 방법으로 반격하려 했을 때, 내 수치심 역시 더 커졌다. 그것은 내가 원하는 바가 아니다.

둘째, 이제 막 엄마가 된 상태라서, 모성과 엄마 역할이 모든 엄마들에게 강한 수치심 촉발제라는 사실을 미처 몰랐다. 나만 그렇고, 나만 문제가 있다고 생각했다. 엄마 역할에 대한 '비판적 인식'을 갖추기까지 이후로 많은 시간과 노력을 기울여야 했다.

셋째, 친구가 나를 도와주려 했을 때, 그 이야기에 귀를 기울였어야 했다. 하지만 나는 친구가 엄마가 되어보지 않았다는 이유로, 나의 연결 네트워크에서 배제했다. 친구의 걱정을 흘려듣지 말았어야 한다는 후회가 든다.

넷째, 처음 필리스가 "그래요? 나는 한 번도 아이 낳은 것을 후회한 적이 없는데."라고 대꾸했을 때, 수치심 말하기 기술을 활용했으면 좋았을 것이다. "난 그냥 피곤하다고만 했는데, 그걸 어떻게 후회라고 받아들였어요?"라고 상대의 정확한 의중을 물을 수 있었다. 내가 먼저 "우린 서로를 이해하지 못하는 것 같으니 이만 다른 이야기로 넘어가시죠." 하고 얘기할 수도 있었다. 물론 필리스와 계속 만나지도 말았어야 했고.

나는 이 경험을 해석함으로써 수치심에 빠질 때마다 방어적으로 행동하는 나의 패턴, 즉 나의 수치심 연막을 파악하는 법을 배웠다. 이 사건은 수치심 회복탄력성의 4단계가 어떻게 작용하는지를 잘 보여주는 좋은 예다. 필리스를 대할 때의 내 태도를 곰곰이 되짚어보면서, 내가 수치심을 경험할 때마다 몇몇 단절 전략을 사용한다는 것도 알게 됐다. 나는 특히 '다가가기'와 '반항하기'를 모두 이용하는 경향이 있다.

상대와 함께 있을 때는 그 사람 마음에 들려고 내 속마음을 드러내는 대신 입을 다물거나 상대의 입맛에 맞을 말만 골라 하고, 막상 집에 돌아와서 화가 치밀면서 상대를 욕한다. 필리스와 있을 때는 어떻게든 우리가 좋은 친구고 내가 좋은 엄마라는 걸 알리려고 애썼다. 하지만 집에 돌아와선 혼자 씩씩대면서 어떻게 코를 납작하게 해줄까 작전을 짰다.

나는 심지어 만류하는 친구를 향해 '친구가 왜 이러는 거지? 내가 새 친구를 사귀는 게 마음에 안 드나?' 하는 생각까지 품었다. 내 분노의 감정을 친구에게 쏟아 부은 것이다. 내 감정을 타인에게 투사함으로써 스스로를 보호하는 것은 수치심을 느낄 때 흔히 나타나는 방어기제다. 많은 이들이 정작 수치심을 일으킨 당사자나 문제와 맞서는 대신, 아이, 배우자, 친구에게 화를 낸다고 말한다.

딸아이가 일곱 살이 되었으니, 필리스와의 사건이 일어난 지도 꽤 되었다. 그동안 나는 그 일에 대해 정말 많이 이야기하고 생각해보았다. 그때 대체 무슨 일이 일어났으며, 왜 그랬던 건지 이해하는 데는 많은 시간이 필요했다. 그런 이해는 한순간에 이루어지지 않는다. 아주 천천히 진행되는 과정이었다.

둘러대거나 미화하려 하지 말고
솔직히 감정을 말하기

수치심에는 '의도된 수치심'과 '의도되지 않은 수치심'이 있다. 지금부터는 그것에 대해 이야기를 해볼까 한다. 누군가 긍정적인 의도로 그랬다고 해서, 수치심을 느꼈을 때 그 고통이 적어지는 게 아니다. 마찬가지로 별 의도 없이 일으킨 수치심 역시 고통스럽기는 마찬가지다.

상대가 의도한 것인지 의도하지 않은 것인지 알아차리기는 매우 어렵다. 그걸 파악하려면 수치심을 불러일으키는 말이나 행동을 한 사람의 의도를 알아야 한다. 의도가 분명할 때도 있고, 그렇지 않을 때도 있다.

인터뷰 참가자들은 자기 마음을 아프게 하고 수치심을 불러일으키는 말이 무엇인지 알려주었다. 저마다 자기가 느끼는 숨은 의도도 표현해주었다. 각각의 인용문 아래에, 참가자가 그 말을 들었을 때 왜 수치심을 느끼며 마음이 아팠는지, 그리고 참가자는 숨은 의도가 무엇이라고 생각하는지 덧붙였다.

○ 나를 만나면 엄마가 제일 먼저 하는 말은 "어머, 너 아직도 뚱뚱하구나!", 헤어질 때 엄마가 마지막으로 하는 말은 "걱정 마, 빠지겠지"다(수치심을 다이어트를 위한 동기부여로 이용했다).

⋯▶ 엄마가 그런 말을 할 때마다 너무나 수치스럽고 마음이 아파. 엄마가 내 외모에만 신경 쓴다는 생각이 들어. 나를 기분 나쁘게 만들어서 내가 달라지게 할 수 있다고 생각한다면 그건 오산이야. 그건 나 자신을 싫어하게 만들 뿐이고 우리 사이를 멀어지게 만들 뿐이야. 엄마가 그런 말을 할 때마다 난 정말 마음이 아파.

○ 남편과 헤어지고, 아들이 내게 '엄마가 뚱보라서 아빠가 엄마를 버렸다'고 했을 때 정말

수치스러웠다(수치심을 분노 표출의 도구로 사용했다).

···➤ 네가 엄마한테 나쁜 말을 할 때, 특히 뚱보라고 할 때 엄마는 정말 괴롭고 마음이 아팠어. 네가 엄마 아빠한테 화가 났다면 대화로 풀어보자꾸나. 하지만 우리가 서로에게 화만 내고 있어서는 대화를 할 수가 없어.

○ 아들이 중이염에 걸렸을 때 소아과 주치의가 말했다. "어떻게 이 지경이 되도록 그냥 뒀습니까? 아이 건강이 더 중요해요, 엄마 직장이 더 중요해요(비난의 수단으로 수치심을 이용했다)?"
···➤ 선생님께서 그 말을 하셨을 때 뭐라고 대답해야 할지 몰랐어요. 내가 선생님에게 바란건 의학적인 조언인데, 그렇게 저한테 수치심을 안겨주면 선생님이 하는 말을 믿고 따르기가 힘들어져요.

다음은 의도하지 않은 수치심의 사례들이다. 참가자들은 '상대가 정말 나한테 수치심을 주려고 그랬던 것은 아니다' 혹은 '그 사람이 나에 대해 그렇게 잘 알 리 없다'고 말했다. 그러나 그렇다 해도 여전히 수치스럽고 고통스러웠으며, 그로 인해 상대방과의 관계가 소원해졌다고 지적했다.

○ 암 환자였다는 사실이 수치스러웠다. 직장 동료들은 나를 보면서 '저 사람, 더 이상 이런 건 못할 거야.'라고 생각했다. 가족들도 나를 보면서 '이런 건 못할 거야.'라고 생각했다. 모두들 나를 아무것도 할 수 없는 사람으로 취급했다(동정심, 불편함).
···➤ 직장으로 복귀했을 때 내가 암 환자였다는 사실 때문에 나를 다르게 대한다는 느낌이 들었어요. 나를 도와주거나 응원해주려는 마음에서 그런 것이겠지만 나를 예전과 다르게 대하면 난 외롭고 외톨이가 된 느낌이에요. 나는 여러분이 예전과 다름없이 나를 대해줬으면 좋겠어요.

○ 친구들한테 유산했다는 사실을 알렸더니 다들 나더러 '슬퍼할 이유가 없다'는 소리만 했다. "그래도 임신 가능성이 있다는 의미잖아." 혹은 "몇 주 안 돼서 벌어진 일이잖아."라고

말했다(불편함, 동정심—기분을 달래주려는 뜻).

···→ 유산을 하고 나서 정말 슬프고 외로웠어. 사람마다 받아들이는 마음이 다를 수 있지만 나한테는 정말 큰일이었어. 내가 어떤 기분이었는지에 대해 네가 진심으로 귀를 기울여줬으면 좋겠어. 내 마음을 달래주려고 하는 네 이야기들이 사실은 전혀 도움이 되지 않아. 나는 그저 나를 진심으로 염려해주는 사람들한테 내 마음을 솔직하게 털어놓고 싶을 뿐이야.

수치심 거미줄에서 빠져나올 방법을 찾아내기란 매우 어렵다. 왜냐하면 대부분의 덫이 그렇듯, 빠져나오려고 몸부림을 치면 칠수록 더 힘차게 옥죄어오기 때문이다. 수치심 거미줄에서 빠져나오려면, 지금 내가 무엇을 하고 있으며 왜 그렇게 해야 하는지를 제대로 인식하면서 천천히 그리고 꾸준히 노력해야 한다.

첫 번째 예에서, 우리는 "신경 꺼. 뚱뚱하다는 말 이젠 정말 지겨워!" 하고 짜증이나 분노로 응수하기 쉽다. 하지만 그런 반응은 아무 도움이 안 된다. 그보다는 수치심을 불러일으키는 사람에게 "당신은 나에게 상처를 주고 있다", "나는 지금 상처를 받아서 마음이 아프다." 하고 직접적으로 말하는 편이 훨씬 효과적이다. 물론 상대에게 내가 얼마나 마음이 아픈지 알리는 데는 짜증이나 분노보다 더 많은 용기가 필요하다. 실제로 실천해본다면 이게 무슨 뜻인지 알 수 있을 것이다.

자신의 감정을 솔직하게 표현하는 것은 '의도되지 않은 수치심'의 경우에도 같은 효과를 발휘한다. 의도되지 않은 수치심은 도움을 주려다 도를 넘거나, 쓸데없는 조언을 하거나, 비판을 하거나, 불편하고 어색해서 대화를 중단해버리는 경우 흔히 생겨난다. 불임 같은 주제에 대해 얘기할 때, 그런 일이 자주 생겨난다.

주위에 불임으로 고통 받는 친구나 가족이 한두 명쯤은 있을 것이다.

그리고 한 번쯤은 "우리 아이 가지려고 노력하고 있어. 그런데 잘 안 되네. 나한테 문제가 있나봐." 하는 식의 말을 들어봤을 것이다. 그런 말을 들을 때 우린 어떻게 반응하는가? 불편하고 어색한 마음에 "곧 생기겠지. 기다려봐." 혹은 "입양하면 되잖아?" 같은 말을 건네기 쉽다.

아이를 원하는 이에게 불임은 매우 고통스러운 주제다. 워크숍에서 불임이 주제로 떠오르면, 항상 참가자들은 감정이 북받친다. 불임이 유발하는 수치심에서 빠져나오기 위해서도, 나의 감정을 솔직하게 표현하고 도움을 청하는 방법이 효과적이다.

'수치심 말하기'는 내 감정을 설명하고 도움을 요청하는 좋은 방법이다. 하지만 쉽지 않다. 수치심을 오랫동안 연구한 나조차도 정서적 욕구를 남들에게 말하는 것이 여전히 두렵다. 정서적 욕구를 말하는 것은 자신을 속속들이 드러내는 것 같아서 누구에게나 편치 않은 일이다.

그리고 가끔은 그렇게 속내를 털어놓는 것이 전혀 도움이 되지 않을 때도 있다. 겁을 먹은 상대가 수치심 연막을 쳐서 오히려 우리에게 고통을 안겨줄 수도 있기 때문이다.

'수치심 거미줄 언어'의 미묘한 특징 파악하기

수치심 말하기를 배우다 보면, 수치심 거미줄이 사용하는 미묘한 언어들에 대해 알게 된다. 우리가 나의 감정과 나의 필요를 호소할 때, 그런 감정에 공감하는 대신 거리를 두고 오히려 나에게 수치심을 안겨주려는 이들이 자주 사용하는 언어들 말이다.

이런 말들을 들을 때는, 조심해서 자기 마음이 다치지 않도록 할 필요가 있다.

○ "네가 너무 예민해서 그래."
○ "네가 그렇게 약한 사람인 줄 몰랐어."
○ "그게 너한테 그렇게 큰 문제인 줄 미처 몰랐어."
○ "넌 너무 방어적이야."
○ "이제부터 네 앞에선 말조심해야겠다."
○ "그건 다 네 상상에 불과해."

우린 서로에게 잔인하게 굴어선 안 된다. 때론 솔직함도 잔인함이 된다. 정직이 최선이라고는 하지만, 수치심, 두려움, 분노, 고통이 자리한 솔직함은 진정한 솔직함이 아니다. 그것은 수치심, 두려움, 분노, 고통이 솔직함을 가장한 것일 뿐이다.

정확한 분석, 사실에 근거한 판단이라 해도 파괴적으로 이용될 수 있다. 종종 솔직함을 무기로 수치심 거미줄이 우리를 옥죄기도 하기 때문이다. 그걸 내세운 사람은 손쉽게 변명한다. "왜 그래. 난 사실을 말한 것뿐이야. 누가 봐도 사실이잖아."

가정폭력을 다룰 때 우리는 '가스등 효과gaslight effect'라는 용어를 자주 사용한다. 잉그리드 버그먼이 출연한 영화 〈가스등Gaslight〉에서 유래된 용어로, 자신감 없고 소심한 사람이 자기보다 강한 영향력을 가진 누군가로 인해 어떻게 조종되는지를 보여준다. 영화에서 잉그리드 버그먼이 연기한 여주인공인 '아내'는 거짓말로 자신을 신경쇠약으로 몰아가는 남편의 수치심 덫 때문에 실제로 서서히 미쳐간다. 수치심 거미줄과 수치심 덫은 실제로 매우 위험한 학대수단이 될 수 있다.

높은 수준의 수치심 회복탄력성을 보여준 이들은 용기와 자비를 발휘하기 위해 의지할 만한 연결 네트워크를 잘 이용한다. 또한 자신의 감정과 욕구를 정확하게 표현할 줄 안다.

이 책을 읽으면서 여러분 모두 수치심과 수치심 회복탄력성에 대한 이해가 조금씩 늘어가고 있을 줄로 믿는다. 개중에는 자신의 문제와 연관지어 훈련을 하는 이도 있을 테고, 일단은 책을 읽기만 하면서 마음속으로만 받아들이는 이도 있을 것이다. 어느 쪽이 되었든, 책을 읽고 생각한 것만으로 '수치심 말하기'를 배우고 있는 중이다. 수치심은 지극히 개인적인 경험이기에, 저마다 자기에게 수치심을 불러일으키는 촉발제가 무엇이며 그것에 함의가 무엇인지 찾아가야 한다. 하지만 분명 공통분모도 존재한다. 앞서 언급했던 '수치심 12항목'처럼 말이다.

또한 우리에게는 '문화'라는 공통점이 있다. 현대사회에서 단절에 대한 두려움은 매우 극명하다. 우리는 모두 관계를 맺고 소속감을 느끼며 그 안에서 내가 안전하다는 것을 끊임없이 확인하고 싶어 한다. 그렇지만 그토록 소속되고 싶어 하는 그 사회와 문화가 뿜어내는 여러 기대와 암시가 동시에 두려움, 비난, 단절을 빚어내기도 한다.

이어지는 세 개 장에서는 우리의 문화, 특히 완벽주의, 전형화, 비가시성, 중독 등과 같은 특징이 우리 삶에 어떤 영향을 미치는지 살펴볼 것이다. 더불어 완벽하고 인정받는 사람이 되어야 한다는 공동체의 '원치 않는 정체성'에 맞서서 나의 진실한 모습, 그리고 용기와 자비, 유대를 실천할 수 있는 방법도 살펴본다.

7장

완벽하고, 특별하고, 우아하고,
뛰어나지 않아도 괜찮다

두려움과 수치심만큼 서로 떼려야 뗄 수 없는 불가분의 관계를 가진 감정도 없다. 이 둘은 수시로 서로 힘을 합쳐 강력한 감정의 폭풍을 일으킨다. 수치심은 두려움을 낳고, 두려움은 또 다시 수치심을 낳는다. 이 둘이 만나면 너무나 미친 듯 증폭되어, 어느 쪽이 끝나고 어느 쪽이 새로 시작되는지 구분하기조차 쉽지 않다.

수치심 혹은 단절에 대한 공포가 다른 많은 것에 대한 두려움과 불안감을 불러일으킨다. 그중에서 우리에게 가장 많은 영향을 끼치는 문제들이 불완전함, 평범함, 쿨하지 못함, 취약함에 대한 두려움이다. 이제부터 그 고통의 실체를 파헤쳐보고, 수치심 회복탄력성 기술을 통해서 그런 두려움에 맞서는 것이 어떻게 도움이 될 수 있는지 알아보려고 한다.

완벽주의가 빚어내는
수치심과 두려움이라는 감정

앤 라모트Anne Lamott는 "완벽주의는 압박의 목소리다."라고 했는데, 나는 그 말에 백분 공감한다. 그와 관련된 일화를 하나 소개하려 한다.

어렸을 때 나는 영화 〈플래시댄스Flashdance〉를 스무 번도 넘게 봤다. 1980년대 내내, 제니퍼 빌즈가 연기한 영화 속 알렉스에 푹 빠져 살았다고 해도 과언이 아니다. 알렉스는 낮에는 제철공장에서 용접공으로 일하지만, 밤이면 재능 있고 꿈이 야무진 댄서로 변신한다. 영화에서 내가 제일 좋아한 대목은 알렉스가 심사위원석의 거들먹거리는 전문가들 앞에서 오디션을 보는 장면이었다.

알렉스처럼 되어보려고 숱하게 티셔츠를 찢고 레그워머를 사들였다. 지금 생각하면 부끄러워서 낯이 붉어진다. 물론 나만 그런 것이 아니었다. 주말에 친구 여섯 명을 만났는데, 모두 다 똑같은 퍼머머리에 찢어진 티셔츠 차림으로 나타난 적도 있었다.

우리는 모두 〈플래시댄스〉의 알렉스처럼 되고 싶었다. 알렉스는 완벽했다. 구겨진 옷을 입어도 섹시했고, 용접을 하고 있어도 멋있었고, 발레를 하는 모습은 우아했고, 브레이크 댄스는 또 얼마나 쉽게 추던지. 하지만 그런 완벽한 모습은 영화 속 허상일 뿐이었다. 오디션 장면을 촬영하는데 감독이 세 명의 대역배우를 썼다는 사실을 알고 나서, 나는 너무 실망했다. 아름다운 얼굴이 나오는 장면에는 제니퍼 빌즈가 등장하지만, 발레를 추는 장면은 전문 발레리나가, 점프 장면은 수상 경력이 있는 체조선수가, 브레이크 댄스 장면은 남자 댄서가 대신했던 것이다. 그런 줄도 모르고 수도 없이 퍼머를 하고 그 많은 돈을 들여 레그워머를 사들이다니……. 세상에 존재하지도 않는 완벽한 사람을 따라잡으려고 헛고생을 한 셈이었다.

당신 역시 스스로에게 요구하는 기대를 살펴본다면, 내가 〈플래시댄스〉 속 주인공, 즉 세상에 존재할 수 없는 비현실적인 인물처럼 되기를 꿈꿨던 것처럼 전혀 불가능한 기대를 품고 있는 것임을 깨닫게 될 것이다. 우리는 잘하는 것에 만족하지 못하고, 완벽하게 되고 싶어 한다. 우리가 아는 모든 '최고의 모습'을 합친 그런 사람이 되고 싶어 하는 것이다.

그렇다면 그 '되고 싶은 완벽한 사람'은 어디서 만들어진 것일까? 바로 우리를 둘러싼 수치심 거미줄이다. 가족, 배우자, 연인, 친구, 나 자신, 직장 동료, 사교 모임 구성원들이 각자 우리에게 기대하는 모습을 모두 합친 것이 내가 '되고 싶은 완벽한 사람'이다. 외모, 가족, 일, 사랑 등 각각의 수치심 항목에 이 완벽주의가 영향을 미친다.

문제는 그 기대가 너무도 일찍 우리 삶에 쏟아져 들어온다는 것이다. 태어나는 그 순간부터, 나는 귀엽고 예뻐야 한다. 성인이 되면 가정을 꾸려야 하고 일에서 성공해야 하고, 가족 안에서도 완벽한 역할을 해야 하고, 잘 꾸며진 아름다운 집에서 행복하게 살아야 한다. 대중매체는 완벽하게 짜깁기한 모습을 보여주며 우리를 현혹한다. 그런 우리가 부모가 되면, 갓 태어난 아기를 보며 그 아이의 미래에 대해 온갖 상상의 나래를 펼친다. '나도 다 잘해왔으니까 너도 완벽해야 해!'

물론 모두가 입 밖으로 소리 내어 그런 기대를 강요하지는 않는다. 매일 접하는 TV, 동화책, 장난감, 어른들의 대화, 교사의 말, 또래들의 말이 사방에서 조용히 기대를 드러낼 뿐이다.

바디이미지는 '완벽주의'가 만들어내는 수치심의 대표적인 대상이다.

연구를 시작할 초기 단계에는 바디이미지가 외모에 포함되는 것이라고 생각했다. 그런데 자료들을 수집하면서, 바디이미지에 대한 우리의 인식이 하나의 거대한 범주를 차지할 정도로 커다랗다는 것을 발견했다.

외모는 바디이미지를 비롯해서 옷차림, 체력, 스타일에 이르기까지 겉으로 보이는 모든 것을 포괄한다. 그러나 이 가운데 가장 수치심을 부추기는 것이 바로 바디이미지다. 연구 참가자의 90% 이상은 '나의 몸과 관련해 수치심을 경험했다'고 고백했다. 그러니 바디이미지는 가히 '인류 공통의 수치심 촉발제'라고 해도 과언이 아니다. 이것은 우리 무의식 깊은 곳에 뿌리를 내리고, 다른 수치심 영역에도 큰 영향을 미친다.

바디이미지란 나 자신이 '나의 몸'에 대해 갖는 생각과 느낌이다. 물리적 신체에 대한 정신적 그림인 것이다. 그런데 안타깝게도 우리가 정신으로 그려낸 몸의 이미지는 진짜 몸과 거의 닮지 않았다. 우리가 그린 바디이미지는 나의 진짜 몸이 아니라 '그렇게 되어야만 한다'고 믿는 허상을 근거로 만들어져 있다.

자기 몸이 싫고 혐오스럽고, 심지어 쓸모없다고 느끼는 사람은 스스로를 대하는 태도와 세상을 대하는 태도도 바뀌게 된다. 뚱뚱한 몸 때문에 스트레스를 받는 사람은 '뚱뚱한 주제에 성격까지 나쁘다'는 말을 들을까봐 착하게 굴기 위해 안간힘을 쓴다. 몸에 대한 수치심 때문에 섹스를 꺼리는 사람도 있고, 몸에 대한 가치를 인정받고 싶다는 이유로 내키지 않는 섹스를 하는 사람도 있다. 또한 몸의 질병, 정신의 질병, 불임이

나 발기부전을 겪는 사람은 '몸이 나를 배신했다'는 사실에 수치심을 느낀다고 고백한다. 그러나 우리가 품는 바디이미지는 날씬하고 아름다워 보이는 것 그 이상이어야 마땅하다. 완벽하지 못하다고 해서 몸을 비난하고 싫어하면, 만족스럽지 않은 것에만 신경을 집중한 나머지 전인적이고 진실한 자신을 잃어버리게 된다.

특히 여성의 경우 '임신과 바디이미지'는 수치심에 노출되는 큰 계기가 된다.

임신 전, 여성들이 그리는 이상적인 바디이미지는 날씬하고 멋진 몸매다. 뚱뚱하거나 말랐거나 골반이 작은 여자는 임신에 적합하지 않다는 식의 인식도 여성의 바디이미지에 영향을 준다.

임신을 하고 나면, 어떤 바디이미지를 갖게 될까? 임신한 여성의 아름다움을 부각하기 위해 산모의 누드 사진을 찍는 것엔 대찬성이다. 그러나 문제는 그 사진이 진짜가 아니라는 것이다. 포토샵으로 이리저리 수정하고 지워낸 사진은 정상적인 임신 여성이라면 절대 될 수 없는 모습이다. 결국 임신한 여성은 그런 사진을 보면서, 그것과 다른 자신의 바디이미지에 대한 수치심을 경험하게 된다.

출산을 하고 나면, 몸은 달라진다. 체중이 늘기도 하고 항문질환도 생기며 살이 튼 자국도 잘 없어지지 않는다. 그러나 TV에서는 출산 후 불과 몇 개월 만에 처녀 시절 몸매를 찾은 연예인들의 모습을 연일 칭송하기 바쁘다.

수치심은 수치심을 낳는다. 부모가 가진 바디이미지는 아이에게 영향을 준다. 아이에게 끊임없이 체중에 대한 수치심을 불어넣기도 한다. 부모는 아이 인생에 가장 큰 영향을 미치는 역할모델이다. 자기뿐 아니라

아이 역시 현실을 있는 그대로 직시하고 사랑하도록 도와주는 것이 좋다. 현실에서는 실현 불가능한 이상적인 모습을 강요하는 대신, 몸무게보다는 건강을 중요시 여기게 해주고 대중매체의 잘못된 점도 가르쳐줌으로써 긍정적인 바디이미지를 심어주기 위해 꾸준히 노력할 필요가 있다.

때로 자녀를 너무도 아낀다는 이유로, 아이의 몸이 뚱뚱하거나 예쁘지 않아 겪게 될지 모를 고통을 방지해준다는 명목으로, 수치심을 활용해서 아이에게 동기부여를 시도할 수도 있다. 그도 아니면 아이가 알아서 바디이미지를 잘 형성할 것이라고 놓아두는 경우도 있을 수 있다. 그러나 바디이미지와 관련해서 중간적인 위치라는 것이 없다. 자녀가 바디이미지에 대해 긍정적인 개념을 갖도록 적극적으로 도와주지 않는 이상, 아이들은 사회와 대중매체가 강요하는 기대에 희생될 수밖에 없다.

'가족을 부양하는 일' 역시 완벽주의의 희생양이 되기 쉬운 영역이다. 부양 문제에 관해 정말 가슴 아픈 이야기들을 많이 들었다. 특히 병든 배우자나 연로한 가족을 부양하는 이야기가 많았는데, 가장 가슴 아픈 사연들은 대부분이 병들거나 나이가 많은 배우자를 부양하는 것과 관련돼 있었다.

부양은 인간이 평생 살아가면서 겪는 사건 중에서 가장 스트레스가 큰 경험으로 꼽힌다. 그래서 정신건강 분야에서도 많이 다루는 영역이다. 그리고 부양에서 생기는 불안, 두려움, 스트레스, 수치심은 대개 '완벽주의'에서 비롯된다. 기꺼이 헌신하면서 늘 긍정적인 모습만 보이고 그것으로부터 큰 보람과 의미를 찾는, 그런 부양자의 이미지를 자신에게 대입하면서 끊임없이 비교한다. 그러나 현실은 그런 이상과 다르다. 한없이 고통스럽고 화가 나며 의미 따위는 잃어버리기 일쑤다.

갑작스레 나이 든 부모나 병든 배우자를 부양해야 하는 상황에 맞닥뜨리면, 누구나 불안하고 슬프고 두려워진다. 그런 감정이 불편해서, 우리는 때때로 '나는 다르다'고 스스로를 다그친다. 부양이 버거워 부모를 버리거나 배우자를 떠난 사람과 같아지지 않을 거라고 말이다. '나는 뭐든 잘해낼 것'이라는 헛된 믿음으로 불안한 현실을 외면한다. 그동안 잘 못해줬던 가족과 좀 더 오붓한 시간을 보낼 기회라고까지 생각한다.

하지만 막상 그 일을 하기 시작하면, '사랑하니까 정성을 다해 보살펴야지.'라는 마음은 사라진다. 입에 담기도 싫겠지만, '정말 지긋지긋해. 빨리 안 죽고 뭐해. 내가 지금 사는 게 사는 게 아니야.' 하는 마음으로 바뀐다. 그 순간 우리는 당황한다. 스트레스, 걱정, 두려움, 슬픔이 한 번에 폭발하면서 수치심과 자기혐오가 비집고 들어온다. '이런 생각을 하다니, 내가 미친 거 아니야? 사랑하는 사람이 빨리 죽기를 바라다니, 내가 지금 제정신이야?' 하지만 결코 당신이 미쳐서 그런 생각이 드는 게 아니다. 인생에서 가장 힘든 경험을 별다른 도움 없이 혼자 겪는 인간이라면 누구나 그런 생각이 들게 마련이다.

부양자 노릇을 하는 이들과의 인터뷰에서, 그들은 모두 스스로에게 가혹했다. 구체적인 스킬이 부족한 자기에게 실망하고 심지어 혐오감을 표하기도 한다. 실망감을 깊이 파고 들어가 보면, 거기엔 이 부양의 경험을 육아와 비교하는 마음이 담겨 있다. 아이를 길렀던 것처럼 열과 성을 다하면 잘 해낼 수 있다고 믿는 것이다. 아이를 기르는 것도 힘든 일이기는 하다. 하지만 거기에는 미래에 대한 희망과 약속이 있기 때문에, 얼마든지 버텨낼 힘이 생긴다. 하지만 부모나 배우자 같은 성인을 부양하는 것은 두려움과 슬픔이 먼저 앞서는 일이다. 부양에 기껏 성공한다 해도, 그 결말이 죽음이 되기도 하기 때문이다. 상대가 인생의 막바지에 있거나 장래가 불투명하다면 두려움과 슬픔은 더 클 수밖에 없다.

모성 역시 완벽주의와 그에 따른 수치심이 만연하는 영역이다. 어머니로서의 정체성, 여성으로서의 정체성과 관련돼 있기 때문이다. 실제 많은 여성들에게 모성과 관련한 수치심은 감당하기 어려울 만큼 엄청나다. 자녀가 있는 연구 참가자들은 단 한 명도 예외 없이 모성과 관련된 수치심에 대해 언급했다. 엄마가 아니더라도 비슷한 문제에서 완전히 자유로울 수 없다. 불임으로 고통 받는 여성들, 아이 낳기를 미루거나 아예 자녀를 낳지 않는 쪽을 선택한 여성 역시 모성 때문에 수치심을 느낀다.

우리 사회는 여자라면 누구나 당연히 엄마가 되어야 한다고 생각한다. 그래서 많은 경우 미래 엄마로서의 가능성을 놓고 여자의 가치를 논한다. 그런 기준으로 나이가 어리다, 나이가 너무 많다, 아들을 낳아야 한다, 딸을 낳아야 한다 등등 많은 조건과 기대를 쏟아 붓는다. 일정 연령의 여성들은 '왜 아직 결혼을 안 하냐'는 질문에 시달리고, 결혼한 여성들은 '왜 바로 아이를 갖지 않느냐'는 질문에 시달리고, 이미 아이를 낳은 여성들은 '왜 둘째를 갖지 않느냐'는 질문에 시달린다.

모성과 관련된 수치심은 도처에 널려 있다. '여성=모성'이라는 공식은 진리가 된다. 모성이 없다면 여성의 가치도 없다는 인식도 있다. 모성과 관련된 사회적 기대의 정점에는 '좋은 엄마 vs. 나쁜 엄마'의 엄격한 기준과 기대치가 있다. 그리고 또한 흥미로운 것은 '좋은 엄마가 되려고 안간힘을 쓰는 모습' 역시 바람직하지 않은 것으로 치부된다는 사실이다. 완벽해져야 하지만 완벽하려 애쓰는 모습을 들켜선 안 된다. 날 때부터, 노력하지 않아도 완벽해야 한다.

완벽해야 하지만
완벽하려 애써서도 안 된다는 역설

나는 맥 라이언의 헤어스타일을 따라 하고 싶었지만, 미용사들은 핀잔만 퍼부었다. 내가 "방금 침대에서 일어난 것처럼 부스스한 머리 모양을 하고 싶어요."라고 말하자, 미용사는 그런 '자연스러운' 머리를 만들려면 미용사 몇 명이 몇 시간을 매달려야 한다며, '꿈 깨라'고 일깨워줬다.

우리는 '자연스러운 아름다움'에 얼마나 많은 투자를 하는가? 땀 한 방울 안 흘리면서 모든 걸 척척 해내는 '자연스러운' 엄마가 되고 싶어 한다. 일을 할 때는 '일을 참 쉽게 한다', '타고난 재능이 있다'는 칭찬을 듣고 싶어 한다.

연구 참가자들은 '완벽주의'에 대한 흥미로운 생각을 드러냈다. 불완전함도 수치심을 불러오지만, 완벽해지려고 '애쓰는 것' 역시 수치심을 불러온다는 것이다. 우리는 완벽해 보이는 스타들처럼 되고 싶다. '저들은 저렇게 쉽게 하는데 나는 왜 안 되는지' 의아하다. 물론 분명 재주와 능력을 타고난 사람도 있다. 하지만 유명인이나 대중스타를 포함한 우리 대부분은 기를 쓰고 노력하고 최선을 다한 결과, 우리가 원하는 것을 얻을 수 있다. 멋진 몸매, 아름다운 외모를 지닌 이들의 95%는 노력을 통해 그런 결과를 얻었다. 그것도 아주 엄청난 노력 말이다. 일, 육아, 돈, 살

림도 마찬가지다. 그렇게 되기까지 엄청난 시간을 투자해 훈련과 연습을 거듭한다.

2년 전, 박사과정의 여학생 하나가 질문을 했다.

"책을 쓰고 싶어요. 자료 수집도 몇 년간 해왔는데, 제가 할 수 있을지 자신이 없어요."

무엇 때문에 망설이냐고 물었더니 그 여학생은 눈을 내리깔고 자신감 없는 어투로 대답했다.

"저한테는 쉬운 일이 아니에요. 글 쓰는 게 너무 스트레스가 심해요. 전 선생님과 달리 글이 자연스럽게 술술 써지지가 않아요. 게다가 얼굴도 두껍지 못해요. 글을 쓰려면 비평쯤은 웃어넘길 수 있어야 한다고들 말하는데, 전 그럴 자신이 없어요."

그 말을 할 때 여학생이 수치심을 느꼈다는 것을 감지할 수 있었다. 어느 정도 공감도 갔지만, 솔직히 조금 짜증이 났다. 당장에라도 이렇게 소리치고 싶었다. "나라고 글이 강물처럼 콸콸 쏟아져 나오는 게 아니야. 한 글자 한 글자 억지로 쥐어짜야 할 때도 있고, 죽을 만큼 힘들 때도 있어. 그리고 글을 쓰는 사람은 누구나 비평을 받으면 괴롭고 힘든 법이야!" 비평을 받아들이는 데 익숙해질 순 있지만, 고통스럽기는 매한가지다.

성공한 사람들이 아무 노력도 없이 그런 성공을 누린다고 여기게 되면, 고생하고 애쓰는 자기 자신을 수치스럽게 여기게 되고 완벽한 모습을 자랑하는 사람들의 노력을 무시하게 된다. 스스로 자신의 수치심 거미줄이 될 뿐 아니라 또 다른 이들의 수치심 거미줄이 되고 마는 것이다.

모든 걸 다 잘하는 사람은 거의 없다. 그나마 모든 걸 거의 다 잘하려면 엄청난 노력이 필요하다. 더군다나 여성의 경우 결혼, 자녀양육, 건강, 일, 모성 모두 눈부시게 성공적으로 해내는 것은 거의 불가능에 가깝다. 남성 역시 다르지 않다.

바로 이 점 때문에 우리가 받는 기대에 대한 현실 점검이 필요하다. '날 때부터 재능을 안고 태어난 듯' 자연스럽게 성공한 이들 역시, 실제로는 엄청난 노력과 헌신, 희생을 감수했다는 것을 알아야 한다.

수치심 회복탄력성을 이용해 완벽주의로부터 벗어나는 법

수치심 회복탄력성의 4단계를 다시 언급하기 전에, 완벽주의 때문에 고군분투했던 나의 경험을 한 번 나눠보려 한다.

딸아이를 임신했을 때, 노트북 PC 회사를 비롯해 몇몇은 재택근무를 하는 엄마의 모습을 광고에 등장시켰다. 폭신한 실내화를 신고 책상에 앉아 일하는 엄마, 카펫 위에선 아기가 얌전히 놀고 있다. 그걸 사랑스럽게 지켜보는 엄마. 그리고 결국 그 엄마는 일을 잘해내서 동료들에게 칭찬을 받는 것으로 훈훈하게 마무리된다.

나는 날마다 그 광고 이미지를 떠올렸다. 광고 속 엄마처럼 예쁜 티셔츠에 44사이즈 요가 팬츠를 입고 포니테일로 머리를 묶은 다음, 노트북 컴퓨터 앞에 앉아 척척 일을 해내고 싶었다. 당연히 아이는 생글생글 웃으며 혼자서도 잘 놀고, 나는 일과 인생에서 모두 큰 성공을 거두고…….

그러니까 나는 그 노트북 PC 광고의 타깃이었고, 그들이 쳐놓은 덫에 제대로 걸려든 셈이었다.

딸아이가 태어난 지 2개월쯤 되던 날, 내 꿈을 실현시킬 수 있는 기회가 찾아왔다. '지역사회 평가 프로젝트'를 담당할 연구원 후보로 뽑힌 것이다. 나는 지역커뮤니티 리더 둘과 다자통화 면접 일정을 잡았다. 면접 내용은 1분 단위로 촘촘히 짜두었다. 모든 게 계획대로 착착 진행되었다. 정오에 젖을 먹이고 아기는 55분 정도 푹 잤다. 면접 전화는 오후 1시 정각에 맞춰 걸려왔다. 질문 내용은 이미 다 정리해뒀고 만일의 경우에 대비해 헤드셋까지 낀 상태였다. 모든 게 완벽했다, 오후 1시 5분까지는.

면접을 시작한 지 5분쯤 됐을까? 아기가 울기 시작했다. 처음엔 조금 칭얼대더니 1분쯤 더 지나니까 자지러질 듯 울음소리가 커졌다. 수화기 건너편의 면접자가 "무슨 일이냐?"고 물었다. 나는 얼른 별일 아니라고 둘러댔다. 하지만 그들이 프로젝트 개요를 설명하는 동안, 나는 아이 방으로 달려갔다. 아기 침대로 다가가는데, 모유가 새서 티셔츠 앞섶이 다 젖어 있었다. 아기 우는 소리에 자연스레 젖이 돌아서 새어나온 것이다. 딸아이는 변을 본 상태였다. 애써 태연한 척하며 헤드셋 송신기에 대고 "네, 잘 듣고 있습니다." 하고 연신 신호를 보냈지만, 상대방의 말은 이제 귀에 들어오지도 않았다. 생각나는 대로 질문을 하나 던져놓고 저쪽에서 답변하는 사이에 일처리를 하느라 정신이 없었다.

일단 생각보다 위기를 잘 넘겼다. 면접자가 내가 받아 적어야 할 주요 사항을 설명하는 동안, 간신히 아기 옷을 벗기고 물티슈로 대충 몸을 닦인 다음 발가벗은 아기를 안고 거실로 나왔다. 젖을 물리고 아기가 조용해지자, 나는 다시 저쪽에 대고 '마치 잘 적고 있었던 것처럼' 대꾸했다.

지옥 같은 상황은 슬슬 마무리 단계에 와 있었다.

그때, 스트레스가 너무 심했던지 갑자기 아랫배가 뒤틀리면서 설사 증세가 밀려왔다. 나는 티셔츠를 반쯤 올리고, 젖을 빨고 있는 아기를 한 팔에 안은 채, 허리에 수유쿠션을 끼고 눈물을 줄줄 흘리며, 펭귄처럼 뒤뚱거리면서 화장실로 향했다. 그리고 마지막으로 최대한 우아하게 면접자에게 '시간을 내주셔서 감사하다'고 인사를 건넸다. 전화를 끊고 아기를 안은 채 변기에 주저앉아, 나는 그만 엉엉 울어버리고 말았다.

척척 일을 해내고 아기도 잘 돌보는 완벽한 워킹 맘은 절대 될 수 없었다. 그 사실이 너무도 수치스러웠다. 전화 면접을 망친 것도 속이 상했지만 똥냄새를 풍기며 발가벗은 채 내 품에 안겨 있는 딸아이를 내려다보니, 미안한 마음에 더 속이 상했다.

몇 주 동안, 친구와 남편과 상의도 해가면서 그날의 일을 곰곰이 생각해봤다. 수치심은 광고가 보여준 허상에 대한 자각으로, 다시 깨달음으로 바뀌었다. 이제 다시 '방실방실 웃는 아기, 그 곁에서 예쁜 옷을 입고 노트북 PC로 재택근무를 하는 워킹 맘' 따위의 환상은 품지 않으리라 결심했다.

첫 아이를 낳은 후 아이를 데리고 재택근무 하는 친구들은 여전히 '아기의 리듬에 맞춰 일의 계획을 세운다.' 혹은 '중요한 업무 통화 전에 기저귀를 미리 확인한다.' 따위의 해결책이 있지 않냐고 반문한다. 그러면 나는 상냥하게 대답해준다. "그건 광고 속에서나 가능한 일이야."

이 사건을 수치심 회복탄력성 4단계를 통해 다각도로 조망함으로써, 나는 비로소 그 수치심으로부터 자유로워질 수 있었다.

| 수치심 촉발제 알아차리기 | 나는 일과 육아 사이에서 '쩔쩔매는' 엄마로 보이고 싶지 않았다. '다른 사람의 도움 없이 혼자 힘으로도 허둥대지 않고 일과 육아를 모두 완벽하게 해내는 슈퍼 워킹 맘'으로 보이고 싶었다. 나의 이런 환상은 어렸을 적 엄마의 모습에서 많이 영향을 받았다. 내가 10대 후반이 될 때까지 전업주부였던 엄마는 우리를 돌보는 데 온 힘을 다 쏟았다. 그런 엄마처럼 되고 싶으면서, 한편으론 일과 공부까지도 훌륭히 해내는 완벽한 존재가 되려고 했다. 도움도 받고 싶지 않았다. 도움이란 자기 일을 제대로 못하는 모자란 사람들에게나 필요한 것이기 때문이다. 나는 내가 그런 모자란 사람들과는 다른 부류, 즉 광고 속에 나오는 슈퍼 워킹 맘이라고 믿었다. 그쪽이 훨씬 더 멋있어 보이니까.

| 비판적 인식 실천하기 | 여자들은 '슈퍼우먼 신드롬', 남자들은 '슈퍼맨 신드롬'이 있다. 여러 사건에서 얻은 교훈에도 불구하고, 나는 여전히 혼자 힘으로 모든 걸 다 해낼 수 있다는 생각에 종종 사로잡힌다.

여성의 슈퍼우먼 신드롬은 직장에서 남녀평등을 얻어내기 위해 노력하는 과정에서 생겨난 부산물인 듯하다. 특히 주부 역할은 무보수에다 중요하지도 않고 어렵지도 않은 일로 간주하는 현실이 여기에 더욱 기름을 붓는다. 하지만 내가 경험한 바에 따르면 엄마와 주부 역할은 지금까지 내가 했던 그 어떤 일보다 힘들고 가치 있으며, 대가도 크다. 한편으론, 슈퍼우먼 신드롬에 빠졌다고 손가락질 당하는 여성들 대부분이 혼자서 모든 걸 다 해내지 않으면 안 되는 절박한 상황에 처해 있기도 하다. '가정이냐 일이냐' 양자택일의 자유도 없는 상황에서, 강한 책임에 짓눌려 있는 경우 말이다.

| 손 내밀기 | 외모, 가족, 일, 육아 때문에 힘들 때, 나는 연결 네트워크에 전적으로 의지한다. 그들에게 조언을 구하고, 배우고, 칭찬과 격려를 부탁하고, 내가 하는 일에 대한 평가를 부탁하고, 아이를 봐달라고 부탁한다. 때로는 가만히 손을 잡아주는 것만도 얼마나 큰 힘이 되는지 모른다.

그동안 많은 노력을 기울인 덕분에 지금 내 주위의 연결 네트워크는 크고 강하다. 물론 나는 연결 네트워크의 사람들에게 의존만 하지 않고 그들에게 도움을 주고 의지할 수 있는 상대가 되어주기도 한다. 내 연결 네트워크가 서로 주고받을 수 있는 관계가 되기를 바란다. 공감은 받는 것도 멋진 선물이 되지만, 베푸는 것도 큰 기쁨이 되어준다. 공감을 주고받으면서 나는 더 나은 사람이 되고 수치심 회복탄력성도 점점 더 커진다.

앞서 말한 문제들과 관련된 수치심 거미줄은 주로 대중매체와 나 자신이다. 꾸준히 노력은 하고 있지만 여전히 미디어의 영향을 많이 받고 있다. 그래서 그것에 현혹되지 않고 비판적 인식을 실천하기 위해 늘 주의를 기울이고, 연결 네트워크의 사람들과도 대화를 자주 나눈다.

| 수치심 말하기 | 수치심 말하기의 목표가 내 느낌을 '표현'하고 필요를 '요청'하는 것이라면, 나는 점점 나아지고 있다고 자신 있게 말할 수 있다. 최소한 전자는 확실히 더 나아졌다. 하지만 다른 많은 이들처럼 나는 도움을 요청하는 것이 아직도 쉽지 않다. 특히 도움이나 격려가 절실할 때는 더 그렇다.

많은 이들이 도움이나 격려, 지지를 청하는 걸 힘들어한다. 자기가 부양자이거나 도움을 주는 역할일 경우 더욱 그렇다. 스스로를 도움을 주는 존재라고만 생각하지, 도움이 필요한 존재라고는 생각하지 않아서 도

움을 청하지 않는 것이다. 그런데 정작 아무도 자신을 도와주지 않으면 화가 나거나 상처를 받는다. 동시에 이렇게 생각하는 것이다. '지금 내가 얼마나 힘든지 안 보여?', '아니야, 이 정도는 혼자 힘으로 해내야 해' 그런 생각은 비난과 수치심으로 이어진다. 도움이 필요한데도 청하지 않고, 그런데도 정작 도움을 받지 못하면 화가 난다.

완벽주의 대신, 조금씩 성장하고 발전하는 모습을 지향하라

완벽주의 대신 성장과 발전 쪽을 택하면, 수치심 회복탄력성은 커진다. '완벽해야 한다'는 쪽보다는 '성장하고 발전하고 있다'는 쪽이 훨씬 더 현실적인 목표다. 수치심은 '달성할 수 없는 목표를 포기해야 할 때' 우리를 옥죄기 때문이다. '꼭 해야 한다'는 당위 아래 우리는 자신의 진면목이나 가능성, 한계를 묵과하게 된다. 그리고 완벽한 도자기 같은 자기 모습을 붙잡으려 매달린다. 결국 남은 것은 아래로 추락하는 일뿐이다.

'부모님이 나를 완벽한 자식이라고 자랑스러워하게 만들겠어!'라고 생각할 때, 우리가 할 수 있는 선택은 실패뿐이다. 일단 '완벽하다'는 목표는 누구도 달성할 수가 없다. 더군다나 타인의 생각과 기준은 내가 어찌할 수 있는 게 아니다. 타인이 됐든 자기 스스로가 됐든, 그들이 품은 모든 기대에 모두 완벽히 부응할 방법은 그 어디에도 없다.

반면 성장과 발전을 목표로 하고 '더 잘하고 싶다'고 생각하면, 나의 진짜 모습에서 출발할 수 있다. '부모님과의 관계를 개선시키고 싶다'는 목표는 '부모님이 나를 완벽한 자식이라고 여기게 만들겠다'는 목표와는 완전히 다르다. '완벽한 ○○(딸, 아들, 배우자, 부모)이 되겠다'는 목표를 버리고 나면 관계가 얼마나 달라지는지, 금세 알게 될 것이다.

'불완전한 나'를 가치 있는 존재로 여겨주고 그런 나를 존중해주고 인정해주는 연결 네트워크가 있다면, 내게 큰 힘이 되어준다. 1장에서 '수치심을 불러일으키거나 무시하는 것으로 사람의 행동을 바꿀 수 없다'고 했다. 나를 미워한다고 해서 살을 뺄 수 있는 게 아니고, 나를 수치심에 빠뜨린다고 해서 더 나은 부모가 될 수 있는 것도 아니며, 나 자신이나 가족을 무시한다고 해서 더 나은 모습으로 변할 수 있는 것도 아니라는 뜻이다. 무시하고 수치심을 불러일으키는 것은 아무 도움도 안 된다. 수치심은 우리 안에 있는 '변화하고 나아질 수 있다'는 믿음을 갉아먹기 때문이다.

'완벽해지기 위해 노력한다'는 목표도 적절치 않다. 좀 더 현실적인 목표 설정이 필요하다. '참을성 없는 사람으로 보이고 싶지 않다'는 목표를 다른 말로 하면 '참을성을 길러서 절대 화내지 않는 사람이 되겠다'는 목표와 같다. 둘 다 완벽함을 목표로 하고 있다.

내 친구 셰릴은 부모로서의 자기 목표가 '재미있고 강하고 자상하고 아는 것 많고 참을성 있고, 사랑이 넘치는 부모가 되는 것'이라고 말했다. 그러면서 그 모든 걸 다 이루는 게 비현실적이라는 것을 잘 안다고도 말했다. 그러나 그 목표를 위해 어떤 노력을 하느냐고 물었을 때, 셰릴은 마치 어디 적어두기라도 한 것처럼 술술 말해주었다.

"일단 잠을 잘 자려고 노력해. 내가 잘 쉬어야 좋은 부모가 될 수 있으니까. 어길 때도 있지만 가급적 계획표를 지키려고 노력하고, 육아서를 많이 읽되 좋은 내용은 따르고 그렇지 않은 것은 버려. 다른 집 엄마아빠가 잘하는 걸 물어보고 배워. 남편과 함께 자녀교육 워크숍에도 가지. 다른 엄마들과도 활발히 교류하고, 내 가치관에 부합하는 소아과 의사를 찾기 위해 담당의를 바꿨어. 육아를 잘하려면 일은 어디까지 한계를 두어야 할지 정확히 해두었고, 내 육아법에 대해 마음을 터놓고 얘기할 수 있는 친구도 있어. 재충전하는 시간을 만들어서 나 자신을 잘 보살피려고 애쓰고 있어. 나를 먼저 사랑해야 내 가족, 아이들한테도 사랑을 베풀 수 있으니까."

성장하고 발전하겠다는 현실적인 목표 쪽이 막연히 완벽함을 추구하는 쪽보다 더 많은 행동을 유발한다. 완벽해지려고 애쓰다보면 자주 실패를 하게 돼서 실패에 익숙해져버린다. 그런 일이 반복되면 '먼 미래에는 완벽해질 것'이라는 막연한 믿음을 근거로 정작 현실에서 할 수 있는 일들은 외면하게 된다. '오늘부터 건강하게 먹고 운동도 열심히 할 거야.'라고 목표를 설정하고 실천하는 것보다, 막연히 '12월쯤엔 날씬해질 거야.'라고 생각하는 편이 더 쉽다. 성장을 위한 현실적인 목표를 세우면 막연히 생각한 것보다 오늘, 내일, 모레에 당장 해야 할 일이 명확해지고 책임감도 생겨난다.

수치심 회복탄력성이 높은 사람은 현실적인 목표와 측정 가능한 전략이 있다. 식이장애로 오랫동안 고통을 겪은 한 연구 참가자는 '모델 같은 몸'이라는 막연한 목표 대신 '있는 그대로의 건강한 몸'이라는 목표를 세웠고, 30분씩 주 5회 운동을 하고 매일 최소한 한 번은 건강에 좋은 식사를 하기 시작했다.

성장과 발전을 목표로 하면, '전부 아니면 전무all or nothing' 식의 사고 방식에서 벗어날 수 있다. 노력의 결과가 성공과 실패, 두 가지만 있는 게 아니다. 목표가 '더 나은 부모가 되는 것'이고 그걸 이루기 위해 한 달에 한 번 육아와 관련된 글을 읽고 훌륭한 육아법을 실천하는 부모들과 대화하기라고 정했다면, 설령 이걸 꼬박꼬박 지키지는 못하더라도 계속해서 배우고 성장하는 것이 가능하다. 반면 '완벽한 부모가 되는 것'을 목표로 삼는다면 우리는 필연적으로 실패할 수밖에 없고, 그 실패는 배움과 변화를 가져올 수 없다. 그저 수치심만 안겨줄 뿐이다.

실수해도 괜찮다, 다시 돌아가면 된다

'완벽한 나'를 목표로 하면, 그렇게 되지 못하고 실수를 저질렀을 때 그걸 실패로 보고 좌절하게 된다. 실수를 그저 실수로 보고 그것으로부터 무언가를 배우려고 노력하는 것, 그것이 바로 '되돌아가기going back'의 핵심이다. 그리고 이는 수치심에서 벗어나는 여정에서 대단히 중요한 개념이다.

외모, 가족, 일 등의 영역에서 높은 수치심 회복탄력성을 보여주는 이들은 '성장하고 변화하기 위해 늦은 때란 없다'고 믿는다. 실패에 사로잡히지 않고, 불완전함을 장애가 아니라 성장의 필수불가결한 요소라고 본다. 이들의 연결 네트워크에는 '되돌아가기'의 역할모델이 포함된다.

반대로, 같은 영역에서 반복적으로 수치심을 경험하는 사람은 '과거의 실수'에 집착한다. 긍정적인 영향을 주는 연결 네트워크보다 수치심 거미줄에 속한 사람들에게서 정서적 영향을 더 많이 받는다. 실수가 영원히 나를 따라다닐 거라고 공포심을 품는다.

되돌아가기가 중요한 첫 번째 이유는, 그것이야말로 우리로 하여금 실수와 실패의 기억에서 빠져나와 진정한 성장과 발전을 향해 나아갈 수 있도록 해주기 때문이다.

일례로 부모가 자녀에게 미치는 영향력은 상상을 뛰어넘을 정도로 크고 강력하다. 부모가 자녀에게 '완벽함에 대한 기대'를 주입하면 자녀는 성장과 발전을 위한 목표를 갖기가 힘들어진다. 특히 부모가 기대를 강요하면서 수치심을 도구로 사용하면, 상황은 더 심각해진다. 하지만 부모가 '되돌아가기'를 통해 완벽함 대신 성장을 추구하는 모습을 보여주면, 자녀는 다시 부모와 깊은 유대감과 공감을 느끼게 된다. 되돌아가기의 기본 방식은 '미안하다'는 진심 어린 사과와 '그 때문에 네 기분이 어땠을지 이해한다'는 공감이다. 구차한 변명이나 장황한 설명도 필요 없다. 부모가 자녀의 아픔을 알아주고 공감을 표시해주는 것만으로, 놀라운 치유효과가 나타난다. 부모로부터 완벽함을 강요받은 사람이 어른이 된 후에할 수 있는 '되돌아가기'는 그것이 그릇된 기대 혹은 왜곡된 기대였다는 것을 알아차리고 자기 스스로에게 사과와 공감을 보내는 것이다.

'되돌아가기'의 의지가 있는 누군가가 곁에 있다는 것은 큰 힘이 되어준다. 나는 아이를 낳기 전까지만 해도, 부모님은 잘 못했지만 나는 그것까지도 완벽하게 잘해낼 수 있으리라고 믿었다. 하지만 부모가 된 지금, 나는 그저 우리 부모님만큼만 '되돌아가기'를 제대로 할 수 있기를 바란다. 아버지와 육아에 대해 이야기를 할 기회가 있었는데, 아버지는 이렇게 말씀하셨다. "완벽한 부모는 없단다. 아이를 제대로 키웠는지 확인할 방법은 그 아이가 자라서 너보다 더 좋은 부모가 되었는지, 그리고 그 과정에서 네가 기꺼이 힘이 되어줄 의지가 있는지를 보는 것뿐이란다."

나는 그 말씀에 대해 오랫동안 생각했다. 자신의 선택을 되돌아볼 의지가 있는 부모를 둔 것도 의미 있는 일이지만, 먼 훗날 내 아이가 완벽한 부모에 대해 묻는 날을 상상하는 것은 그보다 더 의미 있는 일이다.

'되돌아가기'에서 가장 큰 장애물은 공감과 관련이 있다. 성장이 아닌 완벽함을 목표로 삼으면 되돌아가기를 하기가 쉽지 않다. 되돌아가기를 하려면 '자기공감self-empathy', 즉 자신의 행동을 이해하고, 자비를 느끼고, 아무런 편견이나 비판 없이 자신의 행동을 되돌아볼 수 있는 능력이 필요하기 때문이다. 이렇게 자신의 행동을 돌아보며 공감할 수 있는 능력을 나는 '근거 다지기grounding'라고 부른다.

내가 어디에 있고 어디로 가기를 바라고 어떤 방법으로 가고자 하는지 확인하려면, '자기수용self-acceptance' 능력이 필요하다. 자기수용 수준이 높은 사람은 자기 능력과 현실에 대한 객관적 인식을 바탕으로 자신의 욕구, 단점, 감정, 충동 등을 받아들이기 때문에 스스로를 학대하거나 거부하지 않는다. 이 자기수용을 위해 필요한 것이 바로 '근거 다지기'이다.

여기서 '근거'는 존재의 근거다. 지금의 나 자신을 인정하고 받아들이는 데 필요한 근거이며, 또한 내가 원하고 목표로 하는 어떤 모습을 설명하는 데 필요한 근거다. 자기존재의 근거를 잘 다지고 있는 사람일수록 자기가 내린 결정에 대해 억지로 변명해야 한다거나 자기를 방어해야 한다는 생각에서 자유로울 수 있다. 스스로에 대한 혐오감이 줄어들고 자비의 시선으로 자신을 볼 수 있게 된다. 근거 다지기는 또한 다른 사람들로부터 억지로 사랑과 인정, 소속감을 얻기 위해 안달복달하지 않도록 해준다.

수치심 연구를 위한 인터뷰를 하다가, 나는 외모 때문에 비슷한 일을 겪은 여성 둘을 만나게 되었다. 두 사람 모두 젊은 시절에 심각한 과체중이었다. 이제 30대 중반에 접어든 그들은 인터뷰 당시에는 아주 날씬했고, 각기 어린 딸을 두고 있었다.

둘 중 한 사람은 과거의 자신을 혐오했다. "너무나 뚱뚱해서 흉측할 정도였어요. 내가 그렇게 생겼었다는 게 믿어지지도 않을 정도예요." 그녀는 자기가 뚱뚱한 사람을 얼마나 싫어하는지 강조하며 말했다. 자신의 부모는 날씬했고 그런 까닭에 뚱뚱한 자신을 더 많이 나무랐다고 했다. 현재는 딸이 있는데, 자기는 딸이 먹는 음식을 일일이 확인한다고 했다. 당시 일곱 살이었던 큰딸은 벌써 다이어트를 하고 있었다. 그녀는 딸아이가 학교 친구들한테 놀림 받으니 차라리 집에서 잔소리를 듣는 편이 낫다고 했다. 살이 빠져 날씬해진 지금도 그녀는 여전히 자기 몸에 대해 수치심을 갖고 있으며 자기수용을 하지 못하고 있었다.

또 한 사람은 무려 25년이나 체중 때문에 고통을 겪어왔다고 말했다. 어려서부터 뚱뚱했고 30대가 되어서야 간신히 살을 뺄 수 있었다고 했다. 뚱뚱했던 시절의 자신에 대해 설명할 수 있겠냐는 질문에 대해 그녀는 이렇게 답했다. "그것도 저의 한 부분이라고 생각해요. 뚱뚱했던 시절에 결혼도 했고, 아이들도 낳았어요. 다들 그런 것처럼 좋은 때도 있었고 나쁜 때도 있었어요." 그녀는 딸과 아들이 아직 어려서 엄마의 예전 모습을 잘 기억하지 못하며, 그래서 예전 사진이나 비디오를 보면 어리둥절해한다고 말했다. "저는 아이들한테 제 옛날 사진을 보여주면서, 외모로 사람을 판단하는 것은 좋지 않은 일이라는 걸 설명해줘요. 겉모습만 놓고 사람을 판단하면 다른 감춰진 좋은 모습들을 보지 못하게 될 거라고 말이죠. 아이들은 저의 뚱뚱했던 모습을 알고 있지만 여전히 저를 사랑하고 좋은 엄마라고 생각한답니다." 그녀는 자신의 외모에 대해 진정한 파워와 자유를 보여줬다. 그렇게 되기까지는 친구들과 가족들의 지지가 큰 힘이 되어주었다. 그녀는 단단한 근거 다지기를 통해 높은 수준의 자기수용 능력을 갖게 된 것이다.

평범해도 괜찮다, 쿨하지 않아도 괜찮다, 두려움 떨쳐내기

완벽주의를 부추기는 파괴적인 집착 중 하나가 '스타 따라잡기' 문화다. 많은 사람들이 미친 듯 잡지를 뒤적이고 TV를 보면서, 우리가 사랑하고 또 싫어하는 스타들의 모든 것을 하나하나 찾아낸다. 스타가 얼마나 살을 뺐으며 집을 어떻게 고쳤으며 무엇을 먹고 애완견에게는 무엇을 먹이는지 등등 스타에 관한 것이라면 무엇이든 알고 싶어 하고 그대로 따라 하고 싶어 한다.

스타를 따라 하고자 하는 이유는, 그들과 똑같이 살면 완벽함에 조금 더 가까워질 수 있다고 여기기 때문이다. 그리고 또 하나, 스타를 따라 하면 자신도 스타처럼 '쿨해 보일 것'이라고 여기기 때문이다. 현대사회에서 '쿨^{cool}한 것'의 중요성은 엄청나다. 10대들은 또래집단 내에서 멋져 보이기 위해 엄청난 신체적·정신적 위험까지도 불사한다.

안타까운 것은 10대 시절을 벗어난 후에도 많은 사람들이 '유행을 따라야 한다', '쿨해야 한다'는 강박으로 심적 고통을 받고 있다는 사실이다. 엄청난 돈이 오가는 미용과 패션업계가 사람들의 지갑을 열기 위해 '완벽함'과 '쿨함'을 결코 쉽게 얻을 수 없는 매혹적인 무언가로 만들고 있다. 결국 우리는 아무리 기를 쓰고 노력해도 충분히 완벽해질 수도, 충분히 쿨해질 수도 없다.

메리 파이퍼^{Mary Pipher} 박사는 저서 《저마다의 피신처^{The Shelter of Each Other : Rebuilding Our Families}》에서 대중매체가 우리 가정에 미치는 실질적인 위협에 대해 잘 설명하고 있다. 이 책은 대중매체가 현실과 아주 거리가 먼 '새로운 사회'를 형성하고 있다고 말한다. "우리는 스타를 '알지만' 스타는 우리를 모른다. 새로운 사회는 예전에 우리가 살던, 서로가 서로를 잘 아는 동네와는 전혀 다른 개념이다. 그 사회에서 토크쇼 사회자 데이비드 레터맨은 절대 출근길에 자동차 배터리가 나가는 일 따위는 경험하지 않는다. 내 아버지가 실직했다 해서 부동산 재벌 도널드 트럼프가 먹을 것을 가져다주지도 않는다. 진실한 인간 대 인간의 관계 대신, 대중매체 속 허상과의 관계만 남은 사회에서는 새로운 형태의 고독이 자리하게 된다."

새로운 사회는 완벽주의와 고독이라는 불가분의 감정을 조장하며, 우리 삶을 끊임없이 스타들의 삶과 비교하게 만든다. 대중매체는 쉬지 않고 스타들과 유명인들의 일거수일투족을 생중계한다. 그리고 우리는 알게 모르게 그들의 삶과 우리의 삶을 비교하게 된다.

많은 연구 참가자들이 자신의 '시시하고 지루한 삶'이 수치스럽다고 말했다. 대다수가 거의 예외 없이 자신의 삶을 대중매체에 소개되는 유명인들의 삶과 비교하고 있었다. 파이퍼 박사는 이런 현상을 새로운 미디어사회의 맥락에서 설명한다. "디지털 미디어 속 사회는 현실처럼 다양성이 풍부하지 않다. 그 사회가 다루는 문제들은 현실에서 진짜 인간들이 겪는 문제들과 다르다. 미디어는 아이돌이 스토커에게 협박당하거나 멋진 꽃미남 경찰이 범죄를 수사하는 모습 등을 필요 이상으로 자주 소개하지만, 학교 학부모회의나 소박한 시 낭독 모임, 박물관 견학, 피아노 연습, 자원봉사 활동처럼 훨씬 더 흔하고 우리가 실제로 경험하는 일들은 외면한다. 미디어가 흥미를 느끼지 못하는 사람들, 즉 대부분의 우리들은 거기 소개되지 않는다. 미디어는 돈이 되는 사연만 관심을 갖고 소개한다. 그 과정에서 현실의 풍요로움과 다양함은 소외되고 사라진다."

평범함에 대한 두려움과 수치심은 우리 사회에서 너무도 흔하고 당연한 것이 되어버렸다. 나와 인터뷰한 중년 여성들 상당수가 지난 시절, 절대 일어나지 않을 특별한 일을 애타게 기다리던 경험이 있었다고 이야기했다. 어느 날 갑자기 멋진 연하남과 사랑에 빠지고, 일에도 성공하는 그런 경험 말이다. 우리는 진짜 삶의 보람과 기쁨이 아니라 대중이 얼마나 열광하느냐를 기준으로 사람의 가치를 측정하려 하고 있다.

그러는 동안 성실하고 근면한 보통사람들은 아주 쉽게 무시되고 잊혀진다. 우리 중 상당수는 평범함을 '시시함'과 동일시하고, 심지어는 '무의미함'이나 '무가치함'과 동일시하기도 한다. 우리 자신의 삶을 무시하는 이런 사회문화적 현상은 '특별한' 존재가 되기 위해서는 어떤 일이든 감수하게 만든다. 프로 운동선수들이 성적을 올리기 위해 스테로이드제와 호르몬제로 몸을 키우고, 직원들이야 어떻게 되든 자기만 엄청난 액수의 연봉을 챙기는 대기업 CEO들이 부러움과 존경의 대상이 된다. 어린 소녀들은 인터넷과 스마트폰을 통해 스타들의 다이어트 비법에 대한 정보를 주고받으며 날씬하고 예뻐지려고 기를 쓰고, 어린아이들은 학교와 학원을 오가며 시달리느라 스트레스가 쌓여간다.

이런 현상을 보면서 우리는 한 가지 의문을 갖게 된다. 특별한 존재가 되기 위해 우리는 얼마나 더 스스로를 희생해야 할까?

불완전함과 평범함이 우리를 인간답게 만들어준다

불완전함과 평범함이야말로 우리를 인간답게 만드는 특징이라는 것을 인정하고 받아들인다면, 우리는 자신의 '취약성'에 대해서도 기꺼이 받아들일 수 있다. 물론 이것은 매우 어려운 일이다. 1장에서 이야기했듯이 우리는 '취약함'을 '나약함'과 동일시하며, 이 사회는 나약함을 결코 반기지 않기 때문이다.

취약성으로 인해 생기는 두려움에 대해 사람들은 이렇게 말한다. "남들한테 내 이야기를 하고 싶지 않아요. 괜히 나를 공격할 빌미를 주기만 할 거예요." 나의 이야기를 누군가가 내게 모욕을 주기 위한 수단이나 논쟁에서 이기기 위한 방법이나 가십거리로 사용하려고 한다면, 자신의 두려움과 취약성에 대한 이야기를 털어놓는 게 확실히 쉬울 리는 없다.

이런 이들과 인터뷰 하면서 나는 '취약성 숙취vulnerability hangover'라는

218

개념을 떠올렸다. 취약성 숙취는 취약성에 대한 두려움과 관련이 있으며, 안타깝게도 대부분의 사람들이 이것을 경험한다. 우리는 친구, 동료, 가족과 함께 있을 때 유대감에 대한 강한 욕구를 느낀다. 그럴 때는 뭔가 의미 있는 이야기를 나누고 싶은 마음에, 두려움을 억누르고 나도 모르게 자기감정을 솔직하게 털어놓게 된다. 자신의 가장 취약한 모습까지 모든 털어놓게 되는 것이다. 그리고 얼마지 않아, 후회가 밀려오기 시작한다. 마치 잔뜩 술에 취한 이튿날 욕지기가 치밀어 오르는 것처럼 말이다. '내가 왜 그런 말을 했지? 나를, 우리 가족을 뭐라고 생각하겠어? 다른 사람한테 그 말을 전하면 어떡하지?' 이게 바로 '취약성 숙취'다.

수치심 회복탄력성을 기르기 시작할 때는 타인에게 손을 내밀고 자신의 경험을 이야기하고 싶은 욕구가 매우 강해진다. 그 욕구가 너무 강해서 때로는 비밀을 털어놓지 말아야 할 사람에게까지 손을 내밀기도 한다. 자신의 이야기를 털어놓을 때는 적합한 상대, 타이밍, 방식을 고려해야 한다. 그런데 많은 사람들이 엉뚱한 때에 엉뚱한 사람에게 자신의 취약성에 대해 아무렇게나 털어놓곤 한다.

해리엇 러너가 여기에 대해 다음과 같은 멋진 충고를 한다. "자신의 취약한 모습에 대해 이야기할 때는 먼저 상대가 내 이야기를 들을 만한 자격이 있는 사람인지, 내 이야기를 털어놓아도 내가 안전할 수 있고 마음이 편할지 시간을 들여 확인할 필요가 있다. 우리는 상대가 내 고통을 부정하고 대수롭지 않은 일로 취급하거나, 반대로 도움이 되지 않는 방식으로 지나치게 관심을 갖지 않을 사람이기를 바란다. 우리는 무시당하거나 동정받기를 바라지도 않고, 소문의 주인공이 되기를 바라지도 않으며, 용기를 내어 털어놓은 이야기로 인해 피해를 입기를 바라지도 않는다."

취약성 때문에 두려움을 느끼는 또 다른 이유는 그것이 수많은 기대들 그리고 실망으로 인한 고통과 관련이 있기 때문이다. 몇 년 전 인터뷰를 했던 엘리자베스는 기대하던 승진을 하지 못했을 때 느꼈던 수치심에 대해 이렇게 이야기했다. "승진에서 누락된 것이 그토록 수치스러웠던 건 모든 사람들한테 내가 승진을 얼마나 바라는지 말해버렸기 때문이었어요. 남편, 아이들, 이웃들, 친정 엄마, 동료들……, 정말 모든 사람들한테 다 말했거든요. 내가 꼭 승진을 할 수 있다고 장담하지는 않았어요. 그저 얼마나 이번 승진이 하고 싶은지를 말했을 뿐이에요. 그랬는데 승진을 못한 것이 그냥 슬프고 실망스러운 것이 아니라 수치스럽기까지 하더라고요."

누군가 용기를 내어 자신의 바람을 우리한테 털어놓는다면 우리는 자비와 유대감을 실천할 소중한 기회를 얻게 되는 셈이다. 엘리자베스가 만약 "그 자리에 지원한 건 정말 용기 있는 행동이야. 그리고 그 자리를 얼마나 간절히 원하는지 솔직하게 이야기해준 것도 용기 있는 행동이고. 그렇게 용기 있는 사람이 내 딸이어서 정말 자랑스러워."라는 반응을 들었다면 얼마나 큰 힘을 얻었을지 한 번 생각해보자.

엘리자베스의 사례에서 보듯이, 우리의 기대, 취약성, 두려움 사이에는 복잡한 관계가 존재한다. 어떤 기대를 할 때 우리는 그 기대가 어떻게 이루어지고, 어떤 결과가 다가올지를 머릿속으로 그려보게 된다. 기대가 이루어지는 상상을 할 때 우리는 그 그림 안에 내 모습뿐 아니라 주위 사람들의 반응까지도 함께 그려 넣는다. 그리고 그 반응이 나타나지 않으면, 마치 기대가 이루어지지 않은 것처럼 수치심을 느낀다. 만일 여기에 취약성과 두려움이 끼어든다면 수치심은 더욱 강해진다.

연구 참가자였던 켈리는 시어머니와 함께 할 때마다 느꼈던 기대와 두려움에 대해 허심탄회하게 이야기했다. 켈리는 시어머니가 자신의 육아 방법과 남편을 대하는 태도에 대해 매우 비판적이라고 설명했다. 그래서 시어머니가 오신다는 기별이 오면 칭찬을 듣기 위해 여러 상황을 미리 준비한다고 했다. 하지만 켈리의 '기대'는 번번이 이루어지지 않았다. 시어머니는 항상 또 다른 무언가 꼬투리를 잡아냈고, 심지어는 켈리가 잘 보이기 위해 일부러 상황을 꾸며냈다는 것도 쉽게 알아차렸다.

우리는 아무리 애를 써도 상대가 우리에게 어떻게 반응하고 생각할지를 통제할 수 없다. 15kg이나 살을 빼고 다들 놀랄 것이라 기대하며 동창회에 갔는데, 친구들 모두 무덤덤한 표정이라면 기분이 어떨까? 약간 실망하고 말 수도 있지만 심한 수치심을 느낄 수도 있다.

켈리는 결국 시어머니의 반응을 예상하고 그에 맞춰 미리 준비하는 일을 포기하기로 했다. 대신 시어머니에 대한 생각을 남편에게 솔직하게 털어놓고 나자, 시어머니에 대해 날카로워졌던 신경이 조금 무뎌졌다. 그 뒤로 켈리는 시어머니가 찾아올 때 새로운 전략을 세우기로 했다. 시어머니가 집에 와서 머무는 기간을 되도록 줄이고, 또 시어머니에게 잘보이려고 전전긍긍하는 대신 가족과 친구들에게 의지하기로 한 것이다.

켈리의 이야기는 수치심 회복탄력성을 개발한 좋은 사례다. 그녀는 자신이 변함으로써 상황을 바꿀 수 있다고 한 번도 기대하지 않았다고 말했다. 늘 시어머니가 변해야 하는 대상이라고만 생각했던 것이다. 그런 생각 때문에, 우리가 갖는 기대가 문제를 불러일으킨다. 우리는 자주 비현실적인 기대를 하고, 잘못된 상대에게 기대를 품기 때문이다. 그러고선 기대가 이루어지지 않았다고 실망하고 수치심을 갖는다. 그때는 희망카드 훈련처럼, 우리의 기대와 두려움의 실체를 밝혀보는 과정이 필요하다.

미국의 많은 산부인과 병원이 출산 준비 과정에 '희망카드 훈련'을 활용한다. 출산 전의 부모들은 출산에 대해 기대하는 것을 10장의 카드에 각각 하나씩 적는다. '산모와 아기가 건강했으면 좋겠다' 같은 일반적인 공통의 소망은 제외한다.

여성들은 대개 '자연 분만을 하고 싶다', '분만 유도제를 사용하지 않으면 좋겠다', '외음부 절개술을 하고 싶지 않다', '가족이 분만 시간에 맞춰 모두 와주면 좋겠다', '겸자 분만을 하지 않으면 좋겠다', '분만 즉시 아기에게 젖을 먹였으면 좋겠다', '모유 수유를 하고 싶다', '간호사가 친절했으면 좋겠다' 등의 기대를 적는다. 산모들의 희망카드에서 출산에 대한 그들의 생각을 엿볼 수 있다.

희망카드를 다 적고 나면 적힌 내용이 보이지 않게 뒤집어서 섞고 난 다음, 그 중 5장을 집어 든다. 참가자에게는 지금 집어든 5장의 카드에 적힌 희망은 이루어지지만, 나머지는 이루어지지 않는다고 말한다. 그 다음 질문을 한다. "10장의 희망이 모두 이루어지는 게 아니라 그 중 5가지만 이루어지는 상황에 대해 마음의 준비가 되셨습니까?"

나는 이 훈련이 출산만이 아니라 우리 인생의 다른 많은 상황에도 큰 도움이 된다고 생각한다. 마음속에 기대를 갖고 그것이 실현되어야만 우리의 가치를 인정받을 수 있다고 생각하면 수치심에 사로잡히기 쉽다. 그럴 때 나의 취약성과 두려움을 인정할 수 있게 해주는 '인생 희망카드 훈련'은 우리를 수치심으로 몰고 갈 수 있는 기대들에 대한 현실 점검을 할 수 있는 아주 좋은 방법이다.

흔히 많은 여성들이 멋진 남자친구만 생기면 모든 게 좋아질 것이라고 믿는다. 결혼만 하면, 아이만 생기면, 돈만 더 많으면, 예뻐지기만 하면, 살만 빠지면 등등 그렇게만 되면 지금 이 견딜 수 없는 현실조차 행복으로 탈바꿈할 것 같다. 하지만 절대 그렇지 않다. 아이만 해도 그렇다. 아이가 생기면 부부관계가 원만해질 것 같지만, 아이가 생긴다고 해서 부부 사이의 문제가 사라지는 것은 결코 아니다. 오히려 상황이 더 복잡하고 힘들어질 수도 있다.

한 50대 여성은 친구들과 가족들의 만류에도 폭력을 휘두르는 애인과 결혼을 했다고 털어놓았다. 결혼을 할 당시에는 일단 결혼만 하면 분노 조절 치료를 받겠다는 남편의 약속을 믿었다. 하지만 첫 아들이 태어난 뒤부터 남편의 폭력은 더 심해졌고, 그녀는 어디에도 의지할 곳이 없다는 느낌이 들었다. "전 남의 말을 전혀 듣지 않았어요. 결혼만 하면, 아이만 생기면, 남편이 달라질 거라고 철석같이 믿었어요. 정말 힘든데 친정 부모님이나 친구들한테 사실대로 털어놓을 수도 없었어요. 다들 저한테 미리 경고를 했는데 제가 그 말을 안 들었으니까요. 남편한테 맞아 코와 팔이 부러지고 나서야 사실대로 털어놓았어요. 더 이상은 가족들한테 숨길 수가 없었거든요."

물론 변화와 성장은 얼마든지 가능하다. 하지만 어떤 특별한 일이 무조건 변화나 성장을 가져다주지는 않는다. 애인이 질투가 심한데, '결혼하면 나아지겠지.'라고 생각한다면 오산이다. 결혼을 하면 그의 상대는 애인이 아닌 배우자로 더 중요한 존재가 되니 질투는 더 심해질 것이다. 자녀가 완벽해지기를 바라는 엄마는 아이가 뭔가를 해내면 더 큰 기대를 갖게 되어 보다 더 완벽해지기를 바라게 될 것이고, 사이가 어긋난 형제자매는 부모가 병이 나면 누가 부모를 모실 것인가를 두고 더 심하게 다투게 될 것이다. 이런 식으로, 인생에서 특별한 일들이 일어난다고 해서 현재의 내가 겪고 있는 문제가 사라지지 않는다.

불완전함과 특별하지 않은 평범함이야말로 우리 삶을 인간답게 만들어준다. 그러기 위해서는 우리의 두려움과 취약성을 받아들여야 한다.

8장

비난과 책임전가를 넘어서,
자비의 힘을 실천하는 법

'이건 네 잘못이야!', '모든 게 내 탓이야!', '이건 네 책임이야.', '그건 내 책임이야.'……

우리는 잘못을 밝혀내고 책임을 질 사람을 찾아내는 일에 집착한다. 책임을 묻고 책임을 지는 일 자체는 나쁜 일이 아니다. 하지만 '비난'은 책임을 지는 것과 전혀 다른 일이다. 책임지는 것과 비난하는 것의 차이는 죄책감과 수치심의 차이와 비슷하다. 죄책감과 마찬가지로 책임을 지는 것은 잘못된 상황을 개선하고 바로잡겠다는 의지에서 출발하는 경우가 대부분이다. 자신의 행동과 그로 인한 결과에 책임을 지는 것이다.

반면, 비난은 주체할 수 없는 두려움과 수치심에서 벗어나기 위한 방편인 경우가 대부분이다.

'너무 힘들고 고통스러워. 이걸 누구 탓으로 돌리면 될까? 그래, 다 네탓이야! 네가 나빠, 이건 네 잘못이야!' 책임은 변화나 해결책에 대한 기대가 담겨 있다. 하지만 비난은 입을 다물고 숨어버리도록 만들기 때문에 변화를 불러일으키는 데에는 아무런 도움이 되지 않는다.

흔히 엄마들은 감정을 잘 다스리지 못해 아이한테 화풀이를 하고 나서 수치심을 느끼곤 한다. 이럴 때 '나는 나쁜 엄마'라고 스스로를 비난하면 수치심은 더 깊어진다. 반대로 아이에게 사과를 하는 등의 방법으로 책임을 지면, 수치심에서 벗어나 자기가 되고 싶은 부모가 되기 위한 방법을 찾을 가능성이 훨씬 더 높아진다.

남을 비난할 때도 마찬가지다. 매기는 인생에서 가장 수치스러웠던 순간으로, 여섯 살짜리 아들이 트램펄린에서 떨어져 팔이 부러진 일을 꼽았다. 친구가 병원 응급실로 급하게 달려와 주었을 때, 매기는 울음을 터뜨렸다. "난 정말 나쁜 엄마야! 저 작은 애가 팔이 부러지도록 놔뒀다니. 좀 더 잘 지켜봤어야 했는데, 내가 나빴어!" 친구는 말했다. "그러게 내가 뭐랬어. 보호용 펜스를 사라고 그랬잖아. 안 그러면 이런 일이 일어날 거라고 내가 그랬잖아." 친구의 말에 매기는 더 극심한 수치심을 느꼈다. 친구는 매기를 비난하느라 자비를 실천할 기회를 놓쳐버린 것이다.

매기의 사례에서는 '비난'의 특징이 극명히 드러나지만, 언제나 그런 것은 아니다. 많은 경우 비난은 겉으로 드러나지 않게 은밀히 이루어진다. 그래서 자기가 비난을 하고 있다는 사실, 혹은 왜 비난을 하는지도 모른 채 그렇게 한다. 운전 중에 도로 한복판에서 타이어가 펑크 나면 앞으로는 평소에 타이어 점검을 잘해야겠다고 생각하는 대신 '내가 너무 뚱뚱해서 그래.'라며 스스로를 비난한다. 날씬하고 예쁜 여자에게는 일어나지 않는 일이 나에게만 일어난다고 생각하는 것이다. 신용카드 한도 초과로 사용할 수 없을 때 '한도를 잘 감안해서 써야겠다'고 생각하는 대신 '대학도 못

나온 덜 떨어진 내가 하는 일이 다 그렇지.' 하고 생각해버린다.

비난의 문화는 우리 삶 구석구석에 스며들어 있다. 우리는 끊임없이 나와 남을 비난하고, 수치심을 주입시킨다. 앞에서 '분리'와 '벽 쌓기'에 대해 언급했는데, 이 둘이 바로 비난 문화의 부산물이다.

비난은 몇 가지 특징을 가진다. '분노', '비가시성', '전형화와 꼬리표', '따돌리기'가 그것이다. 그리고 수치심 회복탄력성의 4단계를 이용하면, 비난에서 빠져나와 자비로 옮겨갈 수 있다.

분노,
약한 나를 보호하기 위해 사용하는 무기

비난과 책임 전가의 이면에 흐르는 감정이 바로 '분노'다. 수치심과 비난의 문화에서 우리는 어딜 가든 분노를 목격한다. TV 토론 프로그램에선 서로 누구 목소리가 더 큰지 내기나 하려는 듯 으르렁대고, 운전 중에 별것 아닌 일로 소리를 지르고 화를 내면서 싸운다. 화를 이기지 못해 불특정다수에게 화풀이를 하는 '증오 범죄'도 기승을 부리고, 뚜렷한 이유도 없이 서비스센터 직원들에게 전화를 걸어서는 무작정 분통을 터트리는 사람들도 점점 늘고 있다.

분노를 일으키는 경험과 감정은 다양하다. 수치심, 모멸감, 스트레스, 걱정, 불안, 슬픔, 그 밖의 다양하고 사소한 원인들이 분노를 일으킨다. 다양한 원인이 일으킨 '고통'으로부터 스스로를 보호하기 위한 방어기제로 '분노'가 나타나는 것이다.

수치심 전문가 준 프라이스 탱니와 론다 디어링은 우리가 수치심을 느낄 때 스스로를 보호하기 위해 '테이블 뒤엎기turn the tables 전략'을 사용한다고 설명한다. 또한 남을 비난할 때 종종 '독선적인 분노self-righteous anger'를 표출한다는 사실을 발견했다. 분노는 힘과 권위의 감정이기 때문에, 분노를 표출하면 일시적으로 '통제력'을 찾은 것처럼 느낀다. 통제력을 되찾고 싶은 이유는 수치심이 우리 안에 있던 가치와 능력과 자존감을 빼앗아가기 때문이다. '테이블 뒤엎기 전략'은 3장에서 다뤘던 단절 전략 중 하나인 '반항하기'와 매우 비슷하다. '반항하기'는 상대보다 더 큰 힘을 갖고 공격적이 되어서 상대를 수치스럽게 만듦으로써, 자신의 수치심에서 벗어나려는 전략이다.

많은 연구 참가자들이 견딜 수 없는 수치심에서 벗어나기 위해 분노와 비난을 이용했다고 말했다. 하지만 모두들 그렇듯 분노를 잘못 이용한 것에 대해 깊이 후회하고 슬퍼했다. 수치심을 해결하려고 분노를 이용해봤자, 오히려 '나는 문제가 있고 사람들과 어울릴 자격이 없다'는 생각만 더 깊어질 뿐이라고 했다.

준 탱니와 론다 디어링은 말한다. "수치심에서 비롯된 분노는 대인관계에 심각한 문제를 초래할 수 있다. 수치심에서 비롯된 분노의 대상은 '난데없이' 봉변을 당했다고 느끼기 쉽다. 이유도 없이 막무가내로 화를 내는 사람을 보고 있으면, 상대는 '도대체 왜 저러는 거야?'라는 생각만 들 뿐이다. 수치심의 고통으로부터 자기를 방어하기 위한 분노와 비난은 상대가 멀어지게 만들거나, 혹은 적대감, 비난, 상호비방만을 가중시킨다. 이 둘 다 대인관계에는 결코 도움이 되지 않는다."

그렇다고 분노가 무조건 '나쁜' 감정이라는 뜻은 아니다. 분노를 느끼고 올바르게 표출하는 것은 인간관계를 형성하는 데서 없어서는 안 될 요소다. 하지만 수치심을 느꼈을 때 남에게 화풀이 하는 분노는 정상적인 분노의 감정과 다르다. 수치심이 분노의 탈을 쓴 것뿐이다. 더군다나 수치심이 원인이 된 분노와 비난은 긍정적인 방식으로 표출되기가 어렵다. 수치심을 느끼면 감정이 격해지고 고통이 극심해지면서 분노가 일시에 폭발해버린다. 만약 자신이 주로 사용하는 수치심 연막이 분노와 비난이라면, 그에 대처하는 전략을 반드시 세워두어야 한다. 그래야만 자신이 수치심을 느낀다는 것을 인식했을 때 침착하게 대처할 수 있다.

많은 이들이 대처법으로 깊은 심호흡을 꼽았다. 수치심을 느꼈을 때 흥분하지 않고 깊게 심호흡을 하면 마음이 차분히 가라앉는다. 잠시 그 상황에서 벗어나는 것도 효과적이다. 수치심을 떨쳐버릴 수 있도록 잠시 '타임아웃'을 가지면, 자신의 반응과 행동에 대해 이성적인 판단을 하기가 한결 쉬워진다. 다만 이런 대처 방법들을 실제로 활용하려면 훈련이 필요하다. 뿐만 아니라 분노와 비난의 반응을 드러냈을 때, 스스로가 그 행동을 한 자신을 되돌아보고 용서하고 바로잡을 수 있는 용기도 필요하다.

자신의 존재가 무시당했다고 느낄 때 수치심은 분노로 바뀐다

수치심으로부터 자기를 보호하려고 분노와 비난을 이용하게 되는 이유는 대개 수치심이 느껴질 때, 나의 모든 것이 고스란히 '폭로'되었다고 여기기 때문이다. 많은 경우, 수치심은 폭로 혹은 폭로에 대한 두려움과 관련이 있다. 조롱거리가 되거나 비난받을 만한 '결점'을 숨기려고 무진장 애를 쓰는 이유가 여기 있다. 나의 결점을 누가 알게 되면 무시당할지도 모른다는 두려움, 그 때문에 우리는 자신의 생각을 당당하게 말하지 못한다. 완벽한 사람으로 보이고 싶다는 욕구 때문에 행동을 마음대로 하지 못한다.

그런데 이렇듯 나의 존재가 폭로되는 경우뿐 아니라, 나의 존재가 '무시'될 때에도 수치심이 생길 수 있다. 이 경우는 알아차리기가 훨씬 어렵다. 나는 이것을 '비가시성 수치심invisibility shame'이라고 부른다.

지난 몇 년 동안 사회복지학 전공 대학원생들을 대상으로 강의를 했는데, 매 학기 한 번씩 '매거진 데이'라는 수업을 진행했다. 일단 학생들에게 자기가 좋아하는 잡지를 가져오게 한다. 그러면 대략 150권 정도의 다양한 잡지가 강의실 바닥에 놓인다. 판지와 가위, 풀을 준비해두고, 수업이 시작되면 학생들에게 한 시간에 걸쳐 잡지에서 자기가 되고 싶은 이상적인 모습의 부분들을 오려내서 콜라주를 만들게 한다.

다들 자기가 되고 싶은 모습을 만드는데, 아주 세세한 부분까지 정확하게 찾아내서 만든다는 특징을 보인다. 그리고 이 수업을 하면서 알게 된 것은 학생들 거의 대부분이 자신이 바라는 이상적인 모습을 굉장히 빨리 찾아낸다는 점이었다. 이런 눈, 이런 코, 이런 입술, 이런 머리 모양, 이런 머리카락 색……, 이 팔은 너무 앙상하고, 허벅지는 내가 좋아하는 모양이야……. 그렇듯 잡지 속 인물을 조각조각 분해해 자기가 되고 싶은 이상적인 모습을 만들어낸다.

다음 과제는 잡지에서 복장, 헤어스타일, 신체 치수, 체형 등 자기와 가장 비슷한 모습을 찾아내는 것이다. 그런데 이 과제를 시작하고 15분쯤 지나면, 슬슬 짜증을 내면서 포기하는 학생들이 나타난다. 포기를 안 했다 하더라도 겨우 비슷한 헤어스타일이나 신발을 찾아내는 정도가 고작이다.

두 과제를 모두 끝낸 다음 학생들에게 물었다. "여러분은 어디 있나요? 여러분이 돈을 주고 산 이 잡지에, 여러분이 그토록 사랑하는 이 잡지 안에 여러분이 존재하나요?"

그러면 이런 대답이 나온다. "우린 당연히 이런 잡지 안에 없지요. 우리 같은 모습은 이상적인 게 아니니까요."

이 수업의 마지막 과정은 '비가시적 존재가 되는 것, 즉 존재감이 없다는 사실에 어떤 기분이 드는지' 토론하는 것이다. 대다수의 학생들은 자책감이 들었다고 대답했다. "남들이 관심 가질 만큼 멋지지 않다는 뜻이겠죠." 혹은 "내가 중요한 사람이 아니라는 의미입니다." 등이 돌아온 대답이었다. 외모와 관련해 수치심을 부추기는 문화에 대한 비판적 인식을 공유하고 대화를 나눈 뒤에야, 강의에 참가한 학생들은 스스로를 '비난'하는 것이 수치심을 일으키는 파괴적인 행동이라는 데 공감한다.

비가시적 존재가 된다는 것은 사람들과 단절되고 무기력해진다는 것을 의미한다. '사회는 나를 중요한 사람으로 여기지 않는다.' 그렇게 생각한 결과, 그대로 사라져버려도 괜찮은 쓸모없고 하찮은 존재라는 느낌이 든다. 그 느낌 속에서 우리는 말할 수 없는 깊은 수치심에 빠진다.

노화, 트라우마, 고정관념에 관한 여러 인터뷰를 통해서, 나는 그런 것들이 모두 비가시성과 깊은 관련이 있다는 걸 알게 되었다. 특정 인종, 성적 소수자 등도 비슷한 반응을 보였다. 그들과 인터뷰를 하면서, 나는 우리 자신을 쓸모없고 하찮은 존재로 여기게 만드는 주된 메커니즘이 바로 '전형화'라는 것을 깨닫게 되었다.

'주제 파악 좀 하시지!'
전형화와 꼬리표의 족쇄

우리는 이미 매일같이 '전형화stereotyping'를 하고 있다. 하지만 그 개념을 정확히 하는 게 중요하다. 내가 도출한 '전형화'의 의미는 이것이다. "전형화란 특정 집단에 속해 있다는 이유로 거기 속한 사람들을 판단하는 '과도한 일반화의 엄격한 관점'이다." 나쁜 의도가 아니거나 편견을 조장하는 것이 아니라면, '전형화'가 무슨 문제가 되느냐고 생각할 수도 있다. 그저 상대를 빨리 파악할 수 있는 방법일 뿐이라고 말이다.

○ 저 사람은 그런 거 안 먹어. 웰빙 애호가잖아.
○ 저 사람도 그렇게 생각하지 않을까? 여당 지지자잖아.
○ 그런 거 물어보지 마. 저 엄마 치맛바람이 장난 아니야.

나 역시 그런 전형화를 자주 활용하곤 한다. 내 경우는 '하이힐 소리가 요란한 사람'과 '슬리퍼를 질질 끌고 다니는 사람' 같은 식으로 전형화를 사용한다.

언뜻 듣기엔 상대에게 별 해가 없는 듯하다. 하지만 실제로는 수치심을 일으킨다. 아주 은근한 수치심이기는 하지만.

- 일본계나 중국계 아닐까? 똑똑하잖아.
- 인도 사람이야. 그러니까 그런 쪽으로 밝히지.
- 꽉 막혔어. 그래서 난 나이 먹은 사람이 싫다니까.
- 그렇게 말해도 화는 안 낼 걸? 사람 좋은 타입이잖아.
- 화난 건 아닐 거야. 그냥 그런 일에 좀 예민할 뿐이지.
- 파키스탄 사람이야. 외국 나가기가 쉽겠어?

이런 말이 과연 해가 없을까? 우리는 거의 매일, 이런 종류의 전형화를 한다. 미리 정한 범주에 상대를 집어넣고, 그 범주를 통해 상대를 이해하려 한다. 그 범주를 근거로 상대가 겪는 고통을 비난하거나, 우리가 상대에게 품어야 할 자비를 회피하게 만든다.

'저런 고통을 겪는 건 다 자기가 자초한 일이야. 그러니까 내가 이해하고 위로할 필요 없어.'

긍정적이든 부정적이든, 개인에 대한 것이든 집단에 대한 것이든, 어떤 전형화나 해롭기는 마찬가지다. 긍정적인 전형화는 장점만 부각한 이상적인 이미지를 부여하고, 부정적인 전형화는 비하와 조롱이 담긴 이미지를 부여한다. 그러나 어느 쪽이든 상대를 '내 마음대로 분류하고 판단한다'는 점에서는 같다.

조직개발과 다양성을 연구하는 미셸 헌트Michelle Hunt는 전형화에 대해 이렇게 썼다.

"나는 누군가의 시선으로 특정한 범주에 분류되는 것을 거부한다. 도저히 참을 수 없다. 이 복잡다단하고 다양한 면면을 갖기 위해 정말 열심히 노력해왔다. 그런데 누군가는 나를 '페미니스트'니, '흑인여자'라고만 분류한다. 그리고 그 범주 사람들처럼 걷고 말하고 생각한다고 정의한다. 다양성의 가치는 '분류기준을 더 많이 늘이는 것'이 아니다. 누구라도 자신의 독특함을 소중히 존중받는 것이다."

전형화에 대해 말할 때, 거기에는 두 가지 서로 다른 방식이 있다.

하나는 '속삭이는 꼬리표'다. 등 뒤에서 수군대는 소리가 그것이다. "저 사람 보통이 아니야, 암에 걸렸다면서?, 어렸을 때 맞고 자랐대, 정신과 상담을 받는대, 알코올 중독이었다지 아마?, 저 사람 남편이 자살했대, 늙어서 아주 망령이 났네, 저 사람 저기 슬럼가에 살아, 외동딸이라며?, 게이래, 혼혈이네……." 단순한 사실 전달과 속삭이는 꼬리표가 어떻게 다른지 알 것이다. 이때 꼬리표는 누군가의 행동을 해석하는 기준으로 작용한다. "저 봐, 저렇게 이기적이잖아. 하긴 외동딸이라며?"

전형화와 꼬리표는 잘못된 근거에 따라 사람을 판단하게 만들어 관계 형성의 기회를 제한한다. 상대에게는 자신을 제대로 알릴 기회가 없다. 꼬리표는 이미 사회가 만들어놓은 기대에 맞서 '이미 결과가 정해진' 싸움에 뛰어들게 만듦으로써 존재감을 사라지게 한다. 비가시성 수치심과도 연관이 있는 것이다.

또 다른 전형화의 방식은 '비방'이다. 이것은 늘 사회적 전형화에 동반된다. 헤픈 여자, 창녀, 수다쟁이, 드센 여자, 나쁜 새끼, 미친 년, 호모자식, 호들갑떠는 여자, 노이로제 환자, 레즈비언, 고집쟁이 등등 상처가 될 수 있는 꼬리표들이 모두 비방에 속한다. 이런 비방 중 대다수는 누군가가 사회의 집단적 기대에서 일탈하는 순간 빠르게 쏟아진다. 그리고 너무도 흔하게 사용되기 때문에, 그걸 사용하는 우리를 무디게 만든다. 특정 개인이나 집단의 정체성을 비하하고 모욕을 주기 위한 수단으로 사용되는 '비방'은 전형화를 강화하는 가장 강력한 방법 중 하나다.

겸허한 마음으로 돌이켜보면, 우리가 하루에도 얼마나 자주 이 전형화, 꼬리표, 비방을 사용하는지 인정하게 될 것이다. 그리고 우리로 하여금 이토록 쉽게 전형화를 하도록 부추기는 메커니즘 중 하나가 바로 '예외화the exception factor'다. 전형화를 할 때, 거기서 나나 가까운 사람을 제외함으로써 전형화 자체를 합리화하는 것이다.

이런 식의 대화가 익숙할 것이다.

"걔 너무 예민하지 않아? 좀 지나친 것 같아."

"그래, 걔 페미니스트잖아."

"나도 페미니즘을 지지하지만, 나는 그런 타입은 아니야."

"그럼, 너는 아니지. 나는 다른 페미니스트들을 말한 거야."

5년 전, 나는 이러한 예외화의 실체를 파악하기 위한 훈련법을 개발했다. 먼저 참가자들에게 자기가 속한 그룹 3개를 적게 한다. 그 다음, 각각의 그룹과 관련된 전형화와 꼬리표를 적는다. 마지막으로 그 그룹의 다양한 구성원에 대해 설명하는 전형화를 적는다.

한 번은 참가자 대다수가 여성이어서, 그룹 1번을 '여성'이라고 적었다. 그리고 그 그룹의 전형화된 특징으로 '소문을 잘 퍼뜨린다, 거짓말쟁이, 배신자, 남을 이용한다, 히스테리, 신경질쟁이' 등을 꼽았다. 많은 학생들이 이 꼬리표를 사용한다고 시인했다. 나는 토론 중간에 이렇게 물었다.

"나는 나 자신이 남 이야기 잘하고, 거짓말쟁이에, 배신자라고 생각하지 않습니다. 남을 자기 마음대로 이용하거나 조종한다고도 생각하지 않고, 히스테리가 심하고 신경질쟁이라고도 생각하지 않습니다. 여러분도 안 그런 것 같아요. 참 이상하군요. 여성에게 붙은 이 꼬리표가 우리 모두와 상관이 없다면, 우리는 대체 누구인 거죠? 그리고 이 꼬리표처럼 남의 말 잘하고 배신하고 거짓말하고 계략을 꾸미고 히스테리를 부리는 여자들은 대체 어디 있는 걸까요?"

내가 그렇게 물으면 참가자들은 '우리는 예외'라고 말한다. 그리고 나서, 우리가 속한 그룹에 꼬리표를 붙인 것이니 전혀 상관없는 남을 욕하는 것보다 낫지 않으냐고 묻는다. 그럼 나는 다시 묻는다. "내가 뚱뚱하면 뚱뚱한 사람을 돼지라고 불러도 되고, 내가 흑인이면 흑인을 깜둥이라고 해도 되는 걸까요?" 우리에게든 혹은 나에게든, 전형화와 꼬리표는 수치심을 일으키는 족쇄가 된다.

나이 먹은 사람에 대한 전형화 역시 공포를 조장한다

최근 한 워크숍에서 한 여성이 자신의 수치심 촉발제에 대해 이렇게 말해주었다.

"나의 수치심 촉발제들과 비판적 인식들을 살펴보고 나서야, '나이를 먹는 것'이야말로 저 자신과 능력, 몸에 관한 원치 않는 정체성을 자극해 상처를 준다는 걸 깨달았습니다." 사람들은 입을 모아, 실제로 나이를 먹는 것보다 이런 '노화와 관련된 전형화'가 더욱 자신을 고통스럽게 한다고 말했다.

미디어 분석가인 마티 캐플런Marty Kaplan은 광고주와 TV 제작자를 언급하며 이렇게 말한 바 있다. "특정 제작자들은 50대 이상의 시청자를 혐오한다. 50대 이상이 보는 프로그램은 광고주에게는 무덤과도 같다."

내가 그간 조사한 바에 따르면, 노화에 관한 부정적인 전형화는 다음과 같은 것이 있다.

○ 낙담 : 겁이 많다, 의기소침하다, 우울하다, 희망이 없다, 외롭다, 소외당한다
○ 은둔자 : 조용하다, 소심하다, 겁이 많다
○ 고집불통 : 불평이 많다, 까다롭다, 융통성이 없다, 편견이 많다, 말이 많다, 고집이 세다
○ 가벼운 장애 : 남에게 의지하려고 한다, 잘 다친다, 행동이 굼뜨다, 쉽게 피곤해한다
○ 심각한 장애 : 약하다, 말이 불분명하다, 앞뒤가 안 맞는다, 노망 증세를 보인다
○ 취약함 : 겁이 많다, 지루하다, 감정이 없다, 망상을 보인다, 구두쇠, 지나치게 경계한다, 피해의식이 있다

반면 긍정적인 전형화에는 다음과 같은 것이 있다.

○ 인생의 황금기 : 활동적이다, 모든 일에 준비가 되어 있다, 무엇이든 할 수 있다, 활기차다, 건강하다, 사람들과 잘 어울린다
○ 완벽한 할아버지, 할머니 : 재미있다, 자상하다, 사랑이 넘친다, 지혜롭다, 항상 행복하다
○ 시골 노인 : 검소하다, 전통을 소중히 여긴다, 강하다
○ 보수적인 사나이 : 과거를 소중히 여긴다, 애국심이 강하다, 신앙심이 투철하다, 감동을 잘한다

훑어보니, '나이 든 사람을 설명하는 말로 크게 틀리지 않다'는 생각이

든다. 바로 그 이유 때문에 전형화는 위험하다. 전형화 자체가 사실과 너무 유사해서, 조금 벗어나는 이미지 따위는 무시해도 된다고 생각하기 쉽다. 길 건너편의 나이 든 여성을 보고 '완벽한 할머니'라는 전형화 이미지를 떠올리면, 설령 그 여성의 몸에 학대받은 멍 자국이 있어도 쉽게 알아차리지 못한다. 상대방 역시 자신에게 쏟아지는 전형화 이미지, 즉 주어진 기대에 맞추기 위해 현실을 솔직히 털어놓지 못한다. '보수적인 사나이'라는 이미지를 가진 아버지는 그 이미지에 충실하기 위해 가슴 속 두려움이나 예민함을 털어놓지 못한다. '인생의 황금기'에 있는 '완벽한 할머니'는 모욕을 당해도 싱글벙글 웃고만 있어야 한다.

○ 자식들, 손자손녀들은 걸핏하면 나한테 '춤을 춰보라'고 합니다. 내가 춤을 잘 춰서가 아니라 비틀거리면서 춤추는 내가 재미있고 웃기기 때문이에요. "할머니 잘한다, 와!" 하는 소리를 들으면 마음이 아파요. 아이들은 늙은 나를 코미디언 보듯 봐요. 그저 편한 할머니라고 여길 뿐, 감정을 가진 살아 숨쉬는 여자로는 보지 않아요. 나도 나름대로 할 줄 아는 것도 많고 유쾌한 사람인데 말이에요. 아이들이 나를 그렇게 생각한다는 사실에 속상해하는 나 자신이 수치스러워요. 아이들이 나를 많이 사랑한다는 건 나도 잘 알아요. 하지만 때때로 너무 무심하게 굴어요.

전형화는 비난과 무시의 한 형태이며, 이 두 가지는 수치심을 불러일으키는 주요한 요인들이다. 비난 대신 유대감과 자비를 실천하고 싶다면, 우리가 언제, 어떻게, 그리고 왜 전형화를 하는지 주의를 기울여야 한다.

트라우마보다 더 큰 상처를 안겨주는 트라우마의 전형화

수치심을 불러일으키는 많은 암시는 '완벽주의'와 관련이 있다. 그런데 트라우마는 '불완전함'의 기록이다. 그리고 이 트라우마에 대한 전형화는 '낙인'과 같이 그 사람을 괴롭힌다.

트라우마에서 벗어난 이들은 한결같이 '트라우마와 관련된 전형화 때문에 또 다른 문제에 부딪혔다'고 고백했다. 트라우마의 원인이 된 경험을 극복하고 나니, 이제 트라우마에서 살아남은 자의 정체성을 극복해야 하는 일에 직면한 것이다. 사람들은 트라우마를 겪은 이들에게 묻는다. "그게 정말 그렇게 힘든 일이야?", "왜 더 일찍 빠져나오질 못한 거야?" 상대의 이야기에 귀를 기울이고 공감하는 대신, 그들이 겪은 경험을 비난하고 폄하한다.

'트라우마를 겪고 난 사람의 정체성'을 규정할 때에도 전형화가 이용된다. 트라우마를 극복하는 사람, 극복하지 못하는 사람에 대한 강한 선입견이 존재하기 때문이다.

전문직 여성을 대상으로 한 강연이 끝난 후, 한 여성이 내 책을 네 권 들고 와 사인을 해달라고 요청했다. 그 여성은 눈물을 주르르 흘리면서 이렇게 말했다. "한 권은 제 것이고, 나머지는 여동생과 여동생의 두 딸에게 줄 거예요. 조카가 몇 달 전에 성폭행을 당했어요." 그 여성은 크게 한숨을 쉬고 말을 이었다. "정말 예쁘고 똑똑한 아이였어요. 앞날이 창창한 아이였는데." 그 말을 듣는 순간, 나도 모르게 '저런, 조카가 죽었구나.' 하는 생각이 들었다. 하지만 이내 책을 조카에게 주겠다던 말이 생각났다. 그러니까 그 여성의 말은 조카가 성폭행을 당하기 전에는 예쁘고 똑똑했다는 뜻이었다. 거기까지 생각이 미치자 나는, 소름이 끼쳤다. 조카 생각에 눈물을 흘리는 이 여성이 과연 자기가 한 말이 무슨 의미이며 그게 조카에게 얼마나 큰 수치심을 안겨줄지 알고 있는 걸까 하는 생각이 들었다. 우리 대부분은 별 생각 없이 쉽게 짐작하고 판단한다. 그 결과 이런 잔인한 말을 내뱉는다. "그 사람, 예전처럼 살 수 없을 거야", "그 여자 영원히 망가졌어."

누군가의 트라우마를 근거로 그 사람의 행동을 설명하고 이해하려는 경향도 있는데, 알리시아가 바로 그런 전형화로 인해 상처 받은 사람이다. 당시 남자친구와 사귄 지 2년째라고 했다. 알리시아는 둘의 관계가 '슬픈 엔딩을 향해 가는 중'이라고 했다. 이유가 뭐냐고 물었더니, 자기가 어렸을 때 어머니와 양부에게 신체적 학대를 받아서 할머니 밑에서 자랐다는 걸 남자친구에게 털어놓았다고 했다. 남자친구는 그 얘길 듣고 안타까워했고 힘이 되어주겠다고 했지만, 둘이 싸움을 할 때마다 '학대 받은 어린 시절 때문에 예민하다'고 결론지었다. 알리시아는 남자친구가 이제 자기를 예전처럼 보지 않고, 자신의 모든 행동을 학대받은 어린 시절과 연관 지어 생각한다고 했다. "심지어 첫 데이트 얘길 하면서, '아, 그랬구나. 그래서 그 영화를 싫어했구나.'라고 하는 거예요."

이틀 전에는 직장에서 상사에게 공개적으로 꾸지람을 듣고 울면서 남자친구를 만나러 갔다고 했다. 남자친구는 '부모한테 학대받은 경험 때문에 가벼운 비난에도 대처하기 힘들었던 것'이라고 했다. 알리시아는 화가 나서 '공개적으로 꾸지람을 듣고 기분 좋을 사람이 어딨냐'며 '왜 내가 남들과 다르냐'고 따져 물었다. 그리고 남자친구와 헤어지기로 결심했다고 한다. "그래요, 전 학대받고 자랐어요. 그 일은 수치스럽지만, 그땐 제가 어렸으니까 별도리가 없었잖아요? 하지만 서른이 넘은 지금까지 그때 일로 휘둘리고 싶지는 않아요. 더 이상 학대받는 어린아이이고 싶지 않다고요."

성추행이나 성폭행을 당한 여성은 '트라우마를 근거로 정체성을 규정하려는 타인의 시선'을 수치심의 가장 큰 원인이라고 꼽는다. 물론 경험 자체도 끈질기게 영향을 미친다. 그렇지만 전형화 반응, 즉 '과거의 내가 아니며 더 이상 평범하게 살 수 없을 것'이라는 꼬리표는 그 경험만큼이나 고통스럽고 때론 더 큰 수치심을 안겨준다.

○ 친아버지한테 그런 일을 당했으니 사는 게 어떻겠어?
○ 더 이상 예전 같지 않을 거야. 그 여자 완전히 망가졌어.
○ 그런 일을 겪었으니 제대로 살아가기 힘들 거야.
○ 그 사람 더 이상 예전같이 좋은 ○○(엄마, 애인, 부사장 등등)이 될 수 없을 거야.

우리의 현재 감정, 생각, 행동은 과거의 고통스러운 경험과 직접적인 관련이 있을 때도 있지만, 그렇지 않은 경우도 분명 있다. 그런데도 우리의 정체성과 관련된 사회적 기대들로 인해 우리는 그렇지 않은 경우에조차 무조건 그럴 거라고 믿어버린다. '어떤 사람이어야 한다', '어떻게 보여야 한다', '무엇을 하고 무엇을 하지 말아야 한다'에 대한 사회공동체적 기대를 따르는 순간, 우리는 진정한 이해와 유대감 대신 전형화와 비난을 하게 되는 것이다.

거기엔 그런 사회공동체적 기대들을 거부하는 데 대한 두려움도 있다. 그런 기대를 거부하면 주위로부터 외면당하고 버림받는 고통스러운 결과가 따른다는 것을 우리는 살아가면서 계속해서 목격한다. 그래서 사회공동체적 기대를 받아들이게 되고 그런 기대는 우리를 가두는 감정적 감옥이 된다. 그 감옥 밖에는 '수치심'이라는 간수가 서 있고 말이다.

따돌리기, 소속감을 얻기 위해 누군가를 희생 제물로 삼는 일

수치심과 비난을 이야기하면서 주위 사람들과 어울리지 못하거나 따돌림 받는 고통을 이야기하지 않을 수 없다. 연구 참가자들은 '험담하기', '따돌림', '모함'을 심각한 수치심의 원인이라고 입을 모았다.

'따돌림'이라는 행위의 본능은 유전적으로 내재되어 있는 것이라고 주장하는 사람들도 있다. 하지만 나는 그렇게 생각하지 않는다. 누군가는 선천적으로 못되고 교활하고 남의 험담하기를 좋아한다고 생각하지도 않는다. 물론 모든 사람이 선천적으로 자상하고 남을 돌보기 좋아한다고 생각하지도 않는다.

나는 험담하기와 따돌림에 대해 이해하려고 노력하는 과정에서, 이 행위를 하는 이유가 초등학생들이 그렇게 하는 이유와 비슷하다는 것을 알게 되었다. 험담하기와 괴롭히기 등 고통스러운 따돌림이 생겨나는 이유는 증오나 사악함 때문이 아니다. 바로 '소속감의 욕구' 때문이다. 대부분의 왕따는 집단적으로 이루어진다. 그런 짓을 하는 아이 하나하나와 대화를 나눠보면, 대다수가 거기 합류한 이유는 유대감과 소속감을 유지하기 위함이라고 답변한다. 집단에 대한 충성심을 증명해 보임으로써 집단으로부터 인정을 받고자 하는 것이다.

동일한 역학관계가 성인이 된 후에도 나타난다. 누군가를 따돌리는 것은 다른 누군가에게 인정받고 그들과 유대감을 형성하기 위한 수단인 것이다. 남의 험담을 하는 것은 서로 아는 제삼자를 깎아내리면 순간적으로 서로 가까워지는 느낌이 들기 때문이다. 그것은 새로운 친구를 만드는 데 있어 거의 통과의례와 같다. 할 말이 없을 때 누군가에 대한 험담을 하면 대화할 거리가 생긴다.

직장 휴게실에 모여 누군가의 험담을 하는 것도 그 이야기를 진짜 믿어서가 아니라 그 순간 곁에 있는 동료와 유대감을 형성하기 위해서다. 서로 머리를 맞대고 비밀스러운 이야기를 나누고, 같은 편이 되어 누군가의 흉을 본다. 그러고서 휴게실을 나와 각자의 자리로 돌아갈 때는 가벼워진 발걸음으로 '저 사람들은 내 친구야. 다들 나를 좋아하고 나도 그들을 좋아해.'라고 생각한다.

하지만 시간이 지나면 의심이 고개를 든다. '저 사람들, 나에 대해서도 이런 식으로 이야기하는 거 아니야?' 하는 불편한 마음 말이다. 예전에 험담하고 모함했던 사람이 다가와 다정하게 말을 건네거나 인사치레로 일에 대해 묻기만 해도 '혹시 자기에 대해 험담한 걸 알았나?' 하는 마음이 들기도 한다. '우리가 한 이야기를 이 사람이 알면 어떤 기분일지' 생각하고 아주 잠깐 미안하고 잘못했다는 마음도 들지만, 그런 마음은 곧 사라진다.

종종 험담이 불러일으키는 감정의 실체가 수치심인지 죄책감인지 묻는 사람이 있다. 여기서 험담하는 사람과 대상이 되는 사람으로 나누어 볼 필요가 있다. 험담을 하는 게 수치심을 일으키는지는 단정적으로 말하기 어렵다. 사람에 따라 다르기 때문이다. 많은 이들이 험담은 소속감에 대한 욕구에서 비롯되기 때문에 수치심을 불러일으킨다고 말해주었다. 험담을 하면 자비를 실천하는 게 어려워진다고도 했다. 반면 죄책감이 생겨난다고 말하는 이들도 많다. 이들은 험담이 기분을 나쁘게 만드는 일종의 버릇이나 습관이라고 했다. 나 역시 험담을 함으로써 수치심을 느낄 때도, 죄책감을 느낄 때도 있다. 왜 험담을 하며, 무슨 말을 하고, 어떤 기분을 느끼는지에 따라 달라지는 것 같다.

반면, 험담의 대상이 되는 것은 거의 대부분 극도로 수치스럽고 말할 수 없을 정도로 고통스러운 일이다. 내 등 뒤에서 남들이 내가 가장 싫어하는 나의 모습을 들춰내며 험담을 한다는 것은 상상만 해도 소름끼치고 두려운 일이다.

로리는 단짝친구 멜라니를 통해 나를 만났다. 멜라니는 인터뷰 초기에 몇 번 참가했고, 지난해에 다시 한 번 참가했다. 최근 만났을 때 멜라니는 '가장 최악의 수치스러운 일을 경험한 사람'이라며 로리와 전화통화를 해보라고 권했다. 결국 나는 로리와 전화로 인터뷰를 하게 되었다.

두 사람은 고교 시절부터 친구였고, 이제 막 30대에 접어들었다. 둘은 서로 다른 주에 살지만 이메일을 주고받고 종종 서로를 방문하면서 우정을 이어왔다. 도시외곽의 주택가에 사는 로리는 친구가 많았다. 남편 회사에서 파트타임으로 근무하면서도 지역사회 활동에 대단히 열심이었기 때문이다. 멜라니의 설명에 따르면 로리는 이웃은 물론 아이들 학교 친구나 그 부모들까지 모르는 사람이 없을 정도로 사교성이 풍부한 사람이었다.

매달 로리와 이웃의 여덟 가족은 돌아가면서 포트락파티를 열었다. 이웃의 포트락파티에서 로리는 수치스러운 일을 당했다. 로리는 다른 엄마들과 주방에 있었고, 남자들은 마당에, 아이들은 거실과 방에서 놀고 있었다. "막내딸이 와서는 제 언니가 피자는 안 먹고 컵케이크만 먹고 있다고 했어요. 화가 나서 큰 애를 찾았죠. 왜 식사를 안 하고 군것질만 하냐고 잔소리를 하고 주방으로 돌아오다가, 쓰레기가 떨어져 있어서 잠깐 멈춰 섰어요."

로리는 그때 상황을 계속 설명했다. "그때 수군대는 소리가 들렸어요. 누군가가 '딸들한테 너무 심한 거 아니야?' 했더니 다른 사람이 맞장구를 치더군요. '자기는 저렇게 뼈만 남을 정도로 말랐으면서 애들한테는 밥 먹으라고 잔소리를 하고. 애들이 뭘 보고 밥을 먹고 싶겠어.' 다른 사람이 또 끼어들더군요. '그러게 말이야. 혹시 거식증 환자 아니야?'"

처음엔 다른 사람 얘긴 줄 알았다고 한다. 하지만 주방으로 들어가자 모든 게 분명해졌다. 거기 있던 사람들의 표정을 본 순간, 로리는 이야기의 주인공이 자기라는 걸 알았다. "그냥 입을 벌리고 멍하니 서 있었어요. 소리를 질러야 할지 뛰쳐나가야 할지 그냥 울어야할지도 모르겠더라고요." 한참 만에 한 사람이 다가와 말했다. "정말 미안해, 로리. 우린 그냥 이야기 좀 한 거야." 다른 사람도 끼어들었다. "정말이야, 미안해. 걱정이 돼서 그랬어. 우리 모두 자기를 얼마나 아끼는지 잘 알잖아."

로리는 '알았다'고 둘러대고는 급히 그 집을 나왔고, 주말 내내 집 밖으로 한 발자국도 나갈 수 없었다. 그날 주방에 있었던 사람 하나가 두 번이나 전화 메시지를 남겼지만, 로리는 전화를 하지 않았다. 다음 날 남편이 아이들을 학교에 데려다줬고, 그날 오후에 이웃 사람 셋이 로리의 집으로 찾아왔다. 마지못해 현관문을 열었지만, 집안으로 들이고 싶지는 않았다. 그들은 현관 앞에 서서 로리에게 사과를 했다. 로리는 그때의 일을 이렇게 말해주었다. "사람들은 내가 자기들 얘길 듣게 된 게 미안하다고 했어요. 하지만 결국 자기들이 한 말에 대해서는 사과를 하지 않더군요."

2주 후, 로리는 멜라니한테 그 일에 대해 털어놓았다. "멜라니에게 이야기하는 게 더 수치스러웠어요. 내 잘난 친구관계가 고작 이것이란 걸 멜라니가 알게 된다는 게 너무 창피했어요. 어느 정도 예전으로 돌아가겠지만, 예전과 완전히 똑같을 수 있을지는 의문이에요. 그때 일을 생각하면 마음이 많이 아파요. 험담하고 남 이야기를 하는 게 그렇게 큰 상처가 될 수 있을 줄은 꿈에도 생각 못했거든요."

험담의 수레바퀴에서
어떻게 빠져나올 수 있을까

따돌림과 험담하기에서 빠져나온다는 것은 사실 쉬운 일이 아니다. 친구나 동료들과 있는데, 누군가가 험담을 시작했다. 당신은 어떻게 대처하는가? 괜히 나서서 제어하면 이 관계에 도움이 안 될까봐, 쉽게 판단이 서지 않을 것이다.

2년 전, 나는 이와 관련한 다양한 실험을 해보았다. 효과적인 것도 있었고, 아닌 것도 있었다. 일례로 대상을 바꾸는 전략은 별 효과가 없었다.

예를 들어, 누군가가 "그 사람 정말 못됐어. 어떻게 승진을 했는지 몰

라. 누구 높은 사람하고 그렇고 그런 사이 아니야?"라는 말을 했다고 치자. 그럴 때 대상을 바꿔서, "성공한 여자들은 다 편법을 동원했다고 생각하는 그런 편견은 잘못됐어. 그런 말을 하니까, 여자들이 싸잡아 폄하되는 거야." 하고 대꾸한다. 그러면 이것은 결과적으로 말을 꺼낸 사람에게 또 다시 수치심을 안겨주고 만다.

비판적 인식이라는 개념에 열을 올릴 무렵, 나 역시 타인에게 수치심을 안겨준 사람에게 책임을 물어야 한다고 생각했다. 하지만 곧, 그런 식으로 사람을 구석으로 몰아세우는 건 결코 좋은 생각이 아니라는 것을 깨닫게 되었다. 아무리 이유가 정당하다고 해도 수치심을 이용하거나 의도적으로 누군가를 몰아세우는 것은 옳지 않다.

다음으로 사용한 것은 '설교' 접근법이었다. 수치심의 대상을 바꾸는 것보다는 덜 과격했지만, 이 역시 그다지 효과적이지 못했다. 예를 들어 이렇게 말하는 것이다. "나는 그 사람에 대해 그렇게 나쁘게 말하고 싶지 않아. 우리는 서로를 응원하고 지지해줘야 한다고 생각해." 이 방법을 이용하면, 그 자리를 떠난 후에 내가 험담의 대상이 될 가능성이 크다.

상처를 주는 말, 불쾌한 말에 대한 내 기분을 솔직히 표현할 때는 상대와 1대1로, 그리고 내 '감정'에 초점을 맞춰 얘기하는 게 제일 효과적이었다. 집단 속에서 그 표현을 해야 할 때도 좋은 방법이 있다. 포커스를 바꾸거나 설교를 하는 대신, '심사숙고'와 '방향전환' 전략을 쓰는 것이다. 이 두 가지 방법은 험담에 끼어들지 않고 다른 생각을 일깨우는 데 매우 효과적이다. 여기서 '심사숙고'는 사실을 면밀히 확인하는 질문이나 언급을 대화 속으로 끌어들이려는 시도를 말하고, '방향전환'은 비난에서 벗어나 공감으로 대화의 방향을 바꾸는 것을 말한다.

심사숙고는 '나는 그 사람을 잘 모른다'고 말하는 것이다. 사람들로 하여금 '우리가 상대방을 얼마나 제대로 알고 있는지' 생각하게 만드는 질문을 던지게 하는 것이다. 상대에 대해 우리가 알고 있는 정보가 극히 미약하며, 그것을 근거로 판단하기는 힘들다는 자각을 만들어내는 것이다.

누군가 "그 여자 정말 못됐어. 그러니 그 남자가 그 여자를 떠난 것도 당연해."라고 말했다고 치자. 이때 심사숙고와 방향전환을 통해 이렇게 말하는 것이다. "난 두 사람 결혼생활에 대해 별로 아는 게 없어. 나는 그 여자 정말 좋아하는데. 우리가 뭐 해줄 수 있는 일이 없을까?" 정말로 둘 사이에 어떤 일이 있었는지 우리는 정확히 알지 못하며, 뒤에서 험담하기보다는 힘을 북돋워주는 게 낫다는 뜻이다.

비난에 맞서기 위해
연결 네트워크 활용하기

비난에 대해 높은 수준의 수치심 회복탄력성을 보여준 참가자들은 전형화와 비가시성에 대해 이해하고 그에 맞서기 위해 연결 네트워크에 잘 의지한다. 특정 집단에서는 무시당하고 따돌림 당하고 외면당할 수 있을지 몰라도, 종국에는 자기가 속한 집단 하나하나가 힘을 실어주고 용기를 북돋아주는 연결 네트워크가 될 수 있다.

노년층 단체, 인종 단체, 전문가 단체, 여성 단체, 육체 및 정신적 질병이나 중독 혹은 트라우마에 대한 편견에 맞서 싸우는 단체 등 개인의 자존감과 인권을 지키기 위해 함께 애쓰는 집단들이 얼마나 큰 힘을 발휘할 수 있는지 우리는 지금껏 숱하게 보고 들었다. 단순한 지역모임이나 학부모 모임 같은 비공식적인 집단도 큰 힘이 될 수 있다. 자신과 공통점을 가진 공동체와 유대감을 형성하는 것은 전형화와 비가시성이라는 문제에 맞설 수 있는 아주 좋은 방법이다.

개인 차원에서는 전형화와 꼬리표, 비가시성에 대해 좀 더 주의를 기울일 수 있는 방법이 두 가지 있다. 첫째 방법은 내가 앞서 학생들과 함께 해보았던 '자기가 속한 3개 그룹의 전형화 분석하기' 훈련법을 통해, 자기가 가진 전형화의 실체를 밝혀보는 것이다. 자신의 정체성을 파악하고 자신이 속한 공동체 구성원들에 대해 전형화를 할 수도 있다는 사실을 인정하는 것이 무엇보다 중요하기 때문이다.

둘째로는, 자신에게 주어지는 전형화를 파악해야 한다. 연구가이자 교육자인 메리 브리커 젠킨스Mary Bricker-Jenkins가 개발한 '문제제기 대화법 problem-posing dialogue'을 통해 그 전형화들을 꼼꼼히 살펴볼 필요가 있다. 젠킨스 박사는 스스로에게 이렇게 질문하라고 권한다.

1 나는 누구인가?
2 누가 한 말인가?
3 내게 그런 꼬리표를 붙여서 이득을 보는 사람이 누구인가?
4 그런 꼬리표가 나와 맞지 않다면 무엇을 어떻게 변화시켜야 하는가?

애니의 이야기로 이 장을 마무리하려고 한다. 애니는 대학 3학년 때 학교 기숙사에서 성폭행을 당했다. 대답에서 알 수 있듯, 그녀는 데이트 강간에 대해 다른 사람들과 이야기하는 과정에서 큰 힘을 얻을 수 있었다.

| 수치심 촉발제 | 성폭행 이전과 다름없이 건강하고 정상적인 보통사람으로 보아주고, 비난하지 말기를 바란다.

| 비판적 인식 | 누구도 시간을 되돌릴 수 없고, 이미 벌어진 일을 없던 일로 만들 수는 없다. 그리고 주변 사람들이 등 뒤에서 수군대지 말고, 내가 예전만큼 행복해질 수 없다고 생각하지 않는다면 상황은 더 좋아질 것이다. 그게 쉽지 않다는 것을 잘 안다. 내가 힘든 일을 겪었다는 걸 이해해 주는 동시에, 나를 볼 때 그 일을 떠올리지 말아달라고 부탁하는 것이기 때문이다.

| 연결 네트워크 | 카운슬러, 협력단체, 성폭력에 대해 함께 이야기하는 여학생들, 부모님, 형제자매, 남자친구, 단짝 친구

| 원치 않는 정체성 | 상처 입었고, 예전과 똑같을 수 없고, 정신적으로 비뚤어지고, 미치기 일보 직전이다.

| 비판적 인식 | 달라진 점도 있다는 것은 인정한다. 하지만 그렇게 달라진 것 역시 나이며, 정상이라고 생각한다. 많은 것을 잃었지만 극복하려고 애쓰고 있다. 다만 친구들이 나를 예전과 다르게 대하거나 친구들과의 관계가 변해서 더 많은 걸 잃고 싶진 않다. 내가 하는 모든 말과 행동이 내가 당한 폭행 때문이라고 몰아가는 것이 바로, 내게서 많은 것을 빼앗아가는 것이다.

| 수치심 거미줄 | 친구들, 성폭행 피해자들에 대한 전형화와 고정관념, 엄마 친구들, 이모와 사촌들

9장

.
.

나는 남과 다르지 않다, 나는 비정상이 아니다

단절disconnection은 수치심, 두려움, 비난의 원인이자 결과다. 분리, 벽쌓기, 비난, 전형화 등이 모두 단절의 유형이다. 그리고 하나가 더 있다. 그것은 앞에서 다룬 모든 것보다 더 고통스럽고 혼란스러운 것, 바로 '자기 자신과의 단절'이다.

　남들 생각에 휘둘려서, 남들이 바라는 모습이 되어야 한다는 생각에 집착한 나머지 '자아감각sense of self'을 잃어버리기도 한다. 자기존재의 근거, 진짜 나를 잃어버린다는 뜻이다. '진짜 나'는 모든 의미 있는 변화가 일어나는 가장 근본적인 터전이기 때문에, 이것을 잃어버리는 건 말할 수 없이 고통스러운 일이다.

　그럼 '진짜 나'는 무엇이며, 왜 그것에서부터 용기, 자비, 유대가 생겨나는지 살펴보자.

내가 나라고 느끼고 바라보는
나는 '진짜 나'인가

　무엇이 '진짜 나'일까? 설명하기 어렵지만, 눈앞에 있는 내가 '진짜 나'라는 것은 안다. '진짜 나'로 존재할 때라야 비로소 나 자신의 존재에 대한 확신이 가능하다. 정직하고 진실하고 진심어린 사람. 우리는 그런 사람에게 끌린다. 따뜻한 온기가 느껴져서 '나와 같은 세상을 살고 있는 듯한' 사람을 좋아한다. 있는 그대로를 말할 줄 알고, 그 때문에 웃음거리가 되어도 기꺼이 그렇게 하는 사람들 곁에 있고 싶다.

　우리 모두는 '진짜 나'로 살고 싶고, '진짜 나'로 사는 사람을 좋아한다. 반쪽짜리 진실, 솔직하지 못한 관계, 팽팽한 침묵을 좋아하는 사람은 없다. 우리는 누구나 내가 누구이며 무엇을 믿는지 분명하게 알고 싶어 하며, 또한 그것을 다른 사람에게도 자신 있게 보여주고 말할 수 있기를 바란다.

　하지만 수치심은 주위 사람들에게 나의 진짜 모습을 보여주는 걸 주저하게 만든다. '진짜 나'가 되고자 하는 노력에 훼방을 놓는 것이다. '남들이 나를 보는 시선'을 통제하려 하면서, 진짜가 될 수는 없다. 남들이 듣고 싶어 하는 이야기만 하면서, 나의 생각을 솔직하게 말하는 것은 불가능하다. 내 신념을 주장하면서, 남들의 반론이나 불쾌감을 하나도 받고 싶지 않다는 것도 욕심일 뿐이다.

　교육전문가 딘 헵워스Dean H. Hepworth, 로널드 루니Ronald H. Rooney, 제인 로슨Jane Lawson은 '진짜 나'가 된다는 것에 대해 이렇게 정의했다. "자연스럽고 참되고 꾸미지 않고 솔직하고 개방적인 태도로 자기 자신을 타인과 공유하는 것." 나에게 결점이 있어서 다른 사람들과 어울릴 가치가 없다고 여기는 사람은 자신을 온전히 다른 이와 공유할 수 없다. 내 모습이나 생각에 수치심을 느끼는 사람이 진짜 자기 모습을 드러내기란 불가능하다.

수치심은 수치심을 낳는다. 남들의 시선에 신경 쓰느라 '진짜 나'를 희생하면 수치심을 느끼고, 이 수치심 때문에 '진짜 나'로부터 더욱 멀어지게 되는 위험한 악순환에 빠진다.

○ 나는 사람들이 나한테 바라는 대로 말한다. 진보적인 친구와 있을 때는 진보적으로 행동하고, 보수적인 친구와 있을 때는 보수적으로 행동한다. 내 말에 상대가 화를 내는 게 너무 두려워서 그냥 분위기에 맞춘다. 이런 나 자신이 위선자에다 천박하게 느껴진다.

○ 뉴스도 즐겨보고 신문도 열심히 읽는다. 정치와 세상 돌아가는 일에도 관심이 많다. 말을 하기 전에 내 의견과 입장에 대해 신중히 생각하지만 결국에는 망쳐버리고 만다. 누군가 내 의견에 동조하지 않으면 불안해진다. 그럴 때면 그냥 입을 닫아버리기도 하고, 완전히 구석에 몰렸다 싶을 때는 큰소리를 치고 화를 내기도 한다. 어느 쪽이 되었든 결국 나만 우스운 꼴이 될 뿐이고, 그런 내가 싫다.

'자기 생각 말하기'는 많은 이들에게 수치심 촉발제다. 이에 대해 수치심을 느끼는 이유는 나에게 쏟아지는 암시와 기대 때문이다. '진짜 나'가 되기 위해선 '자연스럽고 참되고 꾸미지 않고 솔직하고 개방적인 태도로 자기 자신을 타인과 공유하는 것'이 필요하다는 걸 상기하면, 다음과 같은 편협한 기대에 맞춰 생각하고 행동하는 것이 우리를 '진짜 나'로부터 얼마나 멀어지게 하는지 잘 알 수 있다.

- 남들을 불편하게 만들지 말아야 한다. 그러나 정직해야 한다.
- 잘난 척하는 말을 해서는 안 된다. 그러나 자신 있게 말해야 한다.
- 화나게 하거나 상처 주는 행동을 해서는 안 된다. 하지만 마음속의 말을 있는 그대로 해야 한다.
- 공격적이어서는 안 된다. 하지만 솔직해야 한다.
- 잘 알고 많이 배운 것처럼 말해야 한다. 하지만 잘난 척해서는 안 된다.
- 경청하는 것처럼 말해야 한다. 하지만 아부하는 것처럼 들려선 안 된다.
- 논쟁거리나 거슬리는 말을 해서는 안 된다. 하지만 대중에게 반대할 용기가 있어야 한다.
- 필요 이상으로 관심이 있는 듯 보여서는 안 된다. 하지만 너무 무관심해 보여서도 안 된다.
- 지나치게 흥분해서는 안 된다. 하지만 너무 냉정하게 굴어도 안 된다.
- 사실이나 통계를 들먹일 필요는 없다. 하지만 틀린 이야기를 해서는 안 된다.

이 암시와 기대는 하나같이 완전히 모순적이고 전적으로 주관적이다. '공격적인 상태', '흥분한 상태'는 어떤 때를 말하는가? '필요 이상으로 관심 갖는 것'과 '너무 무관심한 것'은 또 어떤 상태인가?

그러나 우리가 이러한 기대를 어기면, 자동으로 꼬리표가 붙고 전형화의 대상이 된다. 소신대로 주장하면 '고집 세고 목소리 큰 사람'이라는 꼬리표가 붙는다. 진실을 밝히거나 바로잡으려고 하면 '주변 사람을 불편하게 하는 잘난 척하는 사람'이 된다. 금기시되거나 거슬리는 문제에 대해 솔직하게 말하면, 별난 사람이나 괴짜가 되어버린다.

그러므로 이렇게 원치 않는 꼬리표가 붙을 위험까지 감수하면서, 사회적 기대를 무시하기란 쉬운 일이 아니다. 결국 수치심 때문에 '진짜 나'를 포기하게 되는 것이다. '남들이 어떻게 볼까', '남들이 어떻게 생각할까'에 신경 쓰다 보면 솔직하게 말하고 행동하는 것이 불가능해질 수밖에 없다.

이 대목에서 '정상normalcy'이라는 개념에 대해 살펴볼 필요가 있다. 정상으로 보이고 싶은 욕구는 때때로 '진짜 나'가 되고자 하는 욕구를 넘어설 때가 있다. 외톨이나 아웃사이더가 되었다는 '수치심 촉발제'가 관련돼 있을 때, 그런 일이 자주 일어난다.

어디까지가 정상이고, 어디부터가 비정상인가?

미디어는 '정상'에 대한 기준을 무차별적으로 투하한다. 섹스, 신체, 정신건강에 대한 융단폭격은 특히 더 심하다. 한 잡지 표지의 글귀가 그걸 말해준다. '당신의 섹스는 정상입니까? 당신만 모르는 섹스의 모든 것!'

'나만 남과 다르다', '나만 비정상이다'. 이 수치심에서 벗어나기 위해 우리는 '정상'이 되려고 기를 쓴다. 자연스럽고 참되고 솔직하고 싶다는 욕구는 정상적인 사람이 되고 싶다는 욕구에 밀려나버린다.

인터뷰를 거듭하면서, 나는 많은 이들이 '정상'이 되기 위해 통계와 수치에 집착한다는 것을 알게 되었다. 정상 부부의 주간 섹스 횟수, 정상 독신녀의 주간 섹스 횟수, 1~10의 범주에서 당신의 섹스 취향은 어디? 몇 %의 부부가 이 방법을 택하며, 여성 중 몇 %가 애용할까?……. 우리는 정상이 되기 위해, 수치와 통계에 집착한다. '정상'이 되면 어딘가에 소속되고 인정받을 수 있는 가능성이 더 높아지기 때문이다. 무엇이 정상이며 어디까지 정상인지 알고 싶어 하고, 정상이 되고 싶어 한다. 인터뷰 와중에도 많은 이들이 '다른 사람들은 뭐라고 답했는지', '다른 사람도 나처럼 말했는지' 궁금해 했다.

미디어가 배포하는 '정상'의 기대가 위험한 것은 현실에 존재하는 실제 나의 모습에 '비정상'이라는 꼬리표를 붙임으로써, 정상이 되고자 하는 우리의 욕구를 악용한다는 점이다. '피곤하고 스트레스가 쌓이셨습니까?', '아내가 만족하지 않는다면', '다가올 미래에 대한 걱정이 끊이질 않는다면', '피부가 건조하고 가렵다면……'"

물론 치료나 적절한 조치가 필요한 경우도 있다. 그러나 많은 경우 광고주(기업)들은 정상이 되고 싶어 하는 이들의 욕구를 부당하게 이용한다. 그들은 남보다 섹스를 덜 하는 사람, 건강하지 못한 사람에 대해 '외롭고 슬프다'는 이미지를 부가함으로써, 사랑과 소속감을 원하는 이들의 욕구를 제멋대로 이용한다. 광고는 한때 고통을 겪던 사람이 자기네 약품이나 화장품을 사용하고 나서 친구와 가족들에게 둘러싸여 행복한 미소를 짓는 모습을 보여준다.

성^{sex}이나 신체, 건강에 대한 나의 진짜 감정과 생각을 알려면, 그걸 가로막는 사회적 암시와 기대를 인식해 걸러내야 한다. '이렇게 보이고 싶어.' 혹은 '이런 걸 해야만 할 것 같아.' 하고 조바심을 내면서는 진짜 내가 누구인지 알 수는 없기 때문이다. 그러므로 우리는 우리를 솔직하지 못하게 만드는 암시가 무엇인지에 대해 솔직히 털어놓고 대화를 나눌 만한 사람이 필요하다. 그런 유대야말로, 정상이 되기 위해 몸부림치느라 수치심을 경험하는 각자의 상황을 변화시킬 수 있다.

| 수치심 촉발제 알아차리기 | 내가 어떤 모습이어야 하고, 무엇을 어떻게 해

야 하는지를 걱정하면 실제의 내가 어떤 사람이고 또 어떤 사람이 되고 싶은지를 알아낼 수가 없다. 그런 암시들이 어디서 오는지 먼저 알아야 그런 암시들을 파악하고 헤쳐 나갈 수 있다.

| 비판적 인식 실천하기 | 성이나 몸, 육체건강과 정신건강에 대한 나의 진짜 느낌과 생각을 알기 위해서는 내 생각을 가로막는 모든 사회적 암시와 기대들을 인식하고 걸러낼 줄 알아야 한다.

| 손 내밀기 | 암시들에 대해 이야기한다. 하지만 성과 건강에 대해 솔직하게 이야기하려는 사람들이 드물기 때문에 안심하고 속마음을 터놓을 수 있는 사람들과 유대감을 형성해야 한다.

| 수치심 말하기 | 내 느낌과 욕구에 대해 솔직하게 이야기할 수 있어야 인생의 중요한 부분들을 놓치지 않을 수 있다. 정상이 무엇인지 나는 모른다. 나는 다만 진실한 내 모습을 지키고 싶을 뿐이다.

수치심이 한 인간을 파괴하는 늪, 중독

테렌스 리얼Terrance Real은 저서 《나는 그것에 대해 말하고 싶지 않다 ; 남성 우울증의 비밀 극복하기I Don't Want to Talk About It ; Overcoming the Secret Legacy of Male Depression》에서 '소금물이 갈증을 부르듯 중독은 수치심을 부

른다.'라고 말했다.

중독과 수치심은 떼려야 뗄 수 없는 관계다. 그리고 서로 매우 유사하다. 둘 다 우리로 하여금 단절감과 무력감을 느끼게 만든다. 중독에 빠지면 폐쇄적이 되거나 반대로 과격해지는 경향이 있다. 중독은 우리를 외롭게 만들고 겉돌게 만든다. 그리고 중독에 대해서는 비밀로 감추고 입을 닫으려는 경향이 자주 나타난다.

많은 이들이 중독을 '남자들의 문제'라고 생각하지만 요즘에는 그렇지만도 않다. 알코올과 약물에 대한 최근의 많은 조사에서 10대 소녀들이 또래 소년들보다 더 많이 술을 마시고 술을 마시기 시작하는 시기도 더 앞선다는 결과가 나왔다. 또한 과거에 비해 더 많은 여대생들이 술을 마시고, 또 취할 정도로 마시는 것으로 나타났다. 조사에 따르면, 사람들은 기분을 바꾸고 자신감을 높이고 긴장을 줄이고 수줍음에서 벗어나기 위해 술을 마신다고 한다. 미국 국립약물남용연구소^{NIDA} 소장인 노라 볼코우^{Nora Volkow} 박사는 술을 '사교를 위한 윤활제'라고 부른다.

'사교를 위한 윤활제'라는 표현은 많은 경우 꽤 적절하다. 나 역시 고등학교 때부터 친구들과 어울리기 위해 술을 마시기 시작했고, 대학에서도 술과 담배를 사교를 위한 검과 방패로 삼았다. 하지만 사람들과 어울리기 위해 술과 담배에 의지한다고는 한 번도 생각해보지 않았다. 아는 사람들 모두 술과 담배를 했고, 어디서나 내가 되고 싶은 모습의 사람들은 술과 담배를 했다. 1980년대 우리들은 담배 광고 속 여자 모델처럼 도발적이길 바랐고, 반항하며 술과 담배를 즐기는 젊은이가 등장하는 영화에 열광했다.

대학원에 진학하고 나서야 우리 집에 알코올 중독 내력이 있다는 사실을 알게 되었다. 뿐만 아니라 내가 사람들과 어울리는 데 있어 술에 지나치게 의존하고 있다는 사실도 깨닫게 되었다. 석사 학위를 받던 1996년 주말에 나는 술을 끊었다. 운 좋게도 도움이 되는 정보와 방법도 얻을 수 있었고, 도움을 줄 사람들도 곁에 있었다. 나는 술과 담배 중독을 끊은 것이 내 인생 최고의 행운 중 하나라고 생각한다. 많은 이들이 나보다 더 심한 '밑바닥'을 경험한다. 가정을 잃거나 직장을 잃기도 하고, 자유나 심지어 자녀까지 잃는 경우도 있다.

수치심이 중독에 미치는 영향을 좀 더 제대로 이해하려면, 이 둘이 어떤 관계인지를 알 필요가 있다. 나는 둘 사이에 연관이 있다는 것을 직감적으로는 알았지만 자세하게 이해하지는 못했다. 수치심과 중독은 서로 복잡하게 얽혀 있어서, 무엇이 시작이고 무엇이 끝인지 알아내기가 쉽지 않다. 수치심과 중독이 서로 어떻게 연관되어 영향을 미치는지 제대로 파악하기 위해, 나는 최신 연구를 살펴보기로 했다. 2장에서 준 탱니와 론다 디어링의 《수치심과 죄책감》이라는 책을 언급했는데, 둘은 최근 〈중독 행동 Addictive Behaviors〉 지에 중요한 논문을 하나 실었다. 연구를 주도한 론다 디어링 박사는 뉴욕주립대학의 연구원으로, 당사자로부터 직접 이야기를 듣는 것이 훨씬 도움이 될 것 같다는 생각에 나는 인터뷰를 청했다. 여기, 그 내용을 소개함으로써 수치심과 중독의 상관관계를 정리해본다.

| 나 | 저서를 읽고, 수치심과 죄책감이 서로 뚜렷이 구별되는 감정이라는 데 대해 박사님과 제 생각이 같다는 걸 알게 되었습니다. 책에서 '수치심 성향', '죄책감 성향'이라는 용어를 사용했는데, 그 정확한 의미를 소개해

주시겠습니까?

| **론다** | 그 용어는 감정을 경험하는 개인의 '경향'이나 '기질'을 설명하기 위한 것입니다. 똑같은 상황에서 어떤 사람들은 수치심을 느끼지만, 어떤 사람은 죄책감을 느낍니다. 수치심으로 반응하는 사람을 '수치심 성향'이라고 표현합니다. 또 다른 예도 있지요. 슬픔을 느낄 때 '우는 성향'이 있고, '울지 않는 성향'도 있습니다. 대부분 사람들은 자신이 어떤 성향인지 잘 압니다. 우리는 조사도구를 활용해, 실험 참가자들에게 일상의 다양한 상황들을 제시하고 어떤 성향을 보이는지 답변해달라고 합니다. 수치심 성향과 죄책감 성향 모두를 가지는 경우도 있지만, 대개는 둘 중 하나가 뚜렷이 나타나더군요.

| **나** | 박사님은 논문에서 '중독을 유발하는 요인'을 언급하셨죠. 특히 '고정적 요인'과 '유동적 요인'의 차이를 이해하는 것이 중요하다고 하셨는데, 이 용어에 대해 설명해주시겠습니까?

| **론다** | '고정적 요인'은 변할 수 없는 것을 뜻합니다. 유전적 요인 같은 게 해당하겠죠. 타고난 유전자는 바꿀 수가 없으니까요. 반면 '유동적 요인'은 변화의 잠재력이 있는 요인을 말합니다. 개인이 형성하는 사회적 네트워크 같은 것이 해당됩니다. 누구와 어울릴지 스스로 선택할 수 있으니까요. 수치심 성향과 죄책감 성향도 유동적이라고 생각합니다. 변할 가능성이 있죠. 그래서 심리치료를 통해 수치심 성향에서 벗어나 죄책감 성향이 될 수 있도록 돕고자 합니다.

| **나** | 수치심 성향과 중독 사이에 연관성이 있다는 걸 이번 연구에서 발

견하셨습니다. 이 연구에서 가장 중요한 점은 무엇입니까?

| 론다 | 연구 결과는 수치심 성향에 대한 다른 연구들과 일치합니다. 수치심 성향은 분노 조절, 우울, 중독 같은 요인들과 관련이 있습니다. '죄책감 성향'의 사람들은 '행동' 자체에 초점을 맞춥니다. 예를 들어 과음을 해서 회사에 결근을 하면, 이렇게 생각합니다. '이렇게 결근하다가는 해고당할지 몰라.' 반면 '수치심 성향'의 사람들은 같은 상황에서 '나는 결함이 있다'고 생각하기 쉽습니다. '과음 때문에 결근을 하다니 나는 실패자야.' 당연히 결함 있는 나를 바꾸는 것보다 문제행동을 바꾸는 게 훨씬 쉽습니다. 죄책감 성향의 사람은 출근 전날은 술을 마시지 않거나 적게 마시는 쪽을 택합니다. 하지만 수치심 성향의 사람은 문제해결에 접근하기를 힘들어합니다. 수치스럽다는 감정에 사로잡혀 아무것도 못하게 되지요.

| 나 | 수치심이 중독을 유발하는 것인지, 중독이 수치심을 유발하는 것인지 질문을 받곤 합니다. 어떻게 생각하십니까?

| 론다 | 닭이 먼저냐 달걀이 먼저냐의 문제는 아닙니다. 둘 다 맞다고 생각합니다. 수치심 성향의 감정적인 스타일이라면 중독으로 갈 위험성이 높습니다. 거꾸로 중독과 관련된 문제가 커지면 수치심을 피하기가 어렵죠. 알코올 중독인 누군가가 이미 수치심 성향이라면 술로 인한 문제를 근거로 자기를 펌하하고 '나는 나쁜 사람'이라고 해석하기 쉽습니다. 수치심과 중독은 악순환을 이루며, 바꾸기가 매우 힘들다고 생각합니다.

종교적 신앙은 수치심과
어떤 관계가 있는가?

종교적 신앙, 믿음과 수치심의 관계는 복잡하다. '수치심 거미줄과 연결 네트워크'에서 보듯, 신앙/종교는 어떤 이들에게는 수치심 촉발제가 되기도 하고, 어떤 이들에게는 수치심 회복탄력성의 원천이 되기도 한다. 나는 종종 '특정 종교가 다른 종교보다 더 수치스러움을 조장하는가'에 대한 질문을 받곤 하는데, 대답은 '그렇지 않다'이다. 특정 종교나 종파가 다른 종교나 종파보다 수치스러움을 더 조장한다는 증거는 없다.

다만 나는 신앙과 종교를 경험하는 이들 사이에서 중요한 패턴 하나를 발견했다. 신앙이 수치심 촉발제라고 말하는 사람은 '종교'나 '교회'라는 말을 더 자주 쓰고, 수치심 회복탄력성의 원천이라고 말하는 사람은 '믿음'이나 '영성', '신념' 같은 말을 더 자주 쓴다는 점이다. 처음엔 '조직화된 종교'와 수치심 사이에 연관이 있는지가 궁금했지만, 결국 연관성을 찾아내지는 못했다. '믿음', '영성', '신념'이라는 말을 자주 쓰는 이들의 최소한 절반 정도가 조직화된 종교단체의 일원이었기 때문이다.

그래도 분명한 것은 하나 있었다. 신이나 보다 높은 존재 또는 영적인 세계와의 관계가 수치심 회복탄력성의 원천으로 작용한다는 점이다. 영적 유대감은 많은 이들에게 있어서 수치심 회복탄력성을 갖는 데 없어서는 안 될 요소다. 어린 시절 종교와 관련돼 수치심을 경험한 이들 중 절반 이상은 새로운 영적 행로를 찾아냄으로써 수치심 회복탄력성을 개발했다. 종교를 바꾼 경우도 있었지만, 영성과 신앙 자체가 인생에서 중요한 역할을 차지하는 것만은 변하지 않았다.

또 다른 패턴은 믿음은 우리가 가진 최선의 모습을 끌어내주지만, 수치심은 그로부터 멀어지게 만든다는 점이다. 종교가 수치심을 불러일으키는 이유는 모두 인간들이 만들어내고 해석한 규칙, 사회공동체적 기대들과 연관이 있다. '교회에 빠지면 안 된다', '공동체가 부끄러워할 일을 하지 마라', '기대를 저버려선 안 된다', '규율을 지켜라' 등등.

기관이 그렇듯, 지도자 위치에 있는 개인과 집단은 종종 수치심을 통제의 수단으로 활용한다. 그런 일이 반복적이고도 체계적으로 이루어지면 조직의 문화는 수치심이라는 토대 위에 만들어진다. 당연히 종교기관이 처음부터 수치심을 불러일으키려는 목적으로 세워졌을 거라고 생각하진 않는다. 다만 혹시 종교라는 이름으로 그런 일을 하는 것에 무뎌지지는 않았는지 비판적 인식이 필요하다.

영적 성장의 필요성을 강의하는 매리언 윌리엄슨Marianne Williamson은 수치심에 대해 이렇게 썼다.

"우리 내면의 가장 깊은 두려움은 '나는 부족하다'는 것이 아니다. 우리 내면의 가장 깊은 두려움은 '나에겐 감당할 수 없는 대단한 힘이 있다'는 것이다. 우리를 가장 두렵게 만드는 것은 '어둠'이 아니라 '빛'이다. 우리는 묻는다. '나는 현명하고 고귀하고 재능 있고 아름다운 사람이 될 수 있을까?' 하지만 질문이 틀렸다. 당신은 그렇게 '될' 필요가 없다. 당신은 신의 자녀다. 있는 그대로 위대한 존재다. 그러니 다른 사람들의 믿음을 구걸할 필요가 없다. 우리는 모두 신의 영광을 실현하기 위해 태어난 존재다. 몇몇 특별한 선택된 사람만 그런 것이 아니라, 우리 모두 그렇다. 우리 안의 빛을 가지고 다른 이에게도 똑같이 대하라. 내가 두려움에서 벗어날 때, 다른 이들 역시 두려움에서 벗어나게 된다."

'진짜 나'를 끌어내어
사랑하고 존중하는 법

이 장을 시작하면서 '진짜 나'를 '자연스럽고 참되고 꾸미지 않고 솔직하고 개방적인 모습'이라고 말했다. 다른 사람들에게 이 '진짜 나'가 어떤 모습으로 드러날까? '진짜 나'라는 말을 할 때마다, 나는 오랜 친구인 채즈를 떠올린다. 내가 아는 이들 중에서 '진짜 나'에 가장 어울리는 사람이기 때문이다. 그는 어떤 상황에서든 자신의 참모습을 잃지 않는다. 그를 아는 누구에게 물어도 그에 대해 비슷하게 설명할 것이다. 누구와 있어도 느긋하고 편안하며, 상대가 누구며 뭘 바라든 관계없이 똑같은 가치관과 믿음에 따라 말하고 행동한다.

나는 높은 수치심 회복탄력성을 가진 이들에게서 그런 모습을 보았다. '누구와 함께 있든 여전히 나로서 존재하는 것'이야말로 '진짜 나'의 핵심인 것 같다. 자연스럽고 참되고 꾸미지 않고 솔직하고 개방적인 태도의 결과물이다.

그렇다면 '진짜 나'와 수치심 회복탄력성은 어떤 관계가 있을까? 용기, 자비, 유대감을 실천할 때 '진짜 나'를 유지하기가 한결 쉽다. 연구 참가자들은 '진짜 나'로 존재하도록 지지해주는 이들과의 유대감이 무엇보다 중요하다고 입을 모았다.

○ 언니와 하기 힘든 대화를 하던 중에 나는 충격적인 얘기를 들었다. "나와 의견이 달라도 괜찮아. 네가 하는 말이 진실하기만 하다면 상관없어." 나에 대한 언니의 생각을 듣고 수치심을 느꼈다. 하지만 덕분에 내가 사람들에게 솔직하지 못했으며, 특히 나 자신에게 솔직하지 못했다는 걸 깨닫게 되었다. 처음 몇 달간은 그 누구의 질문에도 제대로 대답을 할 수가 없었다. 내가 진짜로 어떻게 생각하는지 확신이 서지 않았기 때문이다. 나 자신과 가족에게 솔직해지기까지 1년 정도가 걸렸다. 그렇게 되기까지 언니가 큰 도움이 되었고 이제는 나 자신이 훨씬 더 '온전한 나'가 된 느낌이다.

○ 부모님과 종교 얘기를 할 때면, 회피하거나 거짓말을 하곤 했다. 하지만 둘 다 마음이 편치 않았다. 부모님은 가톨릭 신자이고, 내가 주일 미사에 꼬박꼬박 나가며 아이들에게 교리 공부를 시키는지 물어보셨다. 그때마다 나는 대충 얼버무리려고 애썼다. 남편은 두 분에게 개종했다는 걸 사실대로 말씀드리라고 했지만, 그랬다가는 두 분이 불같이 화를 내실 게 분명했다. 남편은 내가 그럴 때마다 우리의 종교적 신념을 인정하지 않는 것 같아 불쾌하다고 했다. 결국 나는 부모님께 사실대로 말씀드렸고, 내 선택이 마음에 들지 않더라도 최소한 더 이상 종교 이야기는 하지 않았으면 좋겠다고 말했다. 부모님은 굉장히 화를 내셨지만 결국에는 내 의견을 존중해주셨다.

수치심 연구를 하면서 한 가지 더 알게 된 사실은 우리 대부분이 자기 자신에게 지나칠 정도로 엄격하다는 점이다. 많은 경우 나 스스로가 나의 수치심 거미줄이 된다. 그러므로 '진짜 나'로 살기 위해서는 자기수용, 자신과의 유대감, 자기공감을 표현하는 연습이 필요하다.

자신과의 유대감을 높이려면, 자신의 문제나 한계를 강점과 능력의 관점에서 파악하고 인정하는 과정이 필요하다. 전문가들은 이러한 접근법을 일컬어 '강점관점strengths perspective'이라고 한다. 데니스 샐리비Dennis Saleebey는 강점관점을 일컬어 '가능성, 재능, 능력, 잠재력, 비전, 가치, 희망의 관점에서 나의 문제나 고통을 살펴보는 것'이라고 했다. 문제나 단점을 외면하라는 의미가 아니다. 그것을 희망의 관점으로 조망하라는 것이다.

강점관점은 우리가 가진 한계나 결점이 어떻게 강점으로 연결될지 살펴보는 것이다. 그러다 보면 중요한 깨달음을 하나 얻게 된다. '죽도록 바꾸고 싶은 그 무언가가, 다른 관점으로 보면 나를 나답게 하는 장점이기도 하다'는 것! 예를 들어 나는 스스로를 '지나치게 정치적인 사람'이라고 느낄 때가 있다. 일과 관련해선 완벽하고 냉철하려 하고, 집에서는 터무니없이 빈틈투성이다. 동료들과 있을 때의 나와 다른 분야의 전문가들과 있을 때의 내가 완전히 다르다. 카멜레온 같다. 때론 절박하다 못해 가식적인 모습을 보인다.

그런데 나의 이런 면을 강점관점에서 보면 전혀 다르게 보인다. 가증스럽고 변덕스러운 게 아니라 유연하고 친화력 좋은 사람이 된다. 나한테 너무도 다양한 모습들이 존재하며 얼마나 재빠르고 쉽게 그걸 바꿔나가는지 놀랍기만 하다.

누구라도 자신의 '단점'과 '한계'를 깊이 살펴서 그 안에서 강점을 찾아낼 수 있다. 이것의 목적은 문제를 회피하기 위함이 아니다. 자존감과 공감, 유대감을 찾기 위함이다. 수치심에 사로잡혀 있으면 변할 수도 없고 성장할 수도 없다. 또한 수치심을 가지고는 우리 자신은 물론이고 남도 변하게 할 수 없다.

나는 일에 대해 지나치게 엄격하고 통제하려는 경향이 있다. 이것을 수치스럽게 여길 수도 있다. 하지만 반대로 동일한 특징을 책임감 있고 신뢰가 가고 헌신적이라고 해석할 수도 있다. 관점을 바꾼다고 현실의 문제가 즉각 해결되거나 사라지지는 않는다. 하지만 강점관점으로 자신을 바라보면 자신감이 생겨서, 바꾸고 싶은 문제에 대해서 제대로 판단할 수 있다.

지나칠 정도로 과도하게 걱정을 하는 내 모습을 수치스럽게 여길 수도 있지만, 관점을 바꿔 그것을 조심성이 많고 신중하고 성실하다고 해석할 수도 있다. 자존감의 관점에서 보면 나는 끊임없이 현실을 점검하는 분별력 있는 사람이다. 그 관점을 바탕으로, 다른 선택의 범주를 고려할 수 있다. 그러나 무조건 수치심과 단절감의 관점에서 보기만 한다면, 내 행동을 제대로 평가하거나 변화시키기 어려워진다.

나는 매번 학기 초에, 학생들에게 '강점 평가서'를 만들어보도록 한다. 10~15가지 정도 '나의 강점'을 제출하라고 하는데, 여기에는 '사람들과 잘 어울린다.' 혹은 '잘 논다.'라는 식의 모호한 것은 포함시키지 말 것을 분명히 해둔다. 흥미로운 것은 학생들 대부분이 자신의 강점을 평가하는 이런 과제에 익숙하지 않다는 점이다. 오히려 자신의 한계, 단점, 성장을 위한 변화요건 같은 걸 물어보면 훨씬 더 쉽게 해낸다. 이것이 인간의 본성이다. 우리는 강점은 당연한 것으로 받아들여 무시하고, 단점과 결점에만 관심을 쏟는다. 하지만 우선 내가 무엇을 잘하는지를 알아야 한다. 나의 강점을 발견하면 그것을 자신의 목표를 이루는 도구로 이용할 수 있다.

10장

·
·
·

우리는 결코 혼자가 아니다, 우리는 모두 우리 편이다

2006년 4월, 나는 여성단체 FMF에서 주최하는 시상식 만찬회에 참석하게 되었다. 이 행사는 시린 에바디(Shirin Ebadi, 이란, 2004년), 리고베르타 멘추 툼(Rigoberta Manchu Tum, 과테말라, 1992년), 베티 윌리엄스(Betty Williams, 아일랜드, 1975년), 조디 윌리엄스(Jody Williams, 미국, 1997년), 이 네 명의 여성 노벨평화상 수상자들을 축하하기 위한 자리였다. 만찬회 마지막에는 여성 인권운동가인 마비스 레노Mavis Leno가 연단에 나와 행사를 마무리했다. 마비스 레노는 열광하는 참석자들을 둘러보며 이렇게 말했다. "우리 모두 세상을 바꿀 수 있습니다."

나는 크게 심호흡을 하고 다음 말을 기다렸다. 과연 그녀는 '세상을 변화시키자'는 말을 간단하면서도 상투적이지 않게 어떻게 표현할까? 빤한 말 대신, 사람들을 진짜로 움직이게 하는 그런 표현이 과연 무엇일까? 대부분 사람들은 '세상을 바꾸는 일' 따위에는 별로 관심이 없다. 게다가 나에게 그런 파워가 있다고 생각하기도 쉽지 않다.

마비스 레노는 정곡을 찔렀다. "다른 인간에게 잔인하게 구는 사람을 보았을 때, 그것을 자신의 일로 진지하게 받아들이십시오. 그것이 바로 우리 자신의 일입니다!"

세상을 바꾸자고 독려하는 그 어떤 말들 중에도 가장 내 마음을 뒤흔드는 말이었다.

우리는 누구나 주변에서 일어나는 문제를 자신의 일로 받아들일 줄 안다. 문제를 목격했을 때 그것을 나의 일로 느끼는 것은 인간 특유의 본성이기도 하다. 그러므로 현실의 눈에 들어오는 문제를 '나와 상관없다'고 치부하고 외면하는 것은 우리를 인간이게 하는 그 본성에 위배되는 행동이다. 인간은 연대하고 유대감을 나누는 존재인 것이다.

우리가 살고 있는 이 수치심을 부추기는 문화를 연대의 문화로 바꾸고 싶다면, 우리가 보고 듣고 목격하고 마주치는 모든 일을 '나의 일'로 받아들여야 한다. 누군가에게 수치심을 불어넣는 것은 잔인한 짓이다. 내 아이가 수치심을 갖게 하거나 남을 비하하는 TV 프로그램을 보고 있다면, 얼른 그걸 끄고 보지 말아야 할 이유를 설명해주어야 한다. 누군가가 누군가에게 전형화를 통해 상처를 주고 비하하는 말을 하면, 용기를 내어 그 말이 왜 불편한지 말해주어야 한다. 누군가가 자신의 수치스러운 경험을 털어놓을 때는 귀를 열고 마음을 헤아리고 자비를 실천해야 한다.

어떤 문제를 '나의 일'로 받아들인다는 것은, 그것을 내 경험으로 받아들이고 함께 책임을 짊어짐으로써 변화를 만들겠다는 것을 의미한다. 수치심을 경험할 때 우리는 입을 다물어버린다. 용기를 내어 고통을 말하는 사람을 '예민하다', '감정적으로 대응한다'고 묵살한다. 하지만 나는 그런 반응을 이해할 수 없다. 인간인 우리가 그럼 둔감하고 무심해져야 마땅하다는 말인가? 수치심의 문화는 그런 둔감함과 무심함을 먹고 자란다.

여기, 캐롤라인의 이야기는 용기와 회복의 모습을 보여준다.

· · ·

하루는 집 근처에서 차를 몰고 가다 신호등 앞에서 멈췄는데 옆 차선에 젊은 남자들 여럿이 탄 차가 섰어요. 모두 저를 보더니 미소를 짓더군요. 저도 미소로 화답했는데, 얼굴도 약간 붉어졌나 봐요. 뒷좌석에서 친구랑 앉아 있던 열다섯 살짜리 딸아이가 느닷없이 이러는 거예요. "어머, 엄마, 남자들 좀 그만 쳐다봐. 도대체 무슨 생각을 하는 거야? 저 남자들이 지금 엄마한테 작업이라도 거는 줄 알아?" 그 순간, 솟구치는 눈물을 참느라 얼마나 혼났는지 몰라요. 제가 그런 어리석은 생각을 했다는 게 믿어지지 않았어요.

· · ·

2003년에 처음 만났을 때 캐롤라인은 50대 초반이었다. 그리고 이 이야기를 털어놓은 건 두 번째 인터뷰를 한 2005년이었다. 캐롤라인은 이 수치스러운 경험을 바로잡으려고 나선 것이 인생의 전환점이 되었다고 설명했다.

· · ·

그 경험 때문이 아니라, 딸아이를 대체 어떻게 대할 것인가를 두고 제게 큰 변화가 찾아왔어요. 그 자리에서 아이한테 화를 내거나 퉁명스럽게 구는 대신, 배운 걸 써보기로 했지요. 아이들을 학교에 내려준 다음, 집으로 돌아와서 친구에게 전화를 했어요. 친구에게 그 사건을 들려주고 내가 얼마나 수치스러웠는지 말했어요. 젊은 청년들한테 미소를 지은 것도, 딸아이가 자기 친구 앞에서 저를 그렇게 대한 것도 수치스러웠다고요.

친구는 '청년들에게 미소 지은 게 왜 수치스러웠느냐'고 묻더군요. 저는 '아주 잠깐이지만 정말로 청년들이 나한테 미소를 짓는 것이라고 생각했다'고 했어요. 주책없이 나이 먹은 것도 잊고 말이죠. 친구는 내 마음을 이해해주더군요. 하지만 섣불리 제 기분을 달래주려고 하지 않았어요. 그저 가만히 듣고만 있었죠. 그러더니 한참 만에 이렇게 말해주었어요. "그래, 사람들이 우리의 진짜 모습을 봐주지 않을 땐 정말 마음이 아프지. 차에 타고 있던 청년들도 그렇고, 우리 애들도 그렇고……. 이제 아무도 우리를 여자로 봐주려고 하지 않아." 친구는 제 기분을 잘 이해했어요.

저녁 때 남편이 딸아이와 막내까지 데리고 돌아왔어요. 그때 저는 방에 있었죠. 저는 조용히 딸아이한테 잠깐 이야기 좀 할 수 있겠냐고 물었어요. 딸아이가 그러더군요. "아우, 짜증나. 또 갱년기 타령이야?" 그 말에 식구들이 모두 웃음을 터뜨렸어요. 하지만 이번엔 저도 어색하게 따라 웃지 않았죠. 대신 이렇게 말했어요. "아니. 오늘 너 때문에 엄만 정말 마음이 많이 아팠어. 그래서 이야기 좀 해야겠어." 그 말을 듣자마자 남편과 막내가 자리를 피해줬어요.

딸아이와 자리에 앉아서, 내가 왜 수치스러웠는지 설명했어요. 엄마로서가 아니라 여자로서 그런 대접이 견디기 힘들다는 것도 설명했죠. 친구들 앞에서 쿨해 보이고 싶은 마음은 이해하지만, 그렇다고 해서 엄마인 저에게 상처를 주는 것은 용납할 수 없다고도 했습니다.

이야기를 하는 내내, 딸아이는 얼굴을 찌푸리더군요. 한참 만에 저는 손을 내밀어 딸의 두 손을 잡고 말했어요. "네가 한 말 때문에 나는 정말 수치스러웠고 마음이 아팠어. 너한테 이런 이야기를 하는 건, 네가 나를 사랑하고 우리 관계가 소중하다는 걸 잘 알기 때문이야. 그리고 앞으로 누군가가 쿨해 보이고 싶다는 이유로 너를 수치스럽게 만들거나 무시할 때 그걸 내버려두어선 안 된다는 걸 알려주고 싶어서야. 나 역시 네가 나한테 그런 짓을 하게 놔두지 않을 거고, 너도 남들이 너한테 그런 짓을 하게 내버려두지 않기를 바란다."

* * *

이 이야기를 들으면서 나는 캐롤라인의 딸이 진심으로 사과를 하고 둘이 다정하게 포옹하는 것으로 끝이 나기를 간절히 바랐다. 하지만 그런 일은 일어나지 않았다. 캐롤라인의 딸은 "미치겠네. 이제 그만 가 봐도 돼요?"라고 대꾸했고, 캐롤라인은 그래도 딸에게 '사과를 하길 바란다'고 했으며, 결국 딸은 마지못해 사과를 했다. 아이는 곧장 자기 방으로 가서는 문을 쾅 닫고 라디오를 크게 틀었다.

이 대화가 캐롤라인의 딸에게 어떤 영향을 미칠지 우리는 모른다. 그렇지만 전문가로서의 경험과 개인적인 경험에 비추어볼 때, 이 대화는 그 아이의 나머지 인생을 완전히 바꿔놓을 가능성이 아주 크다.

캐롤라인은 그 일을 진지하게 받아들여 행동에 나섰다. 만약 모든 부모가 캐롤라인처럼 자녀들과 그런 대화를 나눈다면 우리는 사회와 문화가 달라지기 시작하는 것을 목격하게 될지도 모른다. 그런 이야기를 들은 아이들이 자신과 친구들에게도 같은 기대를 하게 된다면, 우리 사회와 문화는 완전히 달라질 것이다. 물론 그런 일이 한두 명의 노력으로 일어나지는 않는다. 수많은 사람들이 나서야만 가능한 일이다. 그러나 많은 사람들이 일으키는 조그마한 변화가 모여 커다란 사회문화적 변화를 일으킬 수 있다.

약해져선 안 된다, 차라리 괜찮은 척하다 죽어라?

이 책을 유심히 읽은 사람이라면 깨달았겠지만, 나의 처음 연구는 거의 여성만을 대상으로 이뤄졌다. 그것은 수치심에 대한 학계의 관점과 관계가 있다. 대다수의 학자들은 수치심에 대한 남성과 여성의 경험이 다르다고 전제한다. 좀 더 심도 깊은 연구를 원했던 나 역시, 여성을 대상으로 좀 더 다양하고 사소하지만 중요한 영역들을 세밀하게 관찰해보기로 했다. 그러나 내가 만난 젊은 남성들과의 인터뷰 내용 역시 굉장히 의미심장한 것이었다.

수치심의 12항목을 처음 도출했을 때, 나는 각각이 10대 청소년들에게 어떻게 해당되는지 살펴보기 위해, 일련의 인터뷰를 계획했다. 그때 착오로 젊은 청년 몇이 그 인터뷰에 포함됐다. 나는 남자 10대들과 작업해본 적이 없어서 적잖이 당황했다. 칠판에 수치심 항목들을 적어놓고 인터뷰를 위해 젊은 청년들을 기다리면서, '아마 다들 아무 말도 안 할 거야.' 하고 막연히 생각했다.

먼저 외모에 대한 질문을 던졌다.

"좋아요, 외모에 대해 어떻게 생각해요? 주위에서 내가 어떻게 생겨야 한다는 것에 관한 기대와 압력이 있나요?"

참가자들은 어색한 듯 서로를 쳐다봤고, 이윽고 한 사람이 말했다. "그럼요. '확 패버릴 거야!' 하는 분위기를 팍팍 풍겨야 돼요." 나머지 참가자들도 웃음을 터뜨리며 동의했다.

"좋아요. 그럼 건강에 대해서는 어때요?" 모두들 또 웃음을 터뜨리더니 이번에는 다른 참가자가 말했다. "똑같아요. 다른 놈을 패버릴 수 없을 만큼 아파선 안 되죠."

나는 아버지 역할같이 좀 더 복잡한 문제로 넘어가기로 했다. "좋아요, 그럼 아버지 역할에 대해서 한번 이야기해보죠." 그러자 또 다시 다들 웃음을 터뜨렸다. 하지만 이번엔 먼젓번보다 소리가 작았다. 한 사람이 말했다. "내 자식이나 아내에 대해 함부로 말하면 확 패버려야죠."

처음엔 모두들 농담을 하는 줄 알았다. 하지만 인터뷰를 하면 할수록 나는 이들이 진지하게 대답하고 있다는 걸 깨달았다. '확 패버릴 거야' 라는 이미지만 유지할 수 있다면, 무슨 짓을 하든 어떻게 보이든 상관없었다.

나는 이 '확 패버릴 거야'로 점철된 인터뷰 노트를 정리한 다음, 책장 깊숙이 넣어버렸다. 그러다 지난해 남성들을 대상으로 인터뷰를 재개하면서, 그때 그 청년들이 얼마나 솔직하고 예리하고 진실했는지 확실히 깨달았다. 그들은 자신들만의 언어로 내가 알아야 하는 거의 모든 것을 이야기해주었던 것이다.

2005년, '수치심과 남성의 관계'에 좀 더 시간을 투자해야겠다고 결심하게 만든 세 가지 사건이 벌어졌다. 바로 낯선 남자, 페니스, 페미니스트 사건이다.

낯선 남자 이야기부터 시작해보자. 큰 키에 호리호리하고 60대 초반으로 보이는 남성이 아내와 함께 내 강연에 참석했다. 강연이 끝나자 그는 아내를 따라 강단 앞으로 나왔다. 나는 그의 아내와 잠깐 동안 이야기를 나눴는데, 얘기가 끝나자 그가 아내에게 '1분만 기다려 달라'고 말했다. 그의 아내는 걱정스러운 표정이었다. 남편이 내게 뭔가를 말하는 걸 원치 않는 듯했다. 그래도 그녀는 강연장 밖으로 나갔고, 남자가 말을 꺼냈다.

"수치심에 대해 하신 말씀 잘 들었습니다. 정말 재미있었습니다."

나는 그에게 '감사하다'고 인사를 건네고 다음 말을 기다렸다. 분명 할 말이 더 있어보였기 때문이다. 그는 다시 말을 이었다.

"궁금한 게 있는데요. 수치심이 남자한테는 어떤 영향을 미칩니까? 남자들에 대해서는 연구를 하셨습니까?"

순간 마음이 놓였다. 아는 게 별로 없으니 답변하는 데 시간이 오래 걸리지 않을 것 같아서였다. "남성들과는 인터뷰를 많이 하지 않았어요, 여성들에게 국한된 연구였거든요."

그러자 그는 고개를 끄덕이며 말했다. "그렇군요. 참 편하셨겠네요."

나는 그의 말이 무슨 뜻인지 궁금해졌다. 미소를 지으며 물었다. "그게 무슨 뜻인가요?" 그는 정말 궁금하냐며 되물었고, 나는 진지하게 그렇다고 말했다.

순간, 그의 눈에 눈물이 차올랐다. "우리도 수치심을 갖고 있습니다. 아주 깊은 수치심을 말입니다. 하지만 우리가 용기를 내서 그런 이야기를 하면 당장 바보 소리를 듣게 되죠." 그에게서 시선을 돌리지 않으려고 애써야 했다. 나 역시 눈물이 나올 것만 같았기 때문이다. "다른 남자들한테서만 그런 소리를 들었다고 생각하지 마십시오. 내겐 여자들도 그만큼이나 잔인했습니다. 여자들은 우리한테 감정을 털어놔라 어쩌라 하지만, 모르는 소리 마세요. 그 말대로 했다가 무슨 꼴을 당하라고요. 마음속 이야기를 일일이 하는 남자를 참아낼 여자는 아마 한 사람도 없을 겁니다."

그 말을 들을 즈음, 내 눈에서도 눈물이 흘러내렸다. 그의 이야기에 가장 본능적인 반응이 나타난 것이다. 그는 길게 한숨을 내쉬더니, 처음 말을 시작할 때처럼 황급히 말을 끝냈다. "제가 하고 싶던 이야기는 이게 전부입니다. 들어주셔서 고맙습니다." 그러고서 그는 그냥 휙 가버렸다.

며칠이 지나, 둘째 아이를 임신 중이던 나는 산부인과에서 초음파 검사를 받았다. 병원에 있는데도 그날의 일이 머리에서 떠나지 않았다.

첫째 딸아이가 함께 병원에 갔는데, 검사를 하던 의사가 딸아이에게 물었다.

"남동생이면 좋겠어, 여동생이면 좋겠어?"

딸아이가 큰소리로 대답했다.

"남동생이요. 남동생이 좋아요."

의사는 미소를 지으며 얘기해주었다.

"좋겠네. 엄마가 남동생을 가졌어요." 나는 딸아이에게 미소를 지어보이며 배에 손을 얹었다. 정말이냐고 묻는 질문에, 의사는 미소로 화답했다. "그럼요, 여기 고추가 보이는 걸요?"

나는 신나서 팔짝팔짝 뛰는 딸아이에게 억지로 미소를 지어보였지만, 속으론 비명을 지르고 있었다. '아들이래, 어떡해! 아들은 안 되는데! 마음속 이야기 같은 걸 털어놓았다간 당장 바보 취급을 당할 텐데 어떡해. 내가 어떻게 보호해줘야 되지? 난 남자들에 대해서는 아무것도 모른단 말이야.'

사랑스러운 아들이 태어나고 몇 주 후, 아들을 데리고 친한 페미니스트 친구 몇 명과 함께 점심을 먹게 되었다. 대화중에 '아들을 키우는 어려움'에 대한 이야기가 나왔다.

사회복지사이자 가정폭력 방지운동에 적극적인 페미니스트인 친구 데비 오크리나Debbie Okrina가 말했다.

"우리가 사내아이들과 남자들을 돕지 못하면, 여자아이들과 여성들한테도 도움을 줄 수 없어. 그러니까 우리 모두 좀 더 노력해야 해."

이 말은 성 구분과 남성성에 대한 길고 진지한 대화로 이어졌다. 이 대화를 통해 나는 페미니즘이 여성의 권리만 주장하는 게 아니라 '성 역할'이라는 구속으로부터 남자와 여자 모두를 해방시키기 위해 싸우고 있다는 믿음을 재확인했다.

남성이든 여성이든, '남들이 내게 원하는 모습'이 아니라 '내가 되고자 하는 모습, 있는 그대로의 내 모습'을 지켜나갈 수 있을 때 비로소 진정한 자유와 평등을 얻을 수 있다.

낯선 남자, 페니스, 페미니스트. 이 세 가지 키워드와 관련된 사건으로 내 생각도, 인생도 변했다. 나는 관련 서적들을 탐독하고 남성들과의 인터뷰 계획도 세우게 됐다. 쉬운 일은 아니었다. 새롭고 낯선 세상, 아픔의 세상으로 걸어 들어가는 것은 아닌가 하는 두려움에 그 모든 일이 망설여지기도 했다.

우리는 누구나 사랑받고 소속되어 있다는 행복을 느낄 자격이 있다

인터뷰를 시작하기 전, 나는 내 이론을 수천 명의 관련 전문가들에게 소개했다. 여러 해에 걸쳐 많은 남성들과 내 연구에 대해 대화를 나누고 이메일도 주고받았다. 그중에는 친구와 동료도 있었고, 전혀 모르는 사람도 있었다. 그러나 대부분은 입을 모아 말했다. "당신의 연구는 남성들에게도 유용합니다. 하지만 어떤 내용은 남자들이 경험하는 것과 전혀 다릅니다. 남자의 세계는 여자의 세계와 다릅니다. 그래서 부과되는 기대도 다르지요."

학자로서 나는 커다란 질문에 봉착했다. 이 수치심 회복탄력성 이론이 남성에게도 적합한가? 남성 역시 수치심에 빠졌을 때 두려움, 비난, 단절을 경험하는가? 남성들도 수치심 회복탄력성의 요소들을 이용해 수치심으로부터 빠져나오려고 할까? 성에 국한된 사회적 기대가 달라서 완전히 새로운 이론이 필요한 것은 아닐까?

그리고 연구와 조사를 통해 도출해낸 결론은 이것이다. 수치심을 경험할 때 우리는 말 그대로 온몸과 마음으로 반응한다. 수치심은 우리가 느끼고 생각하고 행동하는 데에만 영향을 미치는 것이 아니라, 신체적인 반응도 이끌어낸다. 다시 말해서, 수치심이 우리의 가장 핵심적인 부분을 찔러 온몸과 마음 구석구석까지 헤집고 돌아다닌다는 뜻이다. 남성과 여성의 경험에 어느 정도 차이는 있겠지만, 수치심이 우리의 모든 면에 영향을 미친다는 점만은 남녀 모두 똑같다.

우리는 기본적으로 유대감을 원한다. 남자든 여자든, 남들에게 인정받고 어딘가에 소속되고 소중한 존재로 받아들여지기를 원한다. 여성들과의 인터뷰에서 찾아낸 개념은 남성들에게도 똑같이 적용 가능했다. 여성들과 마찬가지로 남성들 역시 수치심을 '나에게 결점이 있어서 그걸 사람들이 알게 되었을 때 사랑이나 소속감을 누릴 가치가 없다고 여겨 생기는 극심한 고통'으로 받아들인다. 수치심은 남성에게 역시 두려움, 비난, 단절이라는 감당하기 어려운 감정을 안겨준다. 수치심 회복탄력성과 관련된 모든 전략 역시 남성들에게도 똑같이 적용된다. 수십 명의 남성들과 인터뷰를 마친 후, 나는 남성들의 경험과 전략이 여성들의 것과 기본적으로 일치한다는 확신이 생겼다.

하지만 수치심을 불러일으키는 사회공동체적 기대, 그리고 그 기대를 강화하는 암시에 있어서 남성과 여성 사이에 엄청난 차이가 있었다. 남성들에게 쏟아지는 기대와 암시들은 '남자다워야 한다'는 남성상을 중심으로 돌아간다. 다른 말로 하자면, 남성과 여성은 '어떻게' 수치심을 느끼는가는 같지만, '왜' 수치심을 느끼는가는 완전히 다르다.

2장에서 겹겹이 쌓이고 서로 갈등하고 경쟁하는 사회공동체적 기대들이 만들어낸 수치심 거미줄이 우리로 하여금 '어떤 사람이어야 하고 어떻게 행동해야 하고 어떤 행동을 해야 하는지' 강요하면서 수치심을 불러일으킨다고 설명했다. 그런데 남성들과 인터뷰를 하면서 느낀 점은 그들에게 쏟아지는 기대들은 겹겹이 쌓이고 서로 갈등하고 경쟁하는 것 같지 않다는 것이었다. 남성들에게 쏟아지는 기대는 아주 간단명료했다. '남들에게 약하게 보여서는 안 된다.' 이것 하나뿐이었다. 지나치게 단순화한 경향이 있긴 하지만, 앞서 내가 젊은 청년들이 말해주었던 '확 패버릴 거야.'라는 이야기가 정곡을 찌른 표현이었던 것이다.

남자들은 거칠고 강하고 인내력 있고 능력 있고 기선을 제압하고 두려움을 모르고 뭐든 할 줄 아는 것처럼 보여야 한다는 엄청난 부담감에 짓눌려 산다. 이런 사회공동체적 기대들이 '이상적인 남성상'을 형성한다. 여성들이 여러 중첩된 기대들과 균형을 이루고 타협하고 조화를 이뤄야 하는 거의 불가능한 임무를 짊어진 것처럼, 남성들도 언제나 '강하고 두려움을 모르고 능력 있는 것처럼 보여야 한다'는 엄청난 부담감에 짓눌려 산다. 그리고 이 역시 여성들과 마찬가지로 거의 실현 불가능한 임무다.

여성들이 겪는 수치심 현상을 설명할 때는 비유적으로 '수치심 거미줄'이라는 표현을 사용했는데, 남성들에게서는 그와 다른 것을 보았다. 남성들이 자신들의 수치심 경험을 설명하는 것을 들으면서 나는 '작은 상자'가 머리에 떠올랐다. 거칠고 강하고 능력 있고 성공하고 두려움을 모르고 기선을 제압하고 뭐든 할 줄 아는 모습을 보여야 한다는 기대들로 사방이 꽉 막힌 '작고 좁고 답답한 상자' 말이다.

아들아이를 지켜보면서, 나는 남자들이 아주 어릴 때부터 아니, 거의 태어나자마자부터 이 좁고 답답한 상자에 갇혀 산다는 것을 알게 되었고 목격하기도 했다. 우리는 보상과 강화와 처벌을 통해서, 남자들을 그 상자에서 빠져나오지 못하게끔 점점 더 가둬둔다. '거칠고 강한 모습'을 칭찬하면서 남자들 스스로 그 상자 속에 있게 만들기도 하고 과민한 모습을 드러내거나 감정(특히, 두려움, 슬픔, 고민)을 드러내려고 하면 '약하다'는 말로 벌을 줌으로써, 그 상자에서 나오지 못하게 한다. 아직 어린 아이일 때는 이 상자에서 빠져나오려고 발버둥을 치기도 하는데, 그때조차 부모나 친구들, 사회가 그들의 취약성이나 감정을 대수롭지 않게 취급해 버린다.

나이가 들고 몸집이 커지면서 소년이 되고 남자가 될수록, 상자 안은 점점 비좁아진다. 그래서 상자를 빠져나오려고 하면, 우리는 그들에게 나약하다, 연약하다, 겁쟁이다, 무능력하다 같은 말로 수치심을 안겨준다. 연구 참가자들의 이야기를 토대로 볼 때, 남성상의 기준에서 벗어나려는 남성들에게 가장 상처를 주는 사람들은 바로 '아버지'와 '또래 동성친구들'이다. 어머니, 남매, 연인이나 배우자, 이성 친구, 딸 역시 수치심을 불러일으킬 때가 있지만, 여성들은 '강화'를 통해 상자에서 빠져나오지 못하게 하는 경우가 더 많은데 반해, 아버지, 형제, 또래 동성 친구, 선생님은 수치심이라는 '벌'을 주는 경우가 더 많았다.

폴의 이야기는 수치심과 수치심에 대한 두려움이 어떻게 남성들을 보상하고 강화하고 처벌하는지 잘 보여준다. 폴과 남동생은 어려서부터 함께 야구를 했고, 대학에서도 야구선수로 활동했다. 폴은 초등학교 1, 2학년 때부터 아버지로부터 '계집애처럼 굴지 마라', '남자는 강해야 된다'

288

같은 말을 들었다. 폴은 자라는 동안 '스트레스'와 '끝내주는 일들'이 똑같이 많았다고 했다. 멋진 경기를 펼치고 이겨야 한다는 부담감은 스트레스였지만 '항상 인기가 많았고 멋진 여자 친구도 많았다'고 말했다. 운동 실력과 인기 덕분에 선생님들과 학교 관계자들한테서 특혜도 많이 받았다고 했다.

대학 졸업 후 폴은 친구가 경영하는 인터넷기업에 취직했고, 대학 때부터 사귀던 여성과 결혼했다. 그런데 결혼 1년 후 회사가 문을 닫았다. 인터넷기업에서 엄청난 액수의 연봉을 받던 폴은 당장 그와 비슷한 수준의 연봉을 주는 일자리를 찾기가 쉽지 않았다. 두 달 후, 그는 아내에게 예전에 받던 연봉의 절반 수준밖에 받을 수 없는 영업직을 하겠다고 말했다. 그러면서 둘의 차를 팔아서 그보다 저렴한 차를 구입하고 생활비도 줄이자고 말했다. 폴은 당시 상황을 이렇게 말했다. "아내는 제정신이 아니었습니다. 제가 일자리를 잃었다고 해서 지금껏 해온 생활을 포기해야 한다는 건 말도 안 된다고 하더군요. 그렇게 계속 푸념하고 화를 내더니 결국 제게 '나 하나 부양 못 하는 거 창피하지도 않아?'라고 따지더군요."

폴은 그 순간 완전히 절망에 빠졌다고 했다. 돈을 많이 벌지 못하는 것이 말할 수 없이 수치스러웠고, 아내의 무신경한 말에 마음 깊이 상처도 받았다. 무엇을 어떻게 해야 할지 몰라 그는 아버지에게 전화를 했다. 통화 도중에 폴은 잠시 울먹였다. 아버지 앞에서 운 것은 그가 기억하기로 그때가 처음이었다고 했다.

폴의 아버지는 '마누라 입단속 확실히 하라'고 말하고는 '회사에 가서 연봉 문제도 제대로 따지라'고 충고했다. 폴은 그게 무슨 뜻이냐고 물었다. 그러자 아버지는 말했다. "약하게 굴지 마라. 그런 꼴 당하고 참을 필요 없다. 네 마누라도 그런 약한 놈하곤 살고 싶지 않을 게다. 마누라가 그런 말을 입에 올리도록 내버려두면 넌 더 못난 놈이 되는 거야. 그리고 회사도 연봉을 더 달라고 할 배짱 있는 남자를 더 좋아할 거야. 넌 도대체 왜 그 모양이냐?"

폴은 그 후 이틀을 '종말의 시작'이라고 표현했다. 암흑지대를 통과한 것 같다고도 했다. 폴은 매일 밤 친구들과 어울려 술을 마셨다. 폴은 이혼을 했고 폴의 부모도 25년간의 결혼생활에 마침표를 찍었다. 다행인 것은 나와 인터뷰를 할 무렵 폴이 어머니와 여동생과 자주 만나기 시작했고, 세 사람은 예전보다 더 친해졌다는 사실이다. 폴은 술도 차차 줄여나가는 중이라고 말했다.

폴의 남성상(운동선수, 우승, 강한 모습)이 어떻게 '보상' 받았는가를 확인할 수 있다. 인기가 많았고 매력적인 여성들과 데이트를 했고 학교에선 특별대우를 받았고 높은 연봉의 일자리도 제의받았다. 그의 아내는 줄어든 연봉과 구직난을 두고 폴을 조롱함으로써 가족 부양의무라는 사회적 기대를 '강화'시켰다. 폴의 아버지는 그런 기대를 충족시키기 못했을 때 욕을 하고 공격함으로써 '처벌'하는 모습을 똑똑히 보여주었다.

남자들을 인터뷰하면서, 나는 남자와 여자가 서로의 수치심과 취약성에 대해 대화를 나누는 것이 꼭 필요하다고 확신하게 되었다. 특히 남자들은 취약성과 두려움을 감춰야 한다고 배우며 자란다. 그리고 그런 생각을 심어주는 데 여자들도 한몫을 한다. 한 남성은 이렇게 토로했다.

"여자들은 남자가 영원히 백마 탄 왕자이기를 바라지요. 그래서 남자가 백마에서 낙마하는 꼴을 보느니 차라리 거기 올라탄 채로 죽기를 바랄 겁니다."

이 말에 나는 수많은 이야기가 함축되어 있다고 생각한다. 그러나 여성들이 이 말처럼 남성이 질식할 것 같은 부담감에 괴로워하기를 바라지는 않을 것이다.

남자와 여자가 서로에게 수치심을 안겨주고 이룰 수 없는 기대들을 강화할 때, 우리는 친밀함을 잃게 된다. 서로 진실해지지 못하면 진심으로 가까워질 수 없다. 그래서 자비와 유대감 대신 두려움과 비난, 단절감이 남자와 여자 사이에 자리 잡게 된다. 우리 스스로에게나 우리 아이들에게 그런 일이 벌어지기를 바라는 사람은 아마 없을 것이라고 본다.

아무도 우리를, 당신을 쫓아내지 않았다

수치심은 가정에서부터 비롯된다. 다행히 수치심 회복탄력성 역시 가정에서부터 만들어갈 수 있다. 우리 아이들이 용기 있고 자비를 가지고 유대감을 맺을 줄 아는 사람이 되도록 길러낼 수 있는 기회가 부모에게 있는 것이다. 우리가 선택하기만 한다면, 수치심을 이용하지 않고 아이들을 기를 수 있다. 우리 아이들에게 '공감의 기술'도 가르칠 수 있다.

아이를 기르는 일은 수치심의 지뢰밭이나 다름없다. 부모로서 나는 '내가 남에게 어떻게 보일까'에 온 신경을 곤두세우는 동시에, '내 아이가 남에게 어떻게 보일까'에도 예민하게 반응한다. 결국 이 두 가지는 모두 나와 아이의 자아존중감에 영향을 미친다. 부모는 자신의 원치 않는 정체성과도 씨름해야 하는 동시에, 아이의 원치 않는 정체성과도 씨름해야 한다. 형편없는 나쁜 부모로 보이고 싶어 하지 않고, 아이 역시 나쁜 아이로 보이지 않기를 바란다. 그만큼 부모로서 수치심 회복탄력성을 기르는 것은 두 배 더 힘든 일이지만, 또한 가치 있는 일이기도 하다.

부모인 내가 용기와 자비와 유대를 실천하면, 아이들이 점점 더 복잡해지는 세상에서 바른 길을 찾아갈 수 있도록 도와줄 수 있다. 학교나 또래집단에서 벌어지는 일을 일일이 내 마음대로 통제할 수는 없겠지만, 일단 아이들에게 수치심 회복탄력성을 가르쳐주면 수치심을 알아차리고 긍정적으로 빠져나와 그 경험으로부터 배우고 성장하도록 이끌어줄 수 있다.

부모는 수치심 회복탄력성뿐 아니라 두려움, 비난, 단절감도 심어줄 수 있다는 걸 잊어서는 안 된다. 부모가 수치심을 활용해서 교육하고 훈육하면, 아이는 두려움, 비난, 단절감을 배운다. 잘못된 '행동'에 초점을 맞추지 않고 아이 자체에 문제가 있다거나 무시하는 식으로 반응하거나, 남들이 보는 앞에서 아이를 조롱하거나, 단절감을 무기로 아이를 위협하는 모든 행동이 수치심을 활용하는 행동들이다.

부모가 수치심을 직접 활용하지 않는 경우라 해도, 제대로 수치심 회복탄력성을 가르쳐주지 않으면 아이들은 두려움, 비난, 단절감을 경험하게 된다. 학교, 학원, 또래집단에게서 받는 경험으로부터 면역을 만들어줄 필요가 있다.

이 책을 처음 시작했을 때 꺼냈던 화두, 즉 유대감에 대해 이야기하며 이 장을 마무리하고자 한다.

우리는 누구나 유대감을 원한다. 우리 유전자에는 유대감에 대한 욕망이 새겨져 있다. 아기일 때는 생존을 위해 유대감을 필요로 한다. 자라서는 유대감이 정서적, 육체적, 영적, 지적 성장을 의미한다. 인간이라면 누구나 인정받고 소속감을 느끼고 자신의 지금 있는 그대로의 모습으로 가치 있는 존재가 되기를 바라기 때문에, 유대감은 모든 사람에게 절대적으로 필요한 것이다. 단지 지금과 다른 선택을 하는 것만으로 유대감의 문화를 만들어낼 수 있다는 것이 지나치게 낙관적인 말로 들릴지 모르지만, 나는 그것이 얼마든지 가능하다고 믿는다.

변화는 영웅들만이 만들어낼 수 있는 것이 아니다. 변화는 우리 같은 '보통 사람들'의 '평범한 용기'로부터 시작되는 것이다.

그대, 이제 절대 더 이상
홀로 외롭지 마라

내가 좋아하는 시인, 번 러살라 Vern Rutsala 의 시 한 편을 소개하면서 책을 마칠까 한다.

당신의 가장 고통스러운, 그래서 누구에게도 말하지 못하고 속으로만 삭이다가 썩고 곪아서 건드리고 싶지도 않은 추한 일부분이 된 그 무엇을, 드러내고 말하고 조망하고 좋은 사람들과 나누고, 그 결과 '씨~익' 하고 웃으며 추억하는 일이 될 수 있기를 간절히 바란다.

못생긴 이 때문에 손으로 입을 가리고 웃는 여자
손목을 긋거나 독약을 삼키거나
아름다운 다리 위에서 뛰어내릴 만큼 대단한 자기혐오까지는 아니지만
말할 수 없이 비극적인 것
이것이 수치심이다.
아버지의 얄팍한 월급봉투로

만들어진 입고 먹고 사는 것에 대해 창피해하는 것

그런 자신을 보는 것

이것이 수치심이다.

뚱뚱한 것, 머리가 벗겨진 것, 감출 수 없는 불그죽죽한 여드름 자국

점심을 먹을 돈이 없는데 배고프지 않은 척하는 것

이것이 수치심이다.

치료비를 감당할 수 없어 죽음을 앞두고도 병을 감추는 것

이것이 수치심이다.

부끄러운 것

싸구려 와인을 마셔대는 주정뱅이의 자기 연민

쓰레기를 치우지 못한 무기력함

다른 길이 있다 해도 나는 너무 어리석어서 찾지 못할 거라고 말하는 것

이것이 수치심이다.

진정한 수치심이란 이런 것

저주하고 울부짖고 부끄러운 것

아직도 돈을 갖다 바치면서도 성경에서 말하는 그 '영광' 따위는

내 사전에 없다고 느끼는 것

글을 읽을 줄 모르면서 아는 척하는 것

참을성 없는 계산대 종업원 앞에서 잔돈푼 사이로 꺼내든 배식표

집을 떠나기가 두렵게 만드는 것

수치심은 그런 것이다.

더러운 속옷

남자라면 누구나 그래야 한다는 듯

아버지는 사무직이라고 거짓말하는 것
친구에게 근처 멋진 집 앞에 내려달라고 하고
그들이 떠나길 숨어서 기다리다 허름한 집으로 돌아가는 것
그것이 수치심이다.
잘난 수집광의 말로 末路
겨울에 난방 없는 방
고양이 밥을 먹으면서도 불경하게도 새 집과 차를 꿈꾸는 것
그리고 그 꿈조차 얼마나 하찮은지 깨닫는 것
그것이 수치심이다.

당신만 그런 것이 아니다. 우리 모두 그렇다.

다양한 추천도서 및 정보는 저자 홈페이지(http://www.brenebrown.com)
를 참고하세요.

p. 018 "다행스러운 것은 최근 수치심을 제대로 연구하고 다루는 연구
가들과 전문의들이 늘고 있다는 점이다.……"

Balcom, D., Lee, R., and Tager, J. (1995). The systematic
treatment of shame in couples. *Journal of Marital and
Family Therapy*, 21, 55~65.

Dearing, R., Stuewig, J., and Tangney, J. (2005). On the
importance of distinguishing shame from guilt: Relations
to problematic alcohol and drug us. Addictive Behaviors,
30, 1392~1405.

Ferguson, T. J., Eyre, H. L., and Ashbaker, M. (2000).

Unwanted identities: A key variable in shame-anger links and gender differences in shame. *Sex Roles*, 42, 133~157.

Hartling, L., Rosen, W., Walker, M., and Jordan, J. (2000). *Shame and humiliation: From isolation to relational transformation*(Work in Progress No. 88). Wellesley, MA: The Stone Center, Wellesley College.

Jordan, J. (1989). *Relational development: Therapeutic impli cations of empathy and shame*(Work in Progress No, 39). Wellesley, MA: The Stone Center, Wellesley College.

Lester, D. (1997). The role of shame in suicide. *Suicide and Life-Threatening Behavior*, 27, 352~361.

Lewis, H. B. (1971). *Shame and guilt in neurosis.* New York: International Universities Press.

Mason, M. (1991). Women and shame: Kin and culture. In C. Bepko (ed.), *Feminism and addiction* (pp. 175~194). Binghamton, NY: Haworth.

Nathanson, D. (1997). Affect theory and the compass of shame. In M. Lansky and A. Morrison (Eds.), *The widening scope of shame.* Hillsdale, NJ: Analytic.

Sabatino, C. (1999). Men facing their vulnerabilities: Group process for men who have sexually offended. *Journal of Men's Studies*, 8, 83~90.

Scheff, T. (2000). Shame and the social bond: A

sociological theory. *Sociological Theory*, 18, 84~99.

Scheff, T. (2000). Shame in self and society. *Symbolic interaction*, 26, 239~262.

Talbot, N. (1995). Unearthing shame is the supervisory experience. *American Journal of Psychotherapy*, 49, 338~349.

Tangney, J. P. (1992). Situational determinants of shame and guilt in young adulthood. *Personality and Social Psychology Bulletin*, 18, 199~206.

Tangney, J. P. and Dearing, R. (2002). *Shame and guilt*. New York: Guilford.

p. 024 "'평범한 용기'. 이 말이 어디에 처음 등장했는지는 확실히 모르지만, 내가 이 말을 처음 접한 것은 사회학자 애니 로저스가 여성과 소녀들에 관해 쓴 한 연구 논문에서였다."

Rogers, A. G. (1993). Voice, play, and a practice of ordinary courage in girls and women's lives. *Harvard Educational Review*, 63, 265~294.

p. 042 "대다수의 학자들은 이 네 감정이 서로 명확히 구별되는 별개의 감정이라고 본다."

이에 관해 가장 광범위한 연구를 한 저작은 준 프라이스 탱니(June Price Tangney)와 론다 디어링(Ronda L. Dearing)의 《수치

301

심과 죄책감(Shame and Guilt)》이다.

p. 045 "정신의학자인 도널드 클라인 교수는 수치심과 모욕감의 차이
에 대해 이렇게 적고 있다."
Klein, D. C. (1991). The humiliation dynamic. An overview.
The Journal of Primary Prevention, 12(2), 93~122.

p. 052 "일례로 미국 과체중 여성들은 다른 여성에 비해……"
체형에 관한 차별과 관련된 자료, http://loveyourbody.
nowfoundation.org.
Schwartz, John (1993), "Obesity Affects Economics,
Social Status: Women Far Worse, 7-Year Study Show."
Washington Post, Sep. 30, 1993, p. A1.

p. 052 "미국인이 하루 평균 접하는 광고는 3,000편이 넘고……"
Kilbourne, J. (1999). *Can't buy my love: How advertising
changes the way we think and feel*. New York: Touchstone.

p. 052 "작가 마릴린 프라이는 '이중구속'을 이렇게 정의했다."
Frye. M. (2001), Oppression. In M. Anderson and P. Collins
(Eds.), *Race, class and gender: An anthology*. New York:
Wadsworth.

p. 059 "개인이 경험할 수 있는 가장 파괴적이고 무서운 감정이……"
Miller, J. B. and Stiver, I. P. (1997). *The healing connection: How women form relationships in both therapy and in life.* Boston: Beacon Press.

p. 068 "언 아이비, 폴 페더슨, 메리 아이비가 쓴 심리상담 입문서에……"
Ivey, A., Pederson, P., and Ivey, M. (2001). *Intentional group counseling: A microskills approach.* Belmont, CA: Brooks/Cole.

p. 072 "성공한 리더들은 공감능력이 높다."
이에 대해 상세하게 다룬 책으로 대니얼 골먼(Goleman, D.)의 2005년 작,《공감지능(Emotional intelligence: Why it can matter more than I. Q.)》(New York: Bantam.)이 가장 독보적이다.

p. 072 "일찍이 영국의 간호학자 테레사 와이즈먼은……"
Wiseman, T. (1996). A concept analysis of empathy. *Journal of Advanced Nursing,* 23, 1162~1167.

p. 074 "시드니 슈로저와 매리언 패터슨은 이에 대해 탁월한 연구를 수행한 바 있는데,……"
Shrauger, S., and Patterson, M. (1974). Self evaluation and

the selection of dimensions for evaluating others. *Journal of Personality*, 42, 569~585.

p. 078 "'평범한 용기', 그러니까 진심으로 나의 이야기를 털어놓을 수 있는 용기를 말하는 것이다."

Black, C. (1999). *Changing course: healing from loss, abandonment and fear*, Bainbridge Island, WA: MAC Publishing.

Rogers, A. G. (1993). Voice, play, and a practice of ordinary courage in girls and women's lives. *Harvard Educational Review*, 63, 265~294.

p. 078 "비구니 페마 초드론의 이야기에서……"

Chödrön, P. (2002). *The places that scare you: A guide to fearlessness in difficult times*. Boston: Shambhala Classics.

p. 083 "로레인 구티에레즈와 이디스 앤 루이스는 연결을 일컬어……"

Gutiérrez, L., and Lewis, E. (1999). E*mpowering women of color*. New York: Columbia University Press.

p. 092 "소수이긴 하지만 진화심리학이나 생물학 분야의 연구가들 중에……"

Lansky, M., and Morrison, A. (Eds.) (1997). *The Widening*

Scope of Shame. Hillsdale, NJ: The Analytic Press.

p. 096   "〈휴스턴 크로니클〉에 실린 논설에서 포 판사는……"

Poe, T. (1997, Sep. 17). Shame is missing ingredient in criminal justice today, *The Houston Chronicle*, p. A27.

Lerner, H. (2001) *The dance of connection: How to talk to someone when you're mad, hurt, scared, frustrated, insulted, betrayed or desperate.* New York: Harper Collins.

p. 106   "심리학자 타마라 퍼거슨과 하이디 에어, 마이클 애쉬베이커
는……"

Ferguson, T. J., Eyre, H. L., and Ashbaker, M. (2000). Unwanted identities: A key variable in shame-anger links and gender differences in shame. *Sex Roles*, 42, 133~157.

p. 111   "건강심리학, 사회심리학에서는 자신의 취약성을 인정하는 게
얼마나 중요한지에 대한……"

Aiken, L. Gerend, M., and Jackson, K. (2001). Subjective risk and health protective behavior: Cancer screening and cancer prevention. In A. Baum, T. Revenson and J. Singer (Eds.), *Handbook of health psychology* (pp. 727~746). Mahwah, NJ: Erlbaum.

Apanovitch, A., Salovey, P., and Merson, M. (1998).

The Yale-MTV study of attitudes of American youth. Manuscript in preparation.

Sagarin, B., Cialdini, R., Rice, W., and Serna, S. (2002). Dispelling the illusion of invulnerability: The motivations and mechanisms of resistance to persuasion. *Journal of Personality and Social Psychology*, 83, 3, 536~541.

p. 120   "정신과 상담의 쉘리 우람 박사는······"

Meadows Web site, http://www.themeadows.org.

Uram, S. (2006), Traveling through trauma to the journey home, *Addiction Today*, 17, 99.

p. 121   "관계문화 이론가인 린다 하틀링 박사는 '단절 전략'을 설명하기 위해, 캐런 호니의······"

Hartling, L., Rosen, W., Walker, M., and Jordan, J. (2000). Shame and humiliation: From isolation to relational transformation(Work in Progress No. 88). Wellesley, MA: The Stone Center, Wellesley College.

p. 130   "우리 사회는 이런 기대들로부터 어떤 영향을 받는가?"

다이어트와 섭식장애에 관한 자료는 미 정부 통계 참조.

Jean Kilbourne, J. (1999). *Can't buy my love: How advertising changes the way we think and feel*. New York: Touchstone.

Love Your Body Web site. http://loveyourbody.nowfound
ation.org.

p. 130   "이런 기대들로 수혜를 입는 이들은 누구인가?"
위키피디아(Wikipedia) 산업 연감.

p. 142   "이혼을 개인의 차원이 아니라 정치, 사회, 경제적 맥락에서 생
각해보면……"
Bogolub, E., (1994). Child support: Help to women and
children or government revenue? *Social Work*, 39, 5,
487~490.
McKeever, M., and Wolfinger, N. (2001). Reexamining the
economic costs of marital disruption for women. *Social
Science Quarterly*, 82, 1, 202~218.

p. 158   "웃음을 이렇게 정의했다. '힘차게 샘솟아 오르며 터지는 고결
한 물거품!'"
Anne Lamott's book readings on BookTV, C-SPAN 2.

p. 175   "이야기치료사인 질 프리드먼과 진 콤스는……"
Friedman, J., and Combs, G. (1996). *Narrative therapy: The
social construction of preferred realities*. New York: Norton.

p. 214 "메리 파이퍼 박사는……"

Pipher, M. (1997). In the shelter of each other: *Rebuilding our families*. New York: Ballantine Books.

p. 217 "해리엇 러너가 여기에 대해 다음과 같은 멋진 충고를 한다."

Lerner, H. (2001) *The dance of connection: How to talk to someone when you're mad, hurt, scared, frustrated, insulted, betrayed or desperate*. New York: Harper Collins.

p. 228 "수치심 전문가 준 프라이스 탱니와 론다 디어링은……"

Tangney, J. P. and Dearing, R. (2002). *Shame and guilt*. New York: Guilford.

p. 232 "전형화란 특정 집단에 속해 있다는 이유로 거기 속한 사람들을 판단하는 '과도한 일반화의 엄격한 관점'이다."

Robbins, S. P., Chatterjee, P., and Canda, E. R. (2006). *Contemporary human behavior theory: A critical perspective for social work*. (2nd ed.). Boston: Allyn and Bacon.

p. 233 "긍정적인 전형화는……"

Miller, P., Miller, D., McKibbin, E., and Perrys, G. (1999). Stereotypes of the elderly in magazine advertisements 1956~1996. *International Journal of Afing and Human*

Development, 49, 4, 319~337.

p. 233 "조직개발과 다양성을 연구하는 미셸 헌트는……"

Senge. P., Kleiner, A., Roberts, C., Ross, R., and Smith, B. (1994). *The fifth discipline fieldbook: Strategies and tools for building a learning organization.* New York: Doubleday.

p. 237 "노화와 관련된 전형화……"

Hummert, M. L. (1990). Multiple stereotypes of elderly and young adults: A comparison of structure and evaluation. *Psychology and Aging*, 5, 182~193.

Hummert, M. L. (1993). Age and typicality judgements of stereotypes of the elderly: Perceptions of elderly vs. young adults. *International Journal of Aging and Human Development*, 37, 217~227.

Hummert, M. L. Garstka, T. A., Shaner, J. L., and Strahm, S. (1994). Stereotypes of the elderly held by young, middle-aged, and elderly adults. *Journal of Gerontology*, 49, 240~249.

Hummert, M. L. Garstka, T. A., Shaner, J. L., and Strahm, S. (1995). Judgements about stereotypes of the elderly. *Research on Aging*, 17, 168~189.

Ingersoll-Dayton, B., & Talbott, M. M., (1992). Assessments

of social support exchanges: cognitions of the old-old. *International Journal of Aging and Human Development*, 35, 125~143.

Schmidt, D. F., & Bland, S. M. (1986). Structure of perceptions of older adults: Evidence for multiple stereotypes. *Psychology and Aging*, 1, 255~260.

p. 249 "연구가이자 교육자인 메리 브리커 젠킨스가 개발한……"
Bricker-Jenkins, M. (1991). The proposition and assumptions for feminist social work practice. In M. Bricker-Jenkins, N. Hooyman and N. Gottlieb (Eds.), *Feminist social work practice in clinical settings* (pp. 271~303). Newbury Park, CA: Sage Publications.

p. 254 "교육전문가 딘 헵워스, 로날드 루니, 제인 로슨은……"
Hepworth, D. H., Rooney, R. H., and Lawson, J. A. (1997). *Direct social work practice: Theory and skills*. Pacific Grove: Brooks/Cole Publishing Co.

p. 260 "알코올과 약물에 대한 최근의 많은 조사에서……"
Newsweek/MSNBC 공동조사, 'Gender Equality'
National Center on Addiction and Substance Abuse at Columbia University.

p. 261   "연구를 주도한 론다 디어링 박사는⋯⋯"

Dearing, R., Stuewig, J., and Tangney, J. (2005). On the importance of distinguishing shame from guilt: Relations to problematic alcohol and drug us. *Addictive Behaviors*, 30, 1392~1404.

p. 266   "데니스 샐리비는 강점관점을 일컬어⋯⋯"

Saleebey, D. (1996). The strength perspective in social work practice: Extensions and cautions. *Social Work*, 41, 3, 296~306.

p. 290   "번 러살라의 시"

이 시는 처음 〈The American Scholar〉 지(Autumn 1988, Vol. 57 Issue 4, p. 574)에 소개됐으며 러살라의 책 《The Momnet's Equation》(2004, Ashland Poetry Press)에 실렸다. 이 책은 2005 년 National Book Award 최종후보로 선정되었다. 다시 한 번 시의 게재를 허락해준 러살라 교수에게 감사를 표한다.

I Thought It Was Just Me